U0902420

『疑』本正经

一名小学语文教师的守望与行走

胡文东◎著

四川大学出版社

项目策划：蒋姗姗
责任编辑：蒋姗姗
责任校对：许　奕
封面设计：墨创文化
责任印制：王　炜

图书在版编目（CIP）数据

“疑”本正经 ：一名小学语文教师的守望与行走 / 胡文东著. — 成都 : 四川大学出版社, 2020.8
ISBN 978-7-5690-3828-6

Ⅰ. ①疑… Ⅱ. ①胡… Ⅲ. ①小学语文课－教学研究 Ⅳ. ①G623.202

中国版本图书馆CIP数据核字（2020）第143267号

书名　“疑”本正经 一名小学语文教师的守望与行走

著　　者　胡文东
出　　版　四川大学出版社
地　　址　成都市一环路南一段24号（610065）
发　　行　四川大学出版社
书　　号　ISBN 978-7-5690-3828-6
印前制作　四川胜翔数码印务设计有限公司
印　　刷　四川盛图彩色印刷有限公司
成品尺寸　170mm×240mm
印　　张　19
字　　数　356千字
版　　次　2020年12月第1版
印　　次　2020年12月第1次印刷
定　　价　78.00元

◆ 读者邮购本书，请与本社发行科联系。
电话：(028)85408408/(028)85401670/
(028)86408023　邮政编码：610065
◆ 本社图书如有印装质量问题，请寄回出版社调换。
◆ 网址：http://press.scu.edu.cn

四川大学出版社
微信公众号

序一　“疑”往情深

教学是什么？无论我们赋予教学以何种意义，但从最朴素的实践意义上讲，教学就是导学，就是引导学生学习。从这种意义上讲，教学的本旨乃是促进学习的真正发生。学习如何才能真正发生？“学起于思，思源于疑，无疑则无学”，此所谓“读书始读，未知有疑，其次则渐渐有疑，中则节节是疑，过了这一番，疑渐渐释，以至融会贯通，都无所疑，方始是学”。学贵有疑，疑则有进，又所谓“小疑则小进，大疑则大进”。翻阅胡文东老师的《“疑”本正经　一名小学语文教师的守望与行走》书稿，我从中似乎又看到中国古代教育先哲关于学与教的经典智慧。我相信：无论教学方式如何变革，“疑”始终是教学不能背离的一个本源。目前，中小学普遍倡导的问题解决学习，则是“疑本学习”的继承和创新。

时下中小学校普遍关注深度学习，深度学习大有引领当前课堂教学改革之势。试想：什么样的学习模式更有利于激活学生深层动机？什么样的学习模式更有利于驱动学生的切身体验与高阶思维？什么样的学习模式更有利于促进学生的深度理解与实践创新？一致的答案便是问题解决学习。可以肯定地讲，问题解决学习是深度学习的基本模式，其实质是让学生在问题的分析、探究与解决中学习。但是，没有疑，就没有问。正是因疑而生的问题，不仅触发了学生深层学习的动机，而且驱动着学生对知识的深度建构。从这个意义上讲，问题解决学习的前提乃是学生的“疑”，将零散、乏味且缺乏活性的书本知识，改造设计成等待学生探究解决的问题。相应地，问题解决学习的过程就是生疑、释疑和解疑的过程。

中小学教育改革已经进入核心素养时代，核心素养成为当前中小学课堂教学改革的顶层理念。但从教学实践来看，无论我们采取何种路径和方法培育学生的核心素养，核心素养的生成与发展都高度依赖问题情境。反过来，核心素养是否形成，又必须回到具体的问题情境，并通过实际的问题解决才能加以确证。作为一种广泛的适应力，核心素养是个体能够应对现实问题情境所表现出来的综合性力量，它既不是一个空洞的抽象物，又不是一个独立的存在物。一方面，核心素养从孕育、生成到表现，都天然地蕴含于具体的问题情境之中。从这个意义上讲，问题情境乃是核心素养生成与外显的基本场域。另一方面，唯有内含学生自己的“疑”的问题情境，才能有效地沟通知识与事物的联系、知识与知识的联系、知识与行动的联系、行动与思维的联系以及事物与自我的联系，实现从去情境教学到情境化教学、从碎片化教学到大概念教学、从先学后用到学用合一以及从外部给定到自我理解的教学范式转变，从而成为学生核心素养生成与发展的肯定性力量。

可贵的是，胡文东老师早在二十多年前，就在语文教学中聚焦于“疑”，提出“疑本学习”的观点，并自觉探索建构出“‘质疑’为主线的导学四段式”教学模式。其后，他又聚焦阅读教学，根据不同年段和不同文体，分别从“疑”的内容和方式两个维度，致力“质疑型”研读教学模式的探索，建构出“激趣导入，整体感知→质疑课题，聚焦问题→层层探究，多元释疑→回归整体，开放存疑”的阶梯递进式阅读学习过程，从而又将语文阅读学习拓展到学生的批判性思维和个性化创生。人如其课，课如其人。胡文东老师始终秉持“为人少疑，为学多疑”的人生信条，而他的语文教学又呈现出“素朴清朗，生命涌动”的特色。

在翻阅书稿的过程中，我还想到胡老师的个人学习经历。他中师毕业参加工作后，受到同事的影响，参加了高等教育自学考试并攻读汉语言文学专业。凭着顽强的毅力和较强的自学能力，他先后获得专科和本科毕业证书。这个相对漫长的自学过程，无疑是一个生疑、释疑和解疑的自主学习过程。而在胡文东老师的执教生涯中，他既对各种教学改革新尝试保持着开放的心态，同时又不失自己的独立判断，十年如一日地践行着“以疑为本”的语文教学理念，最终使此书得以成稿。

最后，借用胡文东老师的话：“疑，是思维与创新的源泉；疑，是学习与发展的前提；疑，是教与学的正经!”我相信，有缘与本书碰面的读者，都会从中获得诸多裨益。

四川师范大学教育科学学院院长、博士生导师 李松林
2020 年 2 月

序二 “疑”孔之见

记得刚参加工作没几年，县教研室的小学语文教研员秦嘉德老师通知我去参加一个研讨会，要我与另外几位老师一起进行“序导自学法”课题的探究。这是一个关于小学中高段阅读教学实践研究的课题，属于地、县、校三级共管。因为是被动参加，说实话，我对于什么是“序导自学法”，不仅当时是云里雾里，时至今日，仍对其中的“序导”二字的内涵没弄明白，只知道这一教学模式特别强调学生自主学习能力的培养。虽然这个课题因故最终未能结题，但在这大约两年的时间里，我有机会多次外出参加课题研究的讨论交流，观摩了不少的研究课，阅读了不少相关文章，逐渐培养了我思考、研究和学习的习惯，其价值远远大于课题研究本身。

当时，我所在的学校是我们乡的中心小学，学校图书室的报纸杂志有十多种，如《小学语文教学》《小学语文教师》《小学教学参考》《少先队活动》《辅导员》《十月》等，于是我有机会经常翻阅这些报刊，特别是小学语文教学方面的刊物。阅读中，我发现不少的文章都是关于教师如何提问的，有的甚至讲的是课堂上老师怎样让学生质疑问难。后来，我到了我们县实验小学任教，就以“质疑”为主线，自主进行“导学四段式”教学模式的探索，构建了“以疑导向→自学生疑→导学释疑→练后再疑”的教学流程，力求改进“教”与“学”的关系，使学生在主动的、积极的、创造性的学习活动中，求得自身语文能力和智力水平的发展，以期实现由学会到会学、由学答到学问、由苦学到乐学的转变。后来，我撰写的《小学语文“导学四段式”教学方法简介》一文在《教改探索》（后更名为《四川教育学院学报》）1999年第9期发表。从那时起，“学起于思，思源于疑”的教学思想就在我的课堂上得以践行，“质疑”便与我的语文课堂教学形影不离。

后来，有缘来到我现在工作的成都高新区实验小学，学校先后开展了“生命课堂”实践研究和“生命课堂”教学建模实践研究。我以一种基本的教学模式为基础，根据不同年段学生的特点和不同课文的文体特点，进行适当的变通，致力于“质疑型”研读教学模式的探索，构建了“激趣导入，整体感知→

质疑课题，聚焦问题→层层探究，多元释疑→回归整体，开放存疑”的教学流程。教学过程中，学生常常是带着问题走进课堂，在课堂上探究自己提出的问题，最后又带着新的问题走出课堂，学生的自主性学习由此得以落地生根。

一个星期二的下午，恰好是学校语文教研活动时间，我作为语文教研组长组织语文教研组开展“疑思”教学模式专题研讨活动。当时的情景历历在目……

本次专题研讨活动分为两个板块——“疑思”课例观摩和“疑思”论坛。在“疑思”课例环节中，吴念老师执教了六年级语文《黑孩子罗伯特》一课。随后，教研组以课堂录像剪辑的形式，展示了教学建模活动中与“疑思”有关的三个教学片段及其教学模式，即陈曦老师执教《欲速则不达》所体现的“疑思”教学模式，熊秀红老师执教《活见鬼》所体现的“疑思—创读”教学模式，鲜宁老师执教《普罗米修斯的故事》所体现的“探究—品读”教学模式。在“疑思”论坛中，首先上课教师说课，然后老师围绕“疑思”教学模式各抒己见，畅所欲言，积极进行思维的碰撞：或对其中一个课例、一种模式、一个环节进行点评；或对某一环节还可以怎样处理，某一模式还可以怎样建构发表自己的见解；或交流自己在课堂实践中的困惑，从而进一步明确了“疑思”教学模式的价值在于发展学生思维，培养探究能力，培养学生敢于质疑、善于质疑的意识。

与其说这是学校“生命课堂”实践研究的缩影，不如说是一次具有破冰意义的教研活动。随后，全校各学科教研组结合本学科实际，相继展开了一轮又一轮以“疑思”为主题的专题研讨活动，我也在其中行动着、思考着、收获着……

呈现在您面前的这本名为《“疑”本正经　一名小学语文教师的守望与行走》的书，就是这些年来，我在小学语文教学中，围绕“质疑”“疑思”的一些思考，以及进行实践探索的一串串或深或浅的足迹。有人说，把自己多年来时断时续写的一些或长或短的文章集结成一本书，有种零存整取的满足感，就好比把一张张毛票积攒起来，时间长了，竟然够下一次馆子了。我深以为然。

疑，是有效学习的起点和前提；疑，是思维和创新的源泉；疑，是课堂教学的驱动器。然而，我们的课堂教学却有意或无意缺失了这一源头活水，教师的问题意识淡漠，逐渐消减了学生的童心与好奇心。事实上，有“问题”的课堂，才是最有魅力的课堂；没有“问题”的教学，是最大的问题。在提倡以学习为中心，致力培养学生创新意识和实践能力的新时代背景下，要推进课堂教学的深度变革，我们每一名教师，不仅要在教学观念上是“情之所起”的明白人，更要在教学实践中做“疑”往情深的实践者。

本书一共分为“疑之思”“疑之行”“疑之悟”“疑之源”四章。“疑之思”主要是我对“质疑”“疑思”教学模式的理性思考，也是自己对语文教学热点问题的拙见；“疑之行”主要是我在校、区、市、省乃至国家级学术研讨活动中执教过的部分研究课、示范课的教学设计或教学实录，它们在一定程度上体现了“质疑”“疑思”教学模式的特点；“疑之悟”主要收录了我在观摩名师课堂教学活动中生发的一些感悟，或是对自身课堂教学行为的粗浅反省，或是教育教学中的一些小故事；“疑之源”则主要收录了我的部分读书心得和回忆恩师的文章，我认为，广泛的阅读、良师的引导，乃是“疑”的源泉所在。

需要说明的是，本书中收录的文章，时间跨度比较大，有一部分是20世纪90年代写的，距现在有20多年了。其中的一些观点和文字表述不一定严谨，但今天看来，我觉得尚有一定的参考价值，但究竟有多大价值，还是让读到本书的人去评价吧。

胡文东

2020年2月

目　录

第一章　疑之思

第二章　疑之行

第三章　疑之悟

第四章　疑之源

第一章　疑之思

心中有疑惑，
脑中有疑问，
口中有质疑。
问题，
学习的本质，
研究的起点。
问题，
思维之根本，
创新之灵魂。
心有所思，
行有所应。
片言只语中，
“为人少疑，为学多疑”初现端倪，
“素朴清朗”渐露峥嵘。

我的教学语丝（一）

◆“千教万教，教人求真；千学万学，学做真人。”陶行知先生的话道出了生命教育最本质的的特征。从这个意义上说，一切不真诚、不真实的教育教学行为都是与生命教育相悖的。

◆做人要少疑，做学问则要多疑。教学活动中，教师要善于营造质疑的氛围，教给质疑的方法，开放质疑的时空，使学生敢疑、想疑、乐疑、能疑、会疑、善疑，从而不断提高学生的思维能力和质疑品质。

◆一个人不会提问，意味着不会思考；一个人不会“说错话”，意味着有可能永远错下去。因此，培养学生的问题意识和探究能力，是教师义不容辞的责任。

◆如果学生没有发现问题，真实学习就没有发生。以问题为主线的学习活动，应该把基于学生学习的问题作为课堂教学活动设计与实施的逻辑起点，把“问题意识”与“问题促学”贯穿在整个教学活动中。

◆什么样的课是好课？不同的人有不同的说法。我以为，一堂好课应具备四个基本元素，即目标恰当、氛围民主、动静适度、师生受益。其中，目标是灵魂，目标是方向。只有对于教学目标——“我要到哪里去”这一问题思考得清晰，达成教学目标的方法与路径——“我怎样到那里去”才不会误入歧途。

第一节　教学主张

素朴清朗，气象峥嵘[①]

“人一生来就对世界充满好奇心，在适合的条件下，每个人所具有的学习、发现、丰富知识与经验的潜能和愿望都能够释放出来。”正如罗杰斯所言，教师要着力唤醒学生的激情，点醒学生的智慧，开发学生的潜能。

而审视传统的语文教学，由于教师忽视了学生的发展权利、占据了课堂的掌控权，教师不自觉地剥夺了学生的话语主动权，习惯和传统的师道尊严形成了一种权威。“以教为主”的传统教学思想使教师产生一种教学的神圣使命感，灌输成了传统教学的法定模式。教师讲解、诱导、启发学生听懂、记住、理解教学参考书上的标准答案，成为教师完成课堂教学任务，达到良好教学效果的唯一目标。这种被教师统一了声音、学生缺失话语权的传统课堂缺失了思想，是教师表演的课堂，是缺乏民主的课堂。在这种课堂里，学生好奇的天性、思维能力和创新意识便也消失了。为此，基于当下课堂的种种弊端，胡文东老师在多年的语文教学行走中，逐渐形成了素朴清朗的教学风格，并呈现出一种气象峥嵘的课堂教学生态。

一、追求返璞归真的人生境界

“文章做到极处，无有他奇，只是恰好；做人做到极处，无有他异，只是本然。”这是胡文东老师最为推崇的为文做人准则。

就自身个性而言，无论是工作生活，还是交友处事，胡老师都恪守着朴实谦逊、从容淡定、执着勤勉的作风。不求外观的繁缛华丽，而以自然无为的“道”作为人生追求的真正目标和指导人生行为的根本法则，将素淡清远作为自己理想的人生境界。

---

① 本篇作者：《教育科学论坛》副主编张泽科，《四川教育》副主编王建强。

返璞归真的人生，实则蕴含“似淡实美”的审美人生。胡老师崇尚“既雕既琢，复归于朴”的审美思想，秉持“见素抱朴”的审美态度，追求“天真自然”的审美境界，具有一种素朴、笃实之美。诚如庄子所说：“淡然无极而众美从之……素朴则天下莫能与之争美。”亦如苏轼所言：“气象峥嵘，色彩绚烂，渐老渐熟，乃造平淡。其实不是平淡，绚烂之极也。”

正是在对教育名著与趣事轶人的品读中，在对教学实践的叩问与反思里，胡老师吸纳了丰富的传统文化精华，并在反思批判中建构起自己的人生哲学，奠定了返璞归真的人生境界。例如，《三国演义》中曹操杀吕伯奢的故事，凸显了曹操奸诈多疑的性格及形象，给他印象深刻。他从这个故事的情节演绎中看清了曹操这个“乱世之奸雄”的真面目，也明晰了他阴险恶毒的形象。就做人而言，他认为，要少一些疑神疑鬼，做一个“返朴归真”之人；而就阅读和研究而言，则要多一些“疑问”，具备审辨式思维的品质。

二、追寻淡泊宁静的教育理想

“静中念虑澄泽，见心之真体；闲中气象从容，识心之真机；淡中意趣冲夷，得心之真味。”胡文东认为，陶行知先生所说的“千教万教，教人求真；千学万学，学做真人”恰好道出了生命教育最本质的特征应该是“真”——真实、真诚、真心、真情。只有“真”，教师才能淡泊以明志；只有“真”，教育才能宁静而致远。淡泊是福，宁静是金；淡泊是一种和谐，宁静是一种温馨。生命教育的探究，必定与追寻淡泊宁静的教育理想一路同行，不离不弃。

“夫君子之行，静以修身，俭以养德。非淡泊无以明志，非宁静无以致远。夫学须静也，才须学也。非学无以广才，非志无以成学。”诸葛亮在《诫子书》中强调，君子的行为操守，从宁静中提高自身修养，以节俭来培养自己的品德；不恬静寡欲无法明确志向，不排除外来干扰无法达到远大目标；学习必须静心专一，而才干来自学习……这既是诸葛亮对他自己一生的总结，也是诸葛家的家训，更是对世人要做一个勤学立志、淡泊名利、有远大抱负的君子的告诫。从诸葛亮的“非淡泊无以明志，非宁静无以致远”中受到启发，胡老师在语文教学实践中，致力于追寻淡泊宁静的教育理想。

面对当今师生负担日益沉重的教育现实，胡文东极力倡导极简教育，遵循“少即是多”的教育哲学，即：少一些说教，让课堂因宁静而迷人；少一些浮躁，让校园因书香而诱人；少一些功利，让师生因纯真而动人。生活上，他是极简主义的追随者，崇尚环境简洁、物质单一、做事专注、社交简单、言语简短。但极简不是一无所有，而是一种生活的智慧。极简，是让人学会做加减法，适当地减去无用信息。极简生活，是擦亮眼睛，减掉不必要的需求，看清自己所需，一步步抵达向往的生活。

三、探究素朴清朗的生命课堂

在长期的课堂教学实践中，胡文东以“素朴”作为教学基调，指向于“清朗”的教学境界。这里的“素朴”是指简洁朴素，少弄外在技巧，但又不排斥内容的精心设计，似有“天然去雕饰，清水出芙蓉”之感。他的课堂，呈现出清爽的课堂氛围、明朗的教学目标、清晰的教学思路、简明的教学语言，给人一种简洁、流畅之快感。

“素朴清朗”不是浅近平直、枯槁简陋，不是言淡意薄、味同嚼蜡，而是貌似素朴平淡，实则情韵深隽，意味丰厚，既单纯素朴，清朗大气，又深沉含蓄，内蕴丰厚。“素朴清朗”的教学风格，是摒弃急功近利后的自然笃厚，是走出了紧张忙碌后的一种恬静，是拒绝平庸肤浅后的一种深刻。

秉承“为人少疑，为学多疑”的“人课合一”的辩证思想，胡老师始终把培养学生的质疑能力和创新精神作为自己义不容辞的使命。质疑、探究、自主，便是与他素朴清朗的语文课堂教学风格一脉相承的三个支点。

在阅读教学中，他善于营造质疑的氛围、教给质疑的方法、开放质疑的时空，使学生敢疑、想疑、乐疑、能疑、会疑、善疑，从而不断提高学生的思维能力和质疑品质。作为基础学科的语文教学，理所当然要培养学生质疑的能力及深层次的思维品质。在阅读教学中，他有怀疑的勇气，摆脱教材、专家的束缚，大胆地运用质疑教学法，构建“质疑型”教学模式。他经常组织学生欣赏课内外有关质疑的故事。如教材上有关质疑的课文《两个铁球同时着地》《一个这样的老师》《切苹果》《画杨桃》和课外故事《伽利略的故事》《罗素的故事》《姆佩姆巴的故事》等。通过师生共同收集质疑故事，开展演讲质疑故事等活动，做到人人会讲其中的几个质疑故事，使学生从生动的故事中获得启迪，激发他们质疑的兴趣，使他们乐于质疑。在此基础上，逐渐培养学生的质疑品质，即敢于质疑和善于质疑。敢于质疑，即要树立学生质疑的意识，培养质疑的精神，使他们养成良好的质疑习惯；善于质疑，则是循序渐进地教给学生质疑的方法，提高质疑的质量，并学会通过自主探究解决提出的问题。

刚参加工作不久，胡文东就与人合作探索“序导自学法”教学模式，着力践行“学源于思，思源于疑”的教学思想，让“质疑”与课堂教学形影不离。二十多年前，他以质疑为主线，自主进行“导学四段式”教学模式的探索，构建了“以疑导向→自学生疑→导学释疑→练后再疑”的教学流程，改善了

"教"与"学"的关系，使学生在主动的、积极的、创造性的学习活动中，求得自身语文能力和智力水平的发展，实现由学会到会学、由学答到学问、由苦学到乐学的转变。例如，在教学五年级《威尼斯的小艇》这篇课文时，他总结出了"质疑型"阅读教学流程：以疑定向→学中生疑→点拨释疑→练后再疑。后来，在教学三年级《大禹治水》一课时，呈现出的"质疑型"研读教学模式的流程则是：谈话导入，整体感知→质疑课题，聚焦问题→层层探究，多元释疑→升华拓展，开放存疑。其中，"层层探究，多元释疑"又包含了四个环节：链接资源，读悟释疑→边学边疑，对比释疑→品析词句，想象释疑→前后呼应，整体释疑。如今，本着"科学借鉴、巧妙融合、推陈出新、自成体系"的原则，他以一种基本的教学模式为基础，根据不同年段学生的特点和不同课文的文体特点，进行适当的变通，致力于"质疑型"研读教学模式的探索。在他的课堂上，学生常常是带着问题走进课堂，探究自己提出的问题，最后又带着新问题走出课堂。

"质疑型"研读教学模式，体现了"质疑型"课堂充分调动学生学习的自主性的特点，即探究是根本，互动是关键，自主是基础。在《大禹治水》的教学中，他根据学生的年龄特点和认知规律，按照"激趣导入，整体感知→质疑课题，聚焦问题→层层探究，多元释疑→回归整体，开放存疑"的教学流程，运用引导学生抓住课题质疑、抓住关键词句质疑等分步质疑的策略，采取链接资源、品析词句、对比体会、想象练笔等多种手段分层探疑释疑，使学生在质疑中学习，在学习中生疑，从把握故事情节到体会人物表现和人物品质，从理解文本到体会表达，从学习文本到拓展阅读，循序渐进，使学生对文本的理解逐步走向深入和深刻，同时也让学生逐步掌握了探究问题的一些方法和步骤。在这样的过程中，学生经历了"发现问题—提出问题—探究问题—解决问题—再次生疑"的过程，从而促使学生勇于求知、善于质疑、乐于探究、勤于思索的学习心理和品质得以逐步形成。

在"质疑型"教学建模中，最为典型的是"问题—研读"教学模式。

"苹果从树上落下来"是众所周知的现象，唯有牛顿敢于质疑，从而发现了地球引力。这一伟大发现是从质疑开始，加上大胆猜想以及反复研究。学习也同样如此。"积极倡导自主、合作、探究的学习方式"是《语文课程标准》提出的四个基本理念之一。《基础教育课程改革纲要（试行）》也"强调形成积极主动的学习态度""关注学生的学习兴趣和经验""倡导学生主动参与、乐于探究、勤于动手""满足不同学生的学习需要"。的确，阅读应该是学生积极主动的思维活动，是一种以问题的形式展开的发现和探索。

建立在学生渴望学习、渴望获得新知的基础上的“问题—研读”教学模式，其基本流程为：诱思，孕伏问题→导疑，聚焦问题→研读，探究问题→自检，再生问题。这种教学模式是以问题为中心，“变教为诱，变学为思，以诱达思，促进发展”，以学生已有的知识和经验为基础，教师设计多样性的学习活动，引导学生自学生疑，然后通过教师的相机启发导学和学生独立思考与合作学习的有机结合，让学生全程参与，用自身的情感体验去解决问题，实现再创造的教学活动。

难能可贵的是，胡老师还根据不同类型的课文，将这一教学模式总结梳理出不同的教学变式，或不同的教学流程。如《圆圆的沙粒》的教学流程为：创设情境，激趣导课→初读课文，整体感知→直奔结果，引导质疑→品读课文，探究问题→拓展积累，延伸阅读；《大禹治水》的教学流程为：情境导入，以疑激趣→初学释疑，整体感知→重点质疑，导学探究→交流讨论，点拨提升→多元练习，再疑拓展；《“扫一室”与“扫天下”》的教学流程为：创境诱思，导入课题→整体质疑，聚焦问题→立体研读，解决问题→引导自检，延伸探读；《挑山工》的教学流程：问题导入，初悟形象→对比研读，深化形象→链接资源，丰富形象→表达真情，升华形象；《爷爷的毡靴》的教学流程为：整体感知，把握内容→细读课文，提出质疑→梳理问题，重点探究→联系实际，升华情感。

在中高段学生的习作教学中，胡文东针对当时习作评改标准单一、评改时机后置、评改主体以教师为主等问题，以“小学中高段学生习作双向互动评改初探”为课题进行研究，大胆实施“双向互动评改”，力改习作评改是教师专利的弊端，充分发挥学生的主体作用，放手让学生评价、修改自己的习作，使学生把习作评改看成是自己的事，形成师与生、生与生之间的多向促进关系，使习作评改日益向学生自主、自能操作的模式发展，从而提高了学生的习作评改能力和作文素养。习作“双向互动评改”，授之以“欲”，激发学生自评自改的兴趣；又授之以“渔”，教给自评自改的方法；并授之以“权”，放手让学生自评自改，充分诠释了生命课堂的自主特质。在此过程中，学生渐渐养成了受益终身的主动评改习作的良好习惯。

质疑的课堂，探究的课堂，自主的课堂，就是素朴清朗的生命课堂。这样的课堂，少有繁文缛节，一支粉笔，一块黑板，一本语文书，不矫情，不做作，自然而然；这样的课堂，不弄技巧，以拙为进；这样的课堂，平平淡淡而耐人寻味，朴朴实实而别有洞天。

“在小学语文课堂的行走中，我清醒地知道，素朴清朗的教学风格虽渐露峥嵘，但并未瓜熟蒂落；宁静淡泊的教育理想虽充盈心间，却任重而道远；返璞归真的人生境界虽诗情画意，可难免山重水复。"胡老师如是说。

为人少疑，为学多疑。

我们相信，胡文东老师将一如既往地立足素朴清朗的生命课堂，胸怀宁静淡泊的教育理想，追求返璞归真的人生境界。

一直在生长，始终未长大。我们愿他始终做一名学习者——以丰厚学养支撑自己的教学，做一名研究者——以理性视角反思自己的教学，做一名笔耕者——以积淀思想提升自己的教学。

自主阅读，有一个"疑"字了得

——浅谈阅读教学中学生质疑品质的培养

前段时间，有两篇文章引人关注：一篇是《提问奥巴马，上海大学生的提问令人失望》，另一篇是《北大学生的提问令人失望》。前者讲的是从上海大学生给奥巴马提的问题看，那些来自名校的大学生，无论是语言表达能力、逻辑思维能力、对事物的洞察力，还是政治敏锐性，都有待提高；后者说的是"五四"青年节，温家宝同志到北大和大学生交流的情况，反映出当代大学生"不会提问"的现实问题。

袁振国先生在其《反思科学教育》一文中有过这样的论述："中国衡量教育成功的标准是将有问题的学生教育得没问题，'全都懂了'，所以中国的学生年龄越大，年级越高，问题越少；而美国衡量教育成功的标准是将没有问题的学生教育成有'问题'。如果学生提出的问题教师都回答不了，那算是非常成功，所以美国的学生年级越高越富有创意，越会突发奇想。"

袁先生的论述道出了我们的学生不会提问的根本原因，可谓一针见血。

阅读应该是学生积极主动的思维活动，是一种以问题的形式展开的发现和探索。《语文课程标准》要求学生"对课文的内容和表达有自己的心得，能提出自己的看法和疑问，并能运用合作的方式，共同探讨疑难问题"。作为基础学科的语文教学，理所当然要培养学生质疑的能力及深层次的思维品质，其关键是在阅读教学中，教师首先要有怀疑的勇气，摆脱教材、专家的束缚，大胆地运用质疑教学法，构建"质疑型"教学模式。

"质疑"就是提出疑问、提出问题。学生在学习过程中提出疑问，可以是浅层次的有疑而问，也可以是更深入的无疑而问。质疑是一种可贵的思维品质，它的前提是敢于怀疑、挑战权威，结果是明晰自己的思维，甚至推翻前人的思想从而形成更进步的思想。

质疑品质的培养主要应该包括两个方面，即敢于质疑和善于质疑。敢于质疑主要应树立学生质疑的意识，培养质疑的精神，使他们养成良好的质疑习惯；善于质疑，则是循序渐进地教给学生质疑的方法，提高质疑的质量，并学会通过自主探究解决提出的问题。笔者以为，要想培养学生的质疑品质，必须数管齐下，“围追堵截”“软硬兼施”，有序推进，才能收到事半功倍的效果。

一、营造和谐氛围，使学生敢疑

罗杰斯认为，一个人的创造力只有在他感觉到“心理安全”和“心理自由”的条件下，才能获得最优表现和发展。但是，受传统的教育观念的影响，课堂中的提问变成教师的专利，教师只求课堂纪律好，不求真正调动学生参与学习的积极性；只求传授知识，不求探究理由；对学生问题意识的萌芽视而不见，扼杀了学生的创造性，压抑了学生好问的天性，致使学生产生各种心理障碍，如自卑心理、顾虑心理、依赖心理等。心理障碍的存在，导致课堂无法形成浓厚的质疑氛围，不能真正激活学生思维的火花，难以形成真正意义上的生动活泼、积极主动学习的良好局面。

阅读教学过程是师生的双边活动。其中，学生是认识和发展的主体，只有学生有了学习的愿望，希望积极主动地学习时，质疑才有了“用武之地”。苏霍姆林斯基认为：“教师在课堂上造成的生动活泼、乐观愉快的气氛。对于培养学生的学习兴趣和求知欲有着重大的意义。”因此，创设和谐、民主的课堂教学氛围，激发学生的强烈的学习动机，是学生大胆质疑的基础。

1. 教师要树立师生平等对话的意识，构建新型的师生关系。调整教师角色，重新审视教师在教学中的角色与作用，打破以教师为中心的传统观念，由“权威者、主导者、训导者”向“学习活动的引导者、组织者、协作者、示范者”转变；重塑学生角色，确立学生的学习主体地位，让学生由“服从者、依赖者”向“独立者、自主者、主人翁”转变，这是唤醒学生平等意识、培植创新勇气的关键。

2. 教师要允许学生提问出错，这是学生敢于提问的前提。有人说，一个人不会“说错话”，意味着有可能永远错下去。因此，刚开始要求学生质疑的时候，教师对于学生提出的问题不要求全责备。哪怕是学生提出比较幼稚甚至是错误的问题，教师也应该适时示以善意的微笑和包容的态度，肯定学生敢于提问、敢于表达的勇气，给学生以心理上的安全感和精神上的鼓舞，使他们的思维更加活跃，探索热情更加高涨。只有这样，学生才敢想、敢说、敢问。

3. 面对学生的提问，教师要坚持正面引导、表扬为主的原则。课堂上，对提出高质量问题的学生固然要加以表扬，对提出质量不高的问题的学生，甚至是"明知故问"的学生，也要加以鼓励，肯定他们的积极态度。正如于永正老师所说："这种适时、真诚的鼓励，是帮助学生树立信心的支撑点，是加快思维的兴奋剂，是开窍的电火花。千万不能因为学生提出了一些幼稚的，自己不满意的问题就训斥、批评，要知道，一旦挫伤、压抑了学生的积极性和主动性，培养提问能力就成了一句空话。"

二、名言故事引路，使学生乐疑

1. 积累质疑名言。名人、名言的效应是无穷的。古今中外，关于质疑的名言多而精辟，这些名言都有力地说明了"问"的重要性。

我国古今关于"质疑"的名言很多。例如，"学起于思，思源于疑""学贵有疑，小疑，则小进；大疑，则大进"。明人张洪在《朱子读书法》中说："读书，始读未知有疑，其次则渐渐有疑，中则节节有疑。过了这一番后，疑渐渐解，以至融会贯通，都无可疑，方始是学。"朱熹曾说："读书无疑者，须教有疑；有疑者，却要无疑，到这里方是长进。"郑板桥也说："学问二字，须要拆着看，学是学，问是问，今人有学无问，虽读破万卷，只是一条钝汉尔……读书好问，一问不得，不妨再三；问一人不得，不妨问数人，要使疑窦释然，精理毕露。"叶圣陶说："上课之时主动求知，主动练，不徒坐听老师之讲说。""学贵有疑，有疑才有变通，有变通才有创造。"陶行知的诗句："发明千千万，起点在一问……人力胜天工，只在每事问。"

此外，还有许多有关质疑的外国名言。如亚里士多德说："思维是从疑问和惊奇开始的。"法国大文豪巴尔扎克曾说过："打开一切科学的钥匙毫无疑问的是问号，而生活的智慧大概就在于逢事都问个为什么。"苏霍姆林斯基说："如果学生在青少年期还没遇到一位明智的脑力劳动的指导者，那么他就再也无法学会真正地思考了。""一个人到学校里来上学，不仅是为了取得一份知识的行囊，而主要的还是要变得更聪明。""在人的内心深处都有一种根深蒂固的需要，这就是希望自己是一个发现者、研究者、探索者，而在儿童的精神世界中，这种需要特别强烈。"伟大的哲学家苏格拉底曾说过："问题是接生婆，它能帮助新思想的诞生。"爱因斯坦说："提出问题比解决问题更重要。"

教学过程中，教师有意识地引导学生积累、背诵这些关于质疑的名言，选择自己喜欢的名言作为座右铭，或者开展名言交流活动，或教师把名言以喜报的形式奖励给学生，会使学生受益匪浅，从而提高学生对质疑价值的认识，使他们产生怀疑的欲望。

2. 欣赏质疑故事。如果说，关于质疑的名言还有些抽象的话，那么，教师可以组织学生欣赏课内外有关质疑的故事，如教材上的有关质疑的课文《两个铁球同时着地》《一个这样的老师》《切苹果》《画杨桃》等，以及一些课外的故事《伽利略的故事》《罗素的故事》《姆佩姆巴的故事》等。通过师生共同收集质疑故事，开展演讲质疑故事等活动，力争做到人人会讲其中的几个质疑故事，就能使学生从生动的故事中获得启迪，激发他们质疑的兴趣，使他们乐于质疑。

三、力求时空开放，使学生能疑

让学生质疑，要抓住时机，才能及时发现问题、解决问题。不同时机的质疑，能起到不同的作用。在教学过程中，启发学生质疑，大致要把握住以下四个时机：

1. 预习生疑。苏霍姆林斯基说过："学生头脑里产生疑问越多，他们对课堂上讲解的知识和新教材的兴趣就越高，在课堂学习新教材之前就让学生积累疑问——这是教学论上很值得研究的问题。"在每篇课文教学前，布置学生先预习，并要求学生边读边想，课文中有哪些地方不理解，把问题写下来或标注出来。教师检查后，对认真提问题或提的问题较有思考价值的同学给予肯定、表扬、奖励，以此激发学生提问的积极性。

2. 课始质疑。这种方法可以使教师掌握学生对课文初步理解的程度，即对预习情况的了解，还可以为教师提供教学的依据。例如：在教学《可爱的草塘》一文时，一上课，就有学生提出疑问：北大荒在哪儿？作者为什么不习惯？美好的画卷指的是什么？为什么说生怕弄坏？对于学生提出的第一个问题，可以即时作答，其他几个问题则在讲读课文中才进行。

3. 学中生疑。这种方法最能激起学生学习兴趣，使学生认真听讲、积极思考。在教学过程中，教师要善于激发学生质疑问难，促进学、思、疑、问、悟的结合，并注意循环往复，不断提高。教学《大禹治水》一课，在引导学生探究"大禹是怎样治水的？"这一问题时，当学生找出了"禹改变了父亲的做法，带领人们开凿龙门，挖通了九条河，垒起堤坝，把洪水引到东边的大海里"这个句子后，我引导学生质疑："读了这个句子，你有哪些疑问？"学生先后提出了以下问题：（1）禹垒起堤坝，那不是反而把洪水挡住了吗？（2）禹刚好只挖了九条河吗？（3）"龙门"是什么地方？是"鲤鱼跳龙门"中那个龙门吗？（4）禹改变了父亲的做法，请问父亲的做法是什么？他为什么要改变？……我顺势抓住第（4）个问题，运用对比的方法，作为进一步学习课文的切入点，收效很好。

4. 课尾存疑。学完课文后，留出一定时间让学生质疑问难，可弥补教师在教学中的遗漏部分，从而加深对课文的理解。这种方法最常用，其最大的优点是查漏补缺，能满足特殊学生的需求，有利于因材施教。例如，在教学完《和氏献璧》时，有学生提问：这块和氏璧现在在哪里？对这个问题，我一时也不能回答，就直言不讳地告诉学生，希望他们课后去查资料解决。

四、运用策略导航，使学生会疑

"授人以鱼，仅供一饭之需，授人以渔，则终生受用。"要使学生善问，必须"授之以渔"。对学生来讲，质疑的方法作为"工具"，只有内化为学生的认知结构系统，才会形成学习能力。阅读教学中，教师要注意挖掘教材本身的思维训练因素，激疑引思，在诱发、点拨和引导学生学习课文的重点和难点的过程中，激起学生疑深、疑透、疑广，拓展学生的思路，培养思维品质。

1. 质疑课文题目。题目是文章的眼睛，引导学生针对课题提出问题，既有利于对文章内容的理解，又能培养学生的质疑能力。如《失踪的森林王国》一课，引导学生质疑：森林王国原来是什么样的？为什么会失踪？人们还能把失踪的森林王国找回来吗？这样从课题剖析入手，由浅入深，由表及里，为更好地理解课文做了铺垫。顿时，学生学习的激情被激发，他们迫不及待地打开课文，津津有味地读了起来。引导学生针对课题提问，有利于激发学生学习的兴趣，调动学生学习的自觉性、主动性，也有利于提高学生把握文章中心和结构的能力。

2. 质疑重点难点。紧扣重点难点设疑问难，分层次、有坡度地设计教学过程，不仅可以加深学生对课文内容的理解，还能培养学生用联系的观点思考分析问题，形成正确的思维方法和读书方法。例如，《美丽的小兴安岭》最后一个自然段统领全篇课文，抓住这一句让学生质疑，可引发这样的思考：为什么说小兴安岭一年四季景色诱人，是个美丽的大花园？从哪些地方可以看出小兴安岭是一座巨大的宝库？作者是以怎样的顺序进行描写的？学生通过自读课文，议议画画来释疑解难，对课文内容的领悟水到渠成。

3. 质疑关键词句。在初读课文阶段要求学生提出不理解的词句，而在精读课文时则要求学生对关键词句进行质疑，尤其是那些与中心紧密相关的词句。如教学《大禹治水》，可强调学生读课文最后一句话："洪水终于退了，大地又恢复了欣欣向荣的景象。"有学生可能会问：洪水到来时是什么样的景象？

是谁制服了洪水？他是怎样制服洪水的？这些问题贯穿了文章的线索，起到了画龙点睛的作用，为学习课文奠定了良好的基础。

4. 质疑人物言行。学习写人记事的课文，可以引导学生针对课文中人物的语言和行为进行质疑，会产生意想不到的效果。如一位教师教学《西门豹》时，要学生质疑课文中人物的言行，其中有一位学生提问："西门豹为什么不采用禁止给河伯娶媳妇或下令捕杀这伙人的办法，而要这样一一惩治他们呢？"教师及时肯定了这个问题的价值，并通过引导点拨和小组议论，让学生明白了西门豹这样做的目的是既要惩治这伙人，又要教育老百姓，让河伯娶媳妇真相大白，进而破除迷信。这样的质疑，使文章的中心得到了进一步升华。

5. 质疑看似矛盾处。课文中常有看似矛盾实是精彩之笔的描写，在阅读过程中找出这些看似矛盾之处并加以质疑，能更深入地理解课文。例如，《十里长街送总理》中有这么一句话："一位满头银发的老奶奶，双手拄着拐杖，背靠着一棵洋槐树，焦急而又耐心地等待着。"学生提出：耐心是不焦急的意思，两个词用在一起不是矛盾了吗？从这些矛盾的问题引起学生的思考，可以让学生更深地理解人物的品质。

6. 质疑表达方法。有些文章从结构上看，作者的安排很是独特。在教学时如能引导学生围绕文章的结构进行发问，不仅能加深对课文的理解，还能从中领悟和借鉴作者的表达方法，为今后的写作打下基础。如《我爱故乡的杨梅》一课，有位教师引导学生从文章的结构上质疑，学生则提问："课文重点写作者对杨梅的喜爱，为什么开始要写雨中的杨梅树？是不是有点多余？"通过讨论学生会明白，杨梅果的形状好看，颜色鲜艳，味道甜美，是与杨梅树的生长茂盛分不开的，而杨梅树生长茂盛，又是和春天的雨水充沛分不开的。看来作者的安排是别具匠心，绝非多余的。

此外，还可以引导学生针对事情的结局、文章的标点、主题思想、表现手法、注释、插图等质疑，关键在于教师要更新教学观念，优化教学方法，坚持多引导、多训练，学生的提问便能渐渐去粗取精、去伪存真，由会生疑走向会质疑。

五、适时调控引导，使学生善疑

学生的质疑，要经历从"明知故问的质疑"到"真正的质疑"，从敢于质疑到善于质疑，从"价值不大的质疑"到"有价值的质疑"的过程。这个过程离不开教师的调控引导。

当学生具备一定的质疑能力后，要防止出现两种现象：一是"无疑而问"，二是“不思就问”。此时，作为教师，就应该发挥调控引导的作用，教学生在怎样“问”和“怎样思考分析问题”上下功夫，以不断提高学生质疑的品质。

1. 质疑之前，教师要尽可能让学生多阅读后再提问。书读百遍，其义自见。相信相当一部分问题，学生多读几遍后就不再问了。在学生还没有充分阅读前就急急忙忙进入质疑或讨论交流阶段，是一些质疑式教学课失败的原因之一。如果我们希望学生问出更有价值的问题，那么就尽可能多地给他们提供阅读和思考的时间。

2. 质疑之时，教师要以评价为学生的提问做出导向。课堂上，教师激励性的评价，可以激发学生的兴趣；而导向性的评价，则可以使学生从教师多样化的评价语言中领悟到一些质疑的方法，从而提高学生质疑的水平，使学生真正做到善疑。

针对不同年段的学生，教师的评价语言不尽相同，但实践证明，像“……你是针对……质疑的，厉害!”“……你提出了自己不懂的……真了不起!”“……你抓住课文中的一个词语提问，这个问题连老师都没想到，令人佩服!”等评价语言，在引导学生质疑的过程中是很有效果的，不妨一试。

3. 质疑之后，教师要善于引导学生筛选、聚焦问题。在筛选过程中让学生体会到：什么该问，什么不该问；什么问题无须问，什么问题应该问；什么问题有价值，什么问题价值不大。教师和学生一起把问题筛选、归类，聚焦重点问题的过程，正是以“润物无声”的方式，培养学生“善疑”的过程。

当然，对于经过筛选、归并、聚焦后的问题，是及时解决还是避而不谈，是点到为止还是精雕细刻，是欲擒故纵还是“放虎归山”，这就还有一个引导学生如何探究释疑的问题。由于篇幅所限，这里就不赘述。

总之，阅读教学的根本目的不只是在于让学生掌握课文的内容，而是要让学生养成独立思考的习惯，最终达到自能读书。语文教学中，教师以问题为纽带组织教学活动，即以激发学生产生问题始，以产生新的问题终，就能使学生的质疑品质、怀疑精神和创新能力得到逐渐培养和提高。

会学·学问·乐学

——浅谈语文课中学生主体地位的落实

确立和强化学生的主体意识，落实学生的主体地位，是素质教育这一具有时代精神的教育思想的要求之一。教学活动中只有树立以学生为主体的指导思想，想方设法让学生主动去听、去说、去读、去写、去思，做到耳到、口到、眼到、手到、心到，努力实现由学会到会学、由学答到学问、由苦学到乐学的根本转变，才能真正使学生成为学习的主人。

一、指导方法，学以致用

“教是为了不需要教”，这是阅读教学的最高境界。为此，教师要善于发现和选择语言表达具有某种规律的语句和段落作“例子”，进行重点指导，“授之以渔”，让学生掌握学习语文的正确方法。

例如《伟大的友谊》第四自然段是过渡段，教学中巧妙地利用过渡段给课文分段，概括段意，抓住课文主要内容。这样“牵一发而动全身”，不仅让学生深刻地认识了过渡段的作用，而且学会了在阅读时抓过渡理解内容，在作文时用过渡衔接上下文的方法。

又如《海滨小城》一课，在学习第四自然段后，安排小结学习方法的环节，学生在教师的引导下，总结出“自读→找中心句→讨论→朗读→模仿说”五步学习方法。接着教师指导学生运用这种方法学习第五自然段，然后放手让学生充分独立自学第六自然段。这样的一堂课，实际上是“师生共同运用并总结学法→教师指导运用学法→学生独立运用，教师个别辅导”的过程，不仅让学生读懂了课文，而且培养了学生独立思考和自能读书的能力，使学生终生受用。

二、引导展疑，勤学好问

有的课堂教学不重视启迪学生的思维，教师一问接一问，学生被动地围绕教师提问回答了一轮又一轮，四十分钟的教学，不是围绕学生怎么学，而是围绕教师怎么教。要改变这样的状况，让学生处于主体地位，主动求知，主动练习，教师在设计课堂教学时，就必须根据学生学习语文的规律，鼓励学生大胆质疑，引导学生敢于从熟视无睹的现象中，变换角度发现问题，使学生敢问敢答、善问善答。

首先，教师要为学生指点质疑的途径，教给质疑的方法。一般地说，可从课题上质疑，从课文的内容上质疑，从关键词句处质疑，也可从某些看似矛盾的地方质疑，甚至还可以从标点符号的使用上质疑。如《白杨》一课中有这样的重点句：“爸爸只是向孩子们介绍白杨树吗？不是的，他也在表白自己的心。”教师要求学生根据这个句子提出几个“为什么”“是什么”“怎么样”一类的问题。在教师的启发下，学生分别提出了“爸爸为什么要介绍白杨树？”“为什么说爸爸也在表白自己的心？”“他表白了自己什么样的心？”等有深度的问题。

其次，为了避免学生只提"这个词是什么意思?""这个句子我不懂"之类的问题，教师可引导学生从以下方面质疑：（1）探究性问题，如学习《凡卡》一文时，学生提出这样的疑问："凡卡九岁当学徒，家境贫困，由此可见他不可能读书，不会识字，可为什么能写出那么长的信?"这样的问题就有一定的深度。（2）鉴赏性问题，如《鸬鹚》一文，学生提出"课文中说渔人拿竹篙向船舷上一抹，为什么用'抹'而不用'打''挥'"这一品味用词精妙的问题。（3）评价性问题，如学完《少年闰土》一课，学生提出了"闰土上城之后见到许多没见的东西，能说他知识丰富吗?"这一与课文持不同看法的问题。

学生能不断发现问题、提出问题，是学生思维活跃、勤于动脑的表现，也是充分发挥学生主体作用的体现。教会了学生质疑，教师还要不失时机地对学生的质疑做出恰当的处理，或发动学生自己解决，或融入课堂教学思路逐步解决，或引导学生课后探究。

三、激发兴趣，学中有乐

学生是学习的主体，让学生生动活泼地、主动地得到发展，是素质教育的灵魂。离开学生的积极性、主动性，学生在课堂上不说、不读、不思、不问，语文教育活动将一事无成。因此，创设和谐友善的课堂气氛，精心设计教学环节，采取多种手段激发学生思维，才能使学生在轻松愉快的气氛中全身心地投入到学习活动中。

1. 多些鼓励。教学的艺术不在于传授本领，而在于激励、唤醒。教学中，多送给学生激励的话语，能消除他们的心理障碍，使之大胆朗读、大胆发言。特别是后进生，要给他们发言的机会，即使说错了，只要认真思考，积极发言，都应持肯定的态度。

2. 语言幽默。教师说话幽默风趣、浅显易懂，很容易激发学生的参与兴趣。如教学《太阳》一课，在分段教学课文时，老师形象地以"班长"和"战士"的比喻来形容段与层的关系，当讨论第四自然段"太阳和人类的关系密切"，问及这个"班长"带了几个"兵"时，学生中有了异议，老师没有告诉学生现成答案，而是让学生讨论。这种做法既保护了学生主体参与的积极性，又使学生的参与具有延续性。

3. 巧用板书。有些精心设计的板书，能调动学生的兴趣。如《可爱的草塘》一课，在引导学生理解课文时，板书重点词，然后让学生把这些重点词连起来读，学生情不自禁地读起来，原来板书就是一首诗："茫茫草海绿浪涌，春冬两季趣无穷。水清鱼肥惹人恋，一幅画卷在河中。”顿时，学生兴致勃勃地抄写、背诵这首诗，在愉快的气氛中抓住了课文的主要内容。

4. 开展语文活动课。新学期开始的第一节课，我都要组织学生开展一些语文活动课，如猜谜语、绕口令、病句门诊、听语文智力故事后回答问题等。实践表明，开展内容丰富、形式多样的语文活动课，不仅能提高学生听、说、读、写的能力，还能丰富学生的学习生活和知识面，更重要的是能激发学生学习语文的浓厚兴趣。

素质教育呼唤学生的主体意识，这是由于教学所追求的目标和结果，只能由“学”体现出来，学生是学习活动的直接参与者，是学习过程的积极探索者，是教学效果的具体体现者。但是，这并不意味着否定教师的主导作用。在课堂教学中，教师是教学活动的设计者、教学过程的组织者、教学结果的负责者、学习行为的引导者、学习方法的指导者。我们所强调的是要摆正教与学的关系，教师的主导作用的发挥要以学生的主体作用的发挥为前提，教师要尊重学生的主体地位，培养学生的主体意识，发挥学生的主体作用，使全体学生在语文学习过程中主动活泼地得到全面发展。

精讲·巧问·多读

当前，阅读教学中“两多一少”的现象十分突出，即课堂上教师讲得多、问得多，学生读书的时间少。这既忽视了学生的主体地位，又忽视了读在阅读教学中的重要作用。笔者以为，要克服这种因满堂讲、满堂问而挤占学生读书时间的现象，在阅读教学中只有做到精讲、巧问，才能保证学生有足够的时间读书，从而让学生在多读中不断提高自能读书的能力。

一、精讲的真谛

叶圣陶先生曾说：“教，是为了不需要教。”可见“不需要教”是以“教”为前提的。教师作为课堂教学的主导者，应着力吃透教材和学生，善于把握教材的重点和难点，该讲的地方，定要讲透，不该讲的地方，就不要浪费时间。

1. 要讲重点难点，即讲学生不懂的地方。如教学《我的伯父鲁迅先生》一课第二部分时，教师应紧紧抓住“囫囵吞枣”“张冠李藏”这两个词语和鲁迅先生的话——“哈哈！还是我的记性好”来体会鲁迅先生批评“我”读书马虎时的幽默与委婉，表现了他对青年一代的关心和爱护。教学第三部分时，教师则要联系当时的社会背景，抓住“四周围黑洞洞的，这不容易碰壁吗?”一句，体会鲁迅先生在黑暗的旧社会，不怕挫折和迫害的革命乐观主义精神和顽强斗争的精神。教学中，要紧紧抓住教材的重点和学生理解的难点，该讲的就讲，该介绍的就介绍，该对比的就对比，但这并不就是教师包办，一讲到底，而是要从课文的特点和学生实际出发，设计语言训练点，创造条件启发学生的积极思维。

2. 要讲规律，即把带有规律性的东西讲清楚。学生掌握了规律，才能达到举一反三、事半功倍的效果。吕叔湘先生说："教学教学，就是要教学生学。"如《新型玻璃》一课讲了五种新型玻璃的特点和用途。第一至四段结构相同，只要教师一点拨，问题就会迎刃而解。第一段由教师讲，也就是"扶"，让学生认识规律，领悟学习方法；第二段边讲边问，也就是"半扶半教"，让学生掌握规律，尝试方法；第三段让学生自学，也就是"放"，让学生运用方法。

3. 要讲精华，即要抓住文章的本质，抓住文章中"牵一发而动全身"的东西。如教学《课间十分钟》，教师应重点抓住"丢沙包"的活动过程，启发学生思考和理解：哪句写活动地点？哪句写活动内容？哪句写活动情况？哪句写活动结束？哪句写丢沙包时的心情？然后，让学生根据训练要求，仿照"丢沙包"活动的写法，写"老鹰捉小鸡"的游戏过程。这样，教师讲课精华抓得准，读写结合得好，使学生的读写能力得以逐步提高。

二、巧问的艺术

"教师之为教"，要精于巧"问"之学。课堂提问，是一门科学，也是一种艺术，它要求在四十分钟内，迅速而有效地分解预定的学习目标，解决实质性的问题。因此，课堂学习活动的时效性和目的性，决定了提问应为学生在课堂上通过自己的行为，快捷、准确地掌握预定的学习目标，提供合理的途径。

1. 启迪思维之问。在必要提问的情况下，要仔细筛选提问的内容，尽量不提哪些直接涉及课文内容的问题。如教学《跳水》一课，若提问："水手怎样逗猴子？"学生只会从课文中找词找句找出答案；若提问："水手为什么会逗猴子？"学生就必须去想象、分析、推理："一般轮船环游了世界"——时间太久了，水手心中烦闷，很想寻开心；" 正在住回航行"——返航了，没事了，心中轻松，更想玩一玩；"风平浪静"——天气好，无险情，人们闲聚在甲板上，猴子也来凑趣；"猴子知道人们拿它取乐，就更加放肆"——猴子和人熟识，顽皮有趣，引发联系。

2. 转换形式之问。把本来要提问的内容转换为其他形式，如换为朗读，换为质疑争论，换为读话写话训练，甚至换为图文、表格或演示，让学生从中受到启发达到自悟。一位教师讲《一夜的工作》时，他原想对学生提问：“课文中哪些地方运用了对比手法？用什么和什么相比较？”后来，他把问题转换为语言训练，让学生读书之后用“在……却……”或“是……却……”的方式，说出课文中有对比性质的内容。这种转换不但完成了原问题的任务，进行了语言表达训练，而且是对全文的总结、对人物认识的升华，效果比提问好得多。

3. 让学生质疑问难。“学贵有疑，小疑则小进，大疑则大进。”课堂上，教师必须高度重视培养学生独立质疑的能力，在阅读教学中，努力激发学生动脑提问的积极性，鼓励学生在自学的基础上，大胆提出自己的疑难问题，同时应保证学生有时间质疑，教给学生质疑的方法，并组织引导学生用多种方法释疑。如教学《小英雄雨来》一课，学生每读了一部分之后，教师都有这样的提问：“你还有哪些地方不懂？”学生先后提出了这样一些问题：(1) 中华人民共和国成立前，为什么还有女老师教书？(2) 爸爸为什么不告诉妈妈区上在哪儿？(3) 课文为什么要写雨来游泳本领高和上学读书这两部分？(4) 既然雨来并没有死，作者为什么要写人们对雨来怀念？

三、多读的策略

古人云：“书读百遍，其义自见。”“熟读唐诗三百首，不会作诗也会吟。”《小学语文教学大纲》也强调指出：“朗读和默读是阅读教学中最经常、最重要的训练。”教学中，教师如果能克服串讲串问之风，做到精讲、巧问，就会为学生多读书提供时间保障，但要引导学生自己把课文真正读懂，还需掌握一些引导学生读书的策略。

1. 示范朗读和技巧训练结合。朗读是“口耳之学”，朗读教学的基本手段是“口授耳听”。如果教师只是讲应该怎样读，不应该怎样读，而不亲自读给学生听听，学生是很难学好朗读的。当然，我们强调教师的示范朗读及其重要，但并不否定朗读中的基本技巧的训练，如停连、轻重、快慢、语气等，相反，教师应把示范朗读与恰到好处的朗读技巧训练有机地结合在一起。这就要求教师根据不同的课文精心选择朗读训练点，而不可面面俱到。学生一旦掌握了一些技巧，日后将举一反三，大大地提高朗读教学质量。

2. 朗读指导与点拨理解并存。阅读教学中，有的教师虽然注意了多读，但往往把朗读和理解截然分开，分析课文前朗读几遍，分析完之后，再读几遍，甚至根本没理解课文，就要求学生读出感情来。因此，教学中要精心设计朗读训练过程，克服训练的随意性。有的教师把朗读指导的基本环节概括为"读前有要求，读中有指导，读后有评议"，这是不无道理的。当然，究竟是朗读后再理解，还是理解后再朗读，应因文而异。对那些文质兼美、意境幽远的课文，可让学生在朗读中想象，在想象中朗读。学生入情入境后，自然能理解课文内容，读出文章的味道。

3. 朗读形式多样与各尽所能。读的形式是多种多样的。就朗读者的身份而言，有教师读和学生读、示范读和模仿读；就朗读的参与者多少而言，有个人读、两两对读、小组读、分角色读、全班读；就朗读是否同步而言，有自由读和齐读；就朗读训练的过程而言，有教读、带读、引读、听读、讲读、评读；就朗读的辅助手段而言，有配音朗读、创设情景朗读等。各种形式的朗读有不同的目的和适用范围。当需要激情引趣或学生朗读不到位时，可用范读指导；当需要借助读来帮助学生分清段中的内容、层次时，可用引读；当课文中对话较多、情趣较浓时，可用分角色读；当需要渲染气氛、推波助澜时，可用齐读；当学生参与朗读的积极性不高时，可采用配音朗读或创设情景朗读。

语文教学中创新能力的培养

素质教育的核心是培养学生的创新意识和创新能力。新修订的《小学语文教学大纲》在"教学目的"中明确提出，要在语文教学过程中"培养学生的创造力"。作为基础学科的小学语文，由于极富情感、极具个性、极易激发创造思维和想象能力，因而在培养学生创新意识和创新能力方面发挥着独特的作用。教学理论和实践告诉我们：转变教育思想，正确理解创新内涵，是培养学生创新能力的前提；而提倡标新立异，鼓励异想天开，则是培养学生创新能力的关键。

一、转变教育思想，把握创新内涵

培养学生的创新能力，教师首先必须转变教育思想，树立创新意识，敢于向传统的教学方法挑战，教学方法要有创新，教学手段要有创新。只有在培养学生创新意识和创新能力方面有所突破，才能实现真正意义上的素质教育。可见，教育思想的转变是至关重要的。

（一）强化主体意识

素质教育呼唤学生的主体意识，教师要善于做引导者，确立学生的主体地位，做到放得开、收得拢。放得开，就是要放手让学生独立思考、自悟自得，就是要在课堂上营造师生合作、生生合作、平等讨论、自由争辩的气氛，给学生提供展示自己的机会，让他们生动活泼地发展，积极主动地思维；收得拢，就是要正确发挥教师的主导作用，教师要对教材的重点难点、学生的疑点，适时加以点拨、引导。

（二）重视能力培养

语文能力，特别是自能读书和自能作文能力，不会从天而降，也不可能由教师一讲就会，能力的培养离不开训练。但是，如果教学中只重抽象结论、轻形象感悟，重整齐划一、轻个性发展，重串讲串问、轻读书思考，学生的语文能力（包括创新能力）是不会提高的。因此，只要学生能读懂的就不必再讲，只要学生能够自己领悟的，就不必再分析；要注意“授之以渔”，培养学生自己动脑解决问题的良好学习习惯；要根据规律，重感悟积累、重迁移运用。

（三）树立创新观念

教育是知识创新、传播和应用的主要基地，也是培养创新精神和创新人才的摇篮。小学语文教学中的创新，其特点是凭借课文，紧扣语言，展开想象，激活思维，因而必须紧扣“小”和“语”两个字。“小”指的是在打好基础的前提下的创新，不要拔高要求去求“创造”；“语”指的是在语言训练过程中的创新，是有助于提高听说读写能力的创新，而不能离开语言训练，去发散、求异。创新意识是一种渴望用新思路、新方法、新途径，超常规地解决问题的态度和意愿；创新能力则是人们根据一定的目的运用已有的知识，通过思维活动，产生新认识，创造新事物的能力，它主要包括创造思维能力和创造想象能力两个方面。

二、提倡标新立异，启迪创造思维

创造思维表现在创造性地解决问题的过程中，能打破思维定式，表现出思维的“新”与“活”，即思维灵活与机智，在与众不同中透出新意。

（一）变换角度创新

善于从新的角度运用旧知识，善于同中见异、异中见同，善于发现事实、现象与问题之间的联系，是创造思维的特征。比如，给一篇课文分段，只要有根据，允许有多种方法；读了一篇课文，可以让学生从思想教育、学习知识、掌握方法等角度谈收获；对于重点句、典型段，可指导学生用相同的语言形式表达不同的内容，或用不同的语言形式表达同一内容；遣词造句时，可引导学生从不同角度，造出内容丰富、形式多样的句子。

（二）引导质疑创新

"学贵有疑，小疑则小进，大疑则大进。"创新意识来自质疑，只有善于发现问题和提出问题的人才能产生创新的冲动。教学中，教师经常用富有启发性的问题引导学生阅读、理解，学生从中学会质疑的方法，从而培养学生的创新意识。比如，教学《田忌赛马》时，先引导学生抓住课题质疑："田忌和谁赛马？怎样比赛的？结果怎样？原因何在？"然后从这些问题入手，抓住矛盾思路，直奔重点组织教学，从而打破了程式化的教学模式，使学生的创新意识得到培养。教学《我的战友邱少云》第二自然段时，可先引导学生抓住重点词"纹丝不动"质疑："纹丝不动是什么意思？邱少云怎样做到纹丝不动的？他为什么要纹丝不动？"然后引导学生读书、思考，使学生始终处在积极的思维状态中。教学《小英雄雨来》时，有的学生发现课文中"还乡河静的"与"河水打着旋涡哗哗地向下流"自相矛盾，反映出学生敢于怀疑权威、挑战权威的创新意识。

（三）发散求异创新

发散是求异的基础，没有发散就没有求异，也就没有创新。因此教师要善于挖掘课文中的创新因素，精心选择一些发散点，让学生用不同的方法和思路去解决同类型的问题，培养思维的灵活性。如一位老师教学"省"字时，学生中出现了三种识记方法：一个学生说"省"字共九画；另一个学生说"省"字是由上面一个"少"字，下面一个"目"字合起来的；第三个学生则迸射出求异思维的火花，他的识记方法是："上街买东西，少用眼睛看来看去，就可以省钱。"学习《买椟还珠》这则寓言后，大多数学生都是结合"取舍失当"来谈体会。这样理解并没有错，但为了打破思维定式，教师巧妙设疑："假如你是一位商品生产者，你想使自己的产品销量增加，你会从这则寓言中得到什么启示？"从而突破了对这则寓言的固有看法。又如教学《月光曲》一课，一位教师为了使学生理解"贝多芬没有回答"这个内涵丰富的句子，先引导学生提出疑问："贝多芬为什么没有回答？"教师没有告诉学生现成答案，而是引导学生分组讨论，进行发散思维训练。学生的答案丰富多彩：有的说是因为贝多芬默认了；有的说是因为贝多芬创作《月光曲》，没听到盲姑娘的话；还有的说是因为贝多芬急着要把《月光曲》弹出来，顾不上回答。学生的这些设想都有可能性和合理性，反映出创新思维的巨大潜能。

三、鼓励异想天开，激发创造想象

想象是创新的翅膀。爱因斯坦说："想象力比知识更重要，因为知识是有限的，而想象力概括着世界上的一切，推动着社会的进步，并且是知识的源泉。”语文教学既要让学生多阅读充满创造想象的神话、童话、科幻故事，又要深入钻研教材，给学生提供展开想象翅膀的机会。

（一）运用“空白”想象

教学中，教师要善于抓住有丰富内涵的故事情节和场景，特别是课文中的艺术“空白”，最大限度地启迪学生展开想象。如学习《卖火柴的小女孩》一课，为了让学生弄清“作者为什么要把小女孩的死安排在大年夜，并且是带着微笑死的”这一问题，可巧设疑问：“大年夜富人家的孩子可能在干什么？”顿时，学生脑海里浮现出对比鲜明的两幅图——富家子弟的享乐图和小女孩被冻死的悲惨图，学生仿佛身临其境，在情感上与作者产生了共鸣。

（二）读写结合想象

教学完一篇课文后，让学生根据课文内容，推想课文中人物和事件在不同时间、不同地点的新发展、新结局，续写出一篇作文，不仅能让学生在潜移默化中受到教育，而且能培养学生的创造想象能力。如学了《赤壁之战》一课后，要求学生根据课文内容，展开想象，以黄盖的名义给曹操写一封信，要求书信格式正确、说话得体，使曹操对黄盖的假投降深信不疑。学了《狐狸和乌鸦》后，要求学生以《小狐狸和小乌鸦》为题进行续写。有的学生想象小乌鸦汲取了前辈的教训，没再上小狐狸的当；有的学生则想象出小狐狸又要出新花样，使小乌鸦再次上当受骗；有的学生还想象小狐狸和小乌鸦不计前嫌，成了好朋友。教学实践证明，像这样读写结合是最能激发学生的兴趣，培养学生的想象能力的。

（三）学写想象作文

新修订的《小学语文教学大纲》指出：作文教学中，中年级要求“能不拘形式，自由把自己的见闻和想象写出来”，高年级要求“能写简单的纪实作文和想象作文”。想象作文与平时作文中的想象不同，它不是细节与局部情节的想象，而是整篇作文的想象。

小学生常见的想象作文有以下几种形式：童话寓言式，如《文具盒里的争论》《奇怪的小闹钟》；科学幻想式，如《月球上的新居民》《奇遇飞碟》；畅想未来式，如《未来的教室》《二十年后的我》《梦中的校园》；假设想象式，如《假如我是一朵花》《假如我是老师》；拼图想象式，如教师出示“△”等几何图形，先让学生动手拼图，然后再根据自己拼的图展开想象，编写出奇特生动的故事。

变通，凸显教学模式生机

——浅谈小学语文阅读教学模式的灵活运用

模式，即方法、结构、流程。它诠释的是理念，承载的是课堂之规。教师的"教"和学生的"学"都需要一个基本的"规则"，这就像无论是"奔驰"还是"宝马"都要遵守交通规则一样，任何教师都必须遵守基本的课堂规则。

然而，如果要想探索出一种"放之四海而皆准"的教学模式，那无异于痴人说梦。但是，如果以一种基本的教学模式为基础，根据不同年段学生的特点和不同课文的文体特点，进行适当的变通，则不仅是可能的，也是可行的。

林治金老师在《小学阅读教学基本模式与操作》一书的序言中曾指出："我们既主张小学阅读教学要有'模式'，又反对小学阅读教学'模式化'。"他同时引用张志公先生的话强调，既要掌握模式的基本精神，又要根据教材和学生的实际活学活用。

在这个世界上，唯有变化才是不变的。笔者认为，构建阅读教学模式就应当坚持这样的科学精神，既注意以基本模式框正课堂教学，又注意力避以僵化的"程式"束缚教师的手脚。教材的特点、教师的特点、学生的年段特点千差万别，教学的目标各有不同，阅读教学方法与模式的发展最终必然要走多样化和个性化之路。

一、根据不同年段特点变通教学模式

年段特点的不同，主要有两个方面：一是指不同年段的学生，其表现出的心理、年龄特点各有不同；二是指低、中、高不同年段的教学要求、教学重点难点各有所侧重。因此，我们的教学模式就应有相应的变化。

【案例 1】

"品读（读悟）——创写"是我校吕文凡、邓偲娟两位老师建立的诗歌教学模式。但由于所在的年段不同，她们教学中体现出来的流程就不一样。

吕文凡老师教学三年级的主体课文《信》的教学流程是：

激发兴趣，导入新课→初读诗文，整体感知→创设情境，迁移联想→以读促写，自主表达→回归整体，总结升华。

而邓偲娟老师教学六年级的拓展阅读课文《万岁，母校!》的教学流程则是：

了解体裁，明确目标→知道内容，体会情感→范文引路，自写生活。

同一种模式的教学流程为什么会有这样的不同？原因就在于两位老师根据不同年段的学生特点和教学要求进行了合理的变通。

吕文凡老师针对中年级学生认知的直观性特点，首先引起孩子们的共鸣与期待，激发他们的阅读兴趣。课上，通过自读、分小节读、师引读、体味读、分角色读等形式，从学生的生活入手，唤起学生已有的生活积累，引导着他们以补写、改写、仿写等多种方式，自信地说出自己的感受和想法，领悟文字背后的情感，将语言训练有机切入文本教学之中。

邓偲娟老师则认为，语文教学是一个开放的教学体系，既要加强学生阅读的指导，又要培养学生写作的兴趣。叙事性的诗歌与纯抒情性的诗歌不同，学生可以通过诗中的故事情节找到自己的影子，回忆自己的生活，而生活又是习作的源泉，这样从读到写就是自然而然的事情了。其中的“写”又不仅仅是低中段的仿写句式，更重要的是仿作者表情达意的方式，即教材只是点燃学生自我生活体验的火苗，让学生用自己的笔写自己的生活才是最终目的。

【案例 2】

我校有很多教师的教学模式都融入了“质疑”元素，我们可以统称为“质疑型”阅读教学模式。同样是“质疑型”阅读教学模式，但在不同年段的阅读教学中，体现出来的教学流程也各不相同。

熊秀红老师教学四年级《朱鹮飞回来了》一课，呈现出“质疑—自读—感悟”叙事类阅读教学模式，其教学流程是：

引入课题，启发质疑→整体感知，尝试解决→直奔重点，再次质疑→品词析句，体悟情感→升华中心，课外探究。

十多年前，我在教学五年级的《威尼斯的小艇》这篇课文时，呈现的“质疑型”阅读教学流程是这样的（当时我把它叫作“导学四段式”教学模式）：

以疑定向→学中生疑→点拨释疑→练后再疑。

而今，我在教学三年级《大禹治水》一课时，呈现出的“质疑型”研读教学模式的流程则是：

谈话导入，整体感知→质疑课题，聚焦问题→层层探究，多元释疑→升华拓展，开放存疑。

其中，“层层探究，多元释疑”又包含了四个环节，即：

链接资源，读悟释疑→边学边疑，对比释疑→品词析句，想象释疑→前后呼应，整体释疑。

二、根据不同文体特点变通教学模式

小语教材中选入的课文可谓精品佳作、丰富多彩。其中有主体课文、自读课文，这是课文要求的差异；还有一般记叙文、小说、诗歌、寓言、童话、科学小品、说明文，这是文体的差异。不同课文的教学目标、阅读规律和方法都有区别，不能简单地套用同一个模式。阅读教学的模式必须随着文体的不同而呈现出多样化的趋势。

尽管课文体裁各异，表现手法纷呈，但仍有规律可循。我们可以探索、总结出不同类型（体裁）课文的教学规律（模式、环节、步骤），并注重借鉴和运用这些带规律性的东西指导教学实践，灵活运用，就能收到事半功倍的效果。

【案例 3】

不同类型课文的教学模式举例

课文类型	模式名称	教学流程
记叙文、诗歌、抒情散文等，如《大自然的语言》	"美读—积累"教学模式	创设情境，揭示课题→层层递进，引导初读→再创情境，美读课文→凭借板书，复述课文→引导拓展，运用语言
寓言、童话、成语故事、文言文等，如《滥竽充数》	"读悟—明理"教学模式	谈话引入，理解题目→初读课文，整体感知→重点感悟，提示道理→畅所欲言，各抒己见
小说类课文，如《少年闰土》	"品读—评价"教学模式	读懂"事件"→品析词句→对比感悟→评价人物
写景状物类散文，如《美丽的小兴安岭》	"品读—积累"教学模式	展示风貌，引发兴趣→直奔重点，整体感知→自读自悟，抓住特点→积累语言，回归整体
以记事为主的课文，如《金色的草地》	"悦读—拓展"教学模式	猜谜引入，营造学情→初读感知，捕捉画趣→想象体验，享受乐趣→问答解说，凸显理趣→扩说诵读，抒发情趣→链接童真，放飞童趣
以记人为主的课文，如《金色的鱼钩》	"质疑型"研读教学模式	读题质疑，读通课文→感知内容，理清脉络→自主解疑，体情朗读→抓住重点，独立思考→搜集资料，加深体验→交流品读，体验情感→合作探究，交流反馈

【案例 4】

在阅读教学中，我校很多教师要十分重视学生自主阅读能力的培养，"自主”阅读教学模式时有所见。但不同的老师，执教不同类型的课文，呈现出多姿多彩的教学模式。

袁华老师执教六年级的《古诗二首》(《别董大》《送元二使安西》)，构建了“同类古诗对比读悟”古诗自主阅读模式，表现出该模式自读自悟、触类旁通的特点。其流程是：

旧知引入，揭主题→解读诗题，知特点→自主研读，明诗意→对比研读，品诗情→总结提升，悟写法→拓展运用，抒胸臆。

李晓玲老师则构建了小学语文高段“六自”阅读教学模式，她执教的《大自然的秘密》一课，体现了该模式自主探究、自读自悟的特点。其流程是：

解题，自定目标→研读，自读自悟→汇报，互动交流→深思，置疑自探→总结，自我提升→拓展，自主练习。

构建教学模式的最终目的是要探索课堂教学的优化，提高课堂教学效益。实践证明：任何一种教学模式都有它的长处和优越性，也有它的短处和局限性，正所谓“尺有所短，寸有所长”。因此，语文教学中我们绝不能单一地只使用某一种教学模式，更不能机械地照搬照套某一种教学模式。一种教学模式是一把钥匙，在各种教学模式之上还有一把总钥匙，它的名字叫作“变通”。

对于模式，我们可以采取“拿来主义”，学习其中所蕴含的那些有普遍意义的教学规律，并用这些规律来指导自己的教学，科学选用，巧妙组合，推陈出新，自成体系，以达到最佳的教学效果。随着对模式本身的熟练运用，模式自然就会消失，即“无模之模，乃为至模”，取而代之的则是更高的课堂艺术。

让我们根据教材、学生及自身的特点，在基本模式的基础上大胆改革创新，使教学模式精彩纷呈，使教学模式永葆旺盛的生命力。

让好课的评价标准更素朴些

关于什么样的课是好课的问题，可说是众说纷纭。拨开云雾，冷静思考，笔者发现，关于一堂好课标准的种种论述，存在如下三个方面的弊端：

一是以自我为中心，把自己的课堂教学风格和教学优势作为一堂好课的评价标准。这在一些名优教师身上体现得尤为明显。例如，某著名特级教师说，一堂好课的标准是这样的：教学目标简明、教学内容简约、教学环节简化、教学方法简便、教学媒介简单、教学用语简要。而这正是该教师的教学风格。

二是把评价一堂好课的标准说得深奥，让人一头雾水。例如，某著名特级教师认为，一堂好的语文课存在三种境界：人在课中，课在人中，这是第一重境界；人如其课，课如其人，这是第二重境界；人即是课，课即是人，这是第三重境界。再如，另一著名特级教师说，好课像登山。这些评价标准，很难让一线教师在课堂实践中以此去衡量一堂课是否算得上好课。

三是过分追求一堂好课的评价标准的面面俱到，忽视了抓关键因素。例如，某大学教授在一次报告中提到好课的标准一共有七条：安全、尊重、民主的课堂氛围；有效激发学生的兴趣；明确、恰当的教学目标；合理、有效、精到的教学组织，将知识和技能的获取与能力发展结合起来；丰富的教学资源；及时评价和反馈并改进教学；对学生进行有效的个别化指导。又如，某著名特级教师认为，一堂好课的标准是：目标明确、重点突出、以生为本、流程科学、注重内化、体现沟通、启迪创造、媒体得当、讲求实效、多元评价。

值得说明的是，笔者并没有否定以上提到的这些关于一堂好课的评价标准，而只是想说明，是否有评价一堂好课的基本标准呢？

答案是肯定的。

笔者以为，一堂好课应具备四个基本元素，即目标恰当、氛围民主、动静适度、师生受益。

一、好课标准之一：目标恰当

目标是灵魂，目标是方向。教学目标的制定，对于一篇课文的教学是否有效至关重要。

首先，教学目标的制定考虑要全面：既要突出主导目标，又要兼顾其他目标；既要凸显本学段学习的共性目标，又要体现学习本篇课文的个性目标。其次，备课的时候，要细读文本，深刻解读文本的"密码"，制定出切合文本特点的个性教学目标。最后，教学目标可以分解成知识、能力、情感等子目标，但实施时必须整合，并设定一个核心教学目标。

准确制定一篇课文的教学目标，既要从本课的内容和问题特点出发，又不能只盯在一篇课文上，要树立"大语文"的教学观念，把眼前所教的"这一课"放到一个单元、一本书、一个学年、一个学段乃至课程标准的总体要求上来考虑。

二、好课标准之二：氛围民主

课堂教学民主，师生关系和谐，是上好一节课的前提。要想师生关系和谐，首先，教师要做到热爱学生，尊重学生，理解学生，信任学生；其次，在教学中要给学生留下读书的时间、思考的时间、组织语言的时间，重视学生在学习中的多项交流，珍惜学生的独立见解，重视学生的智慧萌芽，为学生的学习创设良好的氛围。

教学中，教师应当尊重不同类型的学生，以分类关心、个别引导、全员帮助的态度来积极营造和谐、互学、相帮的教学氛围；对有智力障碍、有过错失误、有不同意见的学生更要关注；特别注意不能伤害学生的自尊心。

教学中，教师应抓住合适的机会给学生以诚挚的鼓励，能使他们得到自尊的首肯和努力奋发学习的动力。赞赏不仅仅针对学生学习中小小的进步、积极的努力和提高的成绩，更重要的是赞赏每一位学生的独立性、兴趣、爱好和专注，赞赏学生的大胆质疑和对教师的超越，赞赏学生的创新精神和创造能力。只有这样，我们的课堂教学才能真正达到学生积极成长、教学效率极大提高的效果。

三、好课标准之三：动静适度

一堂好课需要动静适度。一味地“动”，注重热闹，学生就没有时间和空间去思考，“动”也是盲目的，是毫无价值的。而一味地“静”，课堂气氛就会死气沉沉，不利于调动学生的学习情绪。可以说，“静”往往为“动”奠基，而“静”也需要“动”去延伸。

在教学中，我们必须结合教学目标、教学内容、教学场景、学生学习的实际，适时调控学生学习过程中的“动”与“静”，或“动”或“静”，或“动”“静”穿插、交叉，顺时而“动”，因势而“静”。调控好课堂节奏，引导学生主动积极地投入到学习之中。

四、好课标准之四：师生受益

“让学生终身受益的课是好课。”一堂好课必须充分体现学生的主体地位，一切课堂活动都必须围绕学生这个中心来进行，都要以满足学生的基本需求和深层次需求为出发点。

中国教育学会会长、学者顾明远先生曾指出：教育的功能就是促进人的发展。我们必须坚持以人为本、以发展为本，把提高学生的素养、生命智慧作为课堂教学的价值取向，作为衡量和评价一节课优劣的标准。按照这一标准，新课程背景下课堂教学的根本任务，应当是让学生在获得基础知识和基本技能的过程中学会学习，形成正确的价值观，为其终身发展奠基。

同时，一堂好课也应体现师生之间的教学相长。课堂应是向未知方向挺进的旅程，随时都有可能发现意外的通道和美丽的图景，而不是一切都必须遵循固定线路而没有激情的行程。这样的课堂，老师、学生都会有不同感悟。即使是知识、技能的传授，也融入了师生共同分享成功的喜悦，也充满了美丽的想象。这样的每一堂课，都是师生人生中美好的记忆，都是不可重复的生命体验。

目标恰当、氛围民主、动静适度、师生受益——好课的这一评价标准，摒弃了自我，让好课的标准更客观；远离了深奥，让好课的标准更实在；系统地构建，让好课的标准更合理。

第二节　研究在线

双向互动，自主评改

——小学习作教学评改的实践探索

习作教学中，我不止一次有过这样的经历：每次习作，老师精批细改，往往要耗费许多时间与精力，作文本上满是圈圈点点，可是，对于老师的辛勤劳动，学生并不领情。他们拿到批改后的习作，往往只看一下分数，并不留意那些红色的评语和习作中修改过的病句、错别字、标点符号等。每当与同行们谈到批改学生习作的感受时，许多语文教师也都为自己的无效劳动感到苦恼。

的确，作文教学是语文教学的难点。对于教师，最难教的莫过于教作文；对于学生，最怕的莫过于写作文。长久以来，在作文教学研究领域，一直侧重于“写前指导”的研究，对习作的“批改与评价”却忽略。教师在习作评改中耗费较多的时间与精力却收效甚微。

《语文课程标准》“积极倡导自主、合作、探究的学习方式”，对于“习作”的阶段目标有“增强习作的信心”“愿意将自己的习作读给人听，与他人分享习作的快乐”“学习修改习作中有明显错误的词句”“懂得写作是为了自我表达和与人交流”“修改自己的习作，并主动与他人交换修改，做到语句通顺，行款正确，书写规范、整洁”等要求。

《建立具有中国特色的基础教育课程体系》对于新课程的评价强调：“评价功能从注重甄别与选拔转向激励、反馈与调整；评价内容从过分注重学业成绩转向注重多方面的潜能；评价技术从过分强调量化转向更加重视质的分析；评价主体从单一转向多元；评价的角度从终结性转向过程性、发展性；更加关注学生的个别差异……”

朱作仁《小学语文教学心理学》指出：“平时作文，教师很少提自我修改的要求，学生往往懒于修改。如果教师对学生的作文只提笼统意见（如内容不具体，语句不生动等），学生也不愿修改。如果提出具体的要求，划出需修改的词句，或朗读了班上同学的优秀作文，榜样具体，容易取长补短，上进心被激发，则愿意修改。"

叶圣陶先生曾说："改的优先权应属于作文的本人。"他曾一再呼吁："能不能把古老的传统变一变，让学生处于主动地位呢?"叶圣陶先生还说："着重培养学生自己改的能力，教师只给引导指点。该怎么改让学生自己考虑去决定，学生不就处于主动地位了吗？培养了自己改的能力，这是终身受用的。"这其实就是叶老语文教学思想"教是为了不教"在作文教学上的体现。

为此，我以"小学中高段学生习作双向互动评改初探"为课题，进行了一些研究，旨在通过"双向互动评改"，力改习作评改是教师专利的弊端，充分发挥学生的主体作用，放手让学生评价、修改自己的习作，使学生把习作评改看成是自己分内的事，形成师与生、生与生之间的多向促进关系，使习作评改日益向学生自主、自能操作的模式发展，从而提高学生的习作评改能力和作文素养。

一、实施策略

（一）起步——激发评改兴趣

在课题研究开始的时候，一方面我积极加强新课程背景下有关作文教学与评价等理论的学习，并借鉴了他人的一些成功的作文评改经验，这些都让我受益匪浅；另一方面，为了更深入地了解学生对习作评改的认识情况，我设计了学生的作文评改情况问卷调查。

经统计分析，全班 58 名学生参与问卷调查，有 63％的学生不愿意修改自己的作文，只有 24％的学生认为好作文是修改出来的，81％的学生喜欢的评改作文的方式是直接由老师修改，69％的学生回答不知道修改作文的基本要求和方法。

鉴于这种情况，我组织学生开展了赏名言、讲故事、看手稿、做比较等活动，使学生明白了"文章不厌百回改"的意义，激发他们学生修改作文的积极性。

（二）上路——授之以渔

我采取了以下一些方法，给学生评改作文以导向。

1. 示范引路。即以教师的精细评改做示范，为学生的自改打下基础。具体方法有全班示范和个别面批两种形式。

全班示范：学生完成习作后，教师浏览一下学生的习作，挑选出有代表性的一两篇习作，复印原文，人手一份，然后组织学生讨论评改。从主题、结构到字、词、句、标点、行款等进行推敲斟酌，边评改边说明，使学生切实感受到评改的全过程。最后，让学生把原文与修改文做对照，使学生加深认识，提高能力。

个别面批：即选择优、中、差学生中有代表性的习作各5篇，逐个当面进行评改。对于优等生，教师只提出修改意见，由学生自己修改；对于中、差生，教师在提出意见的同时，可做部分修改，并让学生当即动笔修改。

2. 统一要求。学生感到作文评改难，主要是因为没有一个客观的标准可以衡量，因此，我想到为学生提供一个统一的评改要求，使学生有据可寻。教材中安排的每次习作大都有一个训练的侧重点，同时还兼顾习作的常规要求。于是，我把习作的重点训练和常规训练细化为10个小项目，制成“学生习作评改记录卡”，供学生自评或互评时参考，并如实填写。

在研究的过程中，我还引导学生用不同形式总结出修改习作的要求，避免学生在评改中面面俱到，不得要领，同时，也使学生明白了如何写好作文。

从教师示范引路到提出评改习作的要求，再到学生学会评改作文，是一个循序渐进的过程，不可能一蹴而就。在这个过程中，我采取了多种方法，主要有：

（1）自己读后改一改。

——三读三改。初读：通观全篇，看文章的选材是否符合要求，结构是否合理，内容安排是否得当等。细读：对文章的字、词、句、标点进行推敲。品读：把修改后的作文再认真地品味一遍，感悟语言，进行润色，使作文更加完美。

——一文多改。我要求学生一文要多次修改，反复进行“深加工”。学生随着知识的拓宽、认识的提高，对自己的习作也会产生不满足感，会不断给自己的习作修改、雕琢、润色。

——旧作新改。学生上六年级后，要求他们以现在的认识水平去修改各自在三、四、五年级写的作文。学生在看自己的旧作时，惊喜地发现自己的作文水平提高了。这时，学生已有了一定的积累和修改能力，所以改起旧作来得心应手。

（2）读给别人听后改一改。让学生把自己的习作读给父母和要好的同学听，请他们提出意见，再进行修改，这样能激发学生修改习作的兴趣。

（3）小组合作互评互改。主要采取分组传阅评改的方式，即把学生分成几个小组，采取小组传阅的方式评改作文。其具体形式有对等传阅、不对等传阅、结对传阅、自由传阅四种。

——对等传阅评改，是将习作水平相近的学生分在一组，能互相提出比较切合实际的修改意见，吸收对方的优点。

——不对等传阅评改，是把作文水平程度不同的学生搭配成一组，先组内轮换评改，程度差的学生根据常规要求评改，中等程度的学生根据重点训练要求评改，优等生进行最后的评改润色，最后集体讨论填写“学生习作评改卡”，使优等生提高了评改能力，也帮助中、差生提高了兴趣。有时也采取组内评改，再进行组与组之间交换评改的方法，实现多向互动评改、广泛交流的目的。

——结对传阅评改，是互帮互助的一种好形式，基础好的学生帮助基础差的学生发现问题，当面修改；基础差的学生又可从基础好的学生习作中发现优点，对照修改，逐渐提高作文能力。

——自由传阅评改，是指在传阅时，学生可以自主选择同学相互传阅，容易激发学生阅读他人习作的兴趣。

（4）师生互动改一改。

——教师按照重点训练要求评改，学生根据基本训练要求修改字、词、句、标点等方面的问题。

——由学生眉批，教师总批。

——师评生改，即教师对学生的习作不做细致的评改，只是在作文上用一些规范的符号，指出其存在的问题，提出评改的建议，让学生自己根据教师的批阅进行修改润色。

（三）放飞——轻松有效

最初，我把全班学生分成了上、中、下三个等级，各占三分之一，作文能力较强的 10 多名学生的作文由老师评改，并进行认真的指导。然后让他们每人评改 2 本学生作文（中、下等各一本），给中、下等学生做批改作文的示范。那些没有评改作文的学生则完成与本次作文主题有关的摘抄与积累的作业。

有时，我又侧重评改下等生的作文，让作文能力较强的学生互相评改自己的作文。

在学生基本学会独立评改作文的过程中，为了维持学生评改作文的积极性，我还开展了一些激励性的活动，如举行评改作文比赛、评选“作文评改小能手”、成立“模拟编辑部”等。

学生心语　我当小编辑啦

前不久，老师组织班上写作能力比较强的几名同学成立了一个编辑部。编辑部由初审组和终审组组成。我有幸成为第一任编辑部主任。我们的责任可大了。首先是审阅来稿。每次同学们写了作文草稿后，我们几个小编辑就开始初步审阅来稿，确定星级。获得四、五星级的习作经我们集体讨论、修改后，写出推荐意见送给终审组进行第二轮审阅，被“录用”的好稿由主编进一步修改、润色，写出评语；三星级、二星级的作文由各位编辑写出退稿意见和修改意见。接着是编辑约见作者，就是把稿件被退回的作者约到编辑部，进行面对面的交流，帮助或指导修改。最后是发表宣传优秀习作。在老师的指点下，我们编辑优秀作文集，老师也组织我们进行佳作赏析。

这种作文评改方式，使我们在无形中提高了修改作文的能力，增强了作文的兴趣。

（四）调控——欣赏与评改有机结合

在指导学生评改作文的过程中，虽然我要求学生要善于发现别人作文中的优点，但在评改较差学生的作文时，常常以挑剔的眼光来评价他们的作文，往往看不到或很少看到这些学生作文中的优点，使得这部分学生对写好作文越来越没有信心。

针对这种情况，我结合赏识教育中的一些做法。一方面是我自己在评改学生习作时，注意发现每一个学生的“闪光点”，哪怕是差等生的作文，也尽量多找习作中的优点；另一方面要求学生在评改作文时，要多多欣赏别人的习作，如果发现有问题的地方，就在那个地方修改或提出修改建议，但在写评语的时候，只写优点和鼓励的话，让作文能力差一点的学生也感受到作文的快乐。

教师随笔　我仿佛看到21世纪的冰心！

梦阅读面广，写作中能恰到好处地引用古诗文、传说故事，我在评语中给他送上一句：“你真是写作高手！把民间故事巧妙地运用到景物描写中来。”月的作文通篇文采飞扬，比其他学生明显高出一筹，我就这样批注：“阅读你的文章是我的一种荣幸，几年后或许你的名字会家喻户晓。”我想，每一个孩子读到这样的批语都会心花怒放。卉的作文描写细致，我就这样下评语：“可喜可贺，又一篇佳作问世了！细致的内心活动描写，巧妙的前后照应，证明你已掌握了一定的写作技巧。从你的这篇作文，我仿佛看到21世纪的冰心！”

学生心语　万绿丛中点点红

又一节作文修改课到了，我盼望着。啊！这次要我修改的竟是俊的作文本，真倒霉！我们都知道，俊的作文是我们班最差的。我翻开本子，只看到乱七八糟的内容出现在我眼前。我无奈地修改起俊的作文来，希望能找到一点优点，我绞尽脑汁，才终于发现他的作文中有几个好词好句。

好不容易才改完作文，我发现整篇作文被我修改的地方比比皆是，可在写评语的时候，我还是尽量多写一些优点。因为，胡老师多次对我们说过：写得差的作文并不是一点优点也没有，只要细心，你总会发现优点的。

二、效果初显

1. 双向互动评改调动了学生评改习作的浓厚兴趣，使学生乐于评改习作，有利于学生养成自觉修改习作的良好习惯。

把多种评改方式引进作文教学中，改变以往单调的以教师评改为主的做法，让学生分组评改，或对等分组，或不对等分组，或结对评改，或自由分组，优势互补，学生的写作兴趣盎然。究其原因：一是学生在和谐、愉快的气氛中评改，互相信任，互相帮助，以达到互相促进、共同发展的目的，学生的情感在此时得到最大限度的发挥；二是通过让学生动手、动口、动脑，调动了学生的积极性；三是学生通过比较，对自己的作文有了进一步的认识，有助于在比较中明确差异，有学习的榜样；四是通过分组评改，引进了竞争机制，学生将作文评改看成是一件趣事，而且确实从中得益，学习"乐在其中"，写作兴趣比课题研究前显著提高。

在课题研究结束时，我再次进行了问卷调查，并进行了简单的分析统计，和课题研究刚开始时的调查相比，不愿意修改自己的作文的学生由63%下降为11%，认为好作文是修改出来的学生由24%上升为87%，喜欢直接由老师修改作文的学生由81%下降为12%，回答不知道修改作文的基本要求和方法的学生由69%降为7%。

2. 双向互动评改有利于学生掌握作文的方法，使学生的作文能力普遍提高。

在课题研究的过程中，从一开始"扶"着评改，到逐步"放"手，让学生掌握尺度，最后使学生成为习作评改的主人。每次评改，让学生掌握尺度标准，就这一尺度在教师的指导下，学会评改方法，让学生逐步掌握方法，逐步学会评改习作。

教师教会其评改方法，提高其作文能力是本课题研究的最终目的，通过分组评改的训练，学生已基本掌握了评改的方法。通过反复锤炼、斟酌的作文必定会在原有水平上有一定的提高，这就提高了学生的作文水平。

学生不会像以往那样过分依赖教师，而作文评讲中以教师为主的局面被以学生为主的形势所取代。而评讲也不再流于形式，成为扎扎实实的训练课，学生在课堂中学到写作的真本领。学生作文千篇一律的现象也由此而大幅度减少。

课题研究一年多来，每一名学生对十多篇作文进行自评自改、互评互改，在掌握方法的基础上，反复进行评改能力训练，使学生的评改能力得到内化。学生拿到一篇文章，基本能较准确地进行评价并有针对性地修改。学生掌握了修改方法，在写作文的时候灵活贯通，作文水平有了喜人的进步。学生的习作多次在各级竞赛中发表获奖，其中池等 3 名学生获全国第十届万校小学生作文大赛奖，有芮等 15 名学生次获全国“小天鹅”杯作文比赛一、二、三等奖，珂等 10 名学生被中国教育写作学会吸收为 2004 届少年作家班学员，全班每个学生都整理、编辑了自己的优秀作文集。

另外，从课题研究前后两次参加高新区组织的期末（毕业）考试的作文成绩来看，学生的作文水平大大提高，见表 1-1。

表 1-1　课题研究前后学生作文能力对比统计表　$n=58$

等　级	研究前（五年级上期期末考试）		研究后（毕业考试）	
	人数	百分比	人数	百分比
优	24	41.4%	43	74.1%
良	17	29.3%	9	15.5%
合格	13	22.4%	6	10.4%
不合格	4	6.9%	0	

3. 双向互动评改学生的习作在一定程度上优化了作文指导、批改、评价的过程。

双向互动评改学生习作的一般流程程为：

教师作前指导→学生写作文草稿→教师浏览草稿→指导学生自改→组织学生互改→教师评改→跟踪反馈。

教师作前指导一般用 1 课时，让学生明白本次作文的内容和要求，主要是指导审题、选材；待学生写好作文草稿后，教师浏览全班学生的作文，发现带有普遍性的问题，提出修改建议，由学生自己修改，对少数选材不当、内容不具体的作文，进行个别指导；然后利用一节课，学生在教师的指导下，对照修改习作“八看”，或合格作文与优秀作文的要求，或作文评改卡进行修改润色（以自改为主）；接着让学生誊抄作文，并自己评出期望的等级；再用一节课，组织学生以多种方式评改誊抄好的作文，写上评语，打上建议等级；最后收齐作文本，教师调整等级，并有选择性地评改，以个别交流的形式反馈给学生，必要时还要让较差的学生再次修改。另外，教师还做了跟踪管理，检查学生是否对别人的评价做出应答，认真修改，如图 1—1 所示。

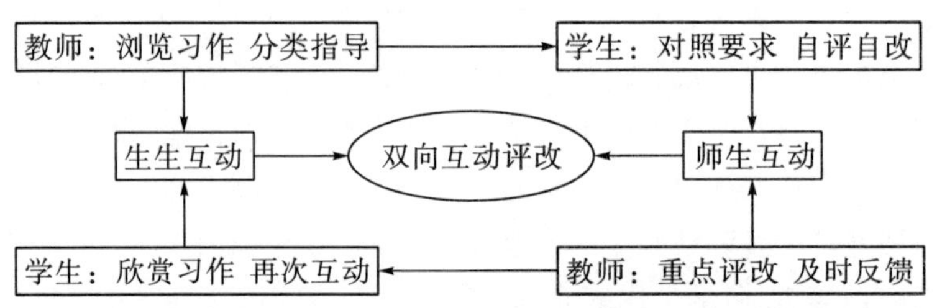

图 1—1　双向互动评改流程图

从时间上看，每次作文都用了三个课时，但这三个课时中，有教师的集体指导和个别指导，有学生的自改和互改，也有佳作欣赏，形式多样，所有学生都参与到整个作文的评改过程之中，不但不感到枯燥，反而表现出浓厚的兴趣。原来发下作文本，学生只看一眼分数或等级的现象基本没有了。另外，教师课余浏览草稿和学生评改后的作文，比原来由教师全批全改所花的时间大为减少，就可以有较多的时间进行个别辅导，从而收到了事半功倍的效果。

4. 双向互动评改学生的习作促使教师对习作评价、修改的认识进一步提高。

新一轮课程改革鲜明地高扬“为了每一位学生的发展”的“人本主义”的旗帜，作为语文课程改革实施的重要环节的学生习作评改，同样必须以人为本，用“宽容、激励、童心、沟通”的人文理念去评价学生的习作。

在研究的过程中，我把学习、实践与反思结合起来，总结在指导学生评改作文中的得失，撰写了多篇随笔和论文。2004 年 5 月，我参加由中国教育学会等单位组织的全国第十届万校小学生作文大赛获辅导奖；2004 年 8 月，在中国教育写作学会组织的全国“小天鹅”杯作文大赛中，我组织学生参赛，有 15 名学生获奖，我被授予“园丁”奖；2004 年 10 月，我撰写的论文《创新作文批改模式，培养学生自改能力》获四川省教育厅第五届优秀论文评比三等奖；作文教学随笔《两份特殊的用稿通知》在《小学作文创新教学》2005 年第 9 期发表。

5. 学生双向互动评改习作的做法得到家长的认可。

在研究的过程中，我利用家长会多次给家长讲，高年级的学生在教师的指导下，完全有能力评改自己的作文，而且在这个过程中，还能不断提高他们的作文能力。连续几学期的期末考试，家长面对学生的语文成绩，特别是作文水平的提高，感到比较满意。

导学“四段式”教学模式初探

教学是一门艺术，要科学方法，要模式，但不要模式化。——题记

所谓导学“四段式”，就是以质疑为主线，按“定向→自学→点拨→练习”的过程引导学生自主学习的一种教学活动程序。

运用导学“四段式”能进一步改善“教”与“学”的关系，构建以教师引导学生发现问题、分析问题、解决问题的阅读课堂教学结构，使学生真正成为学习的主人，进行主动的、积极的、创造性的学习，求得自身语文能力和智力水平的发展，实现由学会到会学、学答到学问、苦学到乐学的转变。

一、第一阶段：以疑定向

本阶段的基本环节是“激趣→质疑→定向”，其主要任务是激发学习兴趣，让学生明确教学目标，引导他们进入良好的学习准备状态。

1. 导入新课时，根据不同课文的特点，可以采用灵活多样的方法，如故事引入、设计悬念等，激发学生的求知欲。

2. 为了提高质疑水平，要重视教会学生提问，并及时表扬爱提问、提出的问题有深度的学生，使班级洋溢浓厚的学习氛围。可以引导学生从课题、内容、结构、字、词、句、标点等多角度提出问题，也可以让学生在预习时记下自己不懂的问题，或自己想知道的问题。

3. 当学生大胆充分质疑后，教师要引导学生从“预习”和课后“思考练习”中，抓住与本单元训练重点、本课训练要求密切相关的问题，学会“去粗取精”，明确学习本课要达到的目标。目标的形式是多种多样的，如提纲式、问题式、习题示、综合式等，但无论哪一种形式，教学目标都要具有针对性、层次性和可操作性。

二、第二阶段：学中生疑

本阶段的基本环节是“自学→交流→质疑”，其主要任务是让学生根据目标，运用已有的知识、技能，借助各种条件和手段，自读自悟，合作学习，并把在自学中发现的疑难问题提出来。

1. 学生的自学包括读、查、想、记等方面。读，以自读为主，学一篇课文，首先要让学生自己去读、去思考、去领悟。根据每课的目标，读的形式多

种多样，如通读、精读、浏览、批读、跳读、赏读等。查，即查工具书和资料，了解与课文有关的内容，学习生字、新词。想，主要是思考教学目标中的问题，也可以是与课文有关的其他问题。记，主要是在课文中把字、词、句作圈点勾画，也可以记下疑问。

2. 自学后的交流以口头表达为主，有时也可让学生作板演交流。主要让学生说出在自学中明白了什么，是怎样弄明白的。如读懂了哪一个词、哪一句话，读懂了哪几句，哪一段、哪一处写得好，为什么好等。可先分小组交流，再抽好、中、差学生在全班交流，以保证每个学生都有交流的机会。教师对学生的表达要适时评价，或称赞，或鼓励，或启发。经过长期训练，学生逐渐会养成一种读完想说一说的主动学习习惯。

3. 学生的自学，不可能弄懂全部问题，而且在自学中有可能发现新的问题，这时教师就应给学生提供质疑的机会，借此也可了解学生的自学情况，使下一步的教学更有针对性。

三、第三阶段：点拨释疑

本阶段的基本环节是"讨论→点拨→小结"，其主要任务是针对教学重点目标和学生在自学中提出的问题，在讨论的基础上，精心设计教学程序和语言文字训练方式，全面完成教学目标。

1. 教师组织学生思考、发言、争辩，对其中的重点、难点问题要充分讨论。即让学生讨论的应是教师梳理的那些体现教材重点、难点以及多数人认为是疑点的问题，这种问题不宜太多，要有讨论价值。讨论的基本形式是分组式，使人人有畅所欲言的机会。讨论中教师要发挥主导作用，引导学生亮观点、讲道理，重视讨论的过程，而不仅仅是问题的答案。

2. 经过讨论，学生对有些问题仍然解决不了，这就需要老师的点拨。对于一般性的问题，教师发动学生解决；对于关键性的问题，教师或画龙点睛，或设计语言文字训练点，或组织恰当的教学思路逐步解决，引导学生读书、思考，找出问题的答案。

3. 教师对照学习目标做出小结，或引导学生自己小结，畅谈学习收获，包括学习方法的掌握、课文内容的理解、思想感情的启迪等。

四、第四阶段：练后再疑

本阶段的基本环节是"自练→交流→质疑"，其主要任务是巩固所学知识，培养和提高学生的知识迁移能力，并引导学生深入探究。

1. 教师面向全体学生精心设计包括理解、积累、运用在内的层次性训练。练习的内容应做到基础训练和延伸训练结合，听说读写结合。练习可以由教师拟题，学生练习；也可由学生自拟，交换练习。同时要注意激发学生参与训练的积极性，给予适当的时间让学生自练答题。

2. 练习后的交流反馈十分必要。形式是多种多样的，如学生交换批阅、教师指名口述、抽改、全批全改等，从而了解学生练习的情况。

3. 学完了一篇课文，并不等于学生没有疑问了。教学结束时，教师应留一定时间问学生："你还有哪些问题不懂？"一般地说，可以用以下三种形式：学生对老师质疑、学生对学生质疑、学生对教材质疑。如果学生提出的问题带有共性，教师可查漏补缺；如提出的问题一时难以解决，教师可引导学生在课外阅读中去思考、探索。

当然，"定向→自学→点拨→练习"只是导学"四段式"的四个基本阶段，反映的是一般过程，并非一成不变。具体操作和运用时，应根据课文特点，按照训练的要求对某阶段中的一些环节做出适当调整，或侧重于某些环节，以达到真正优化课堂教学结构、提高学生阅读能力的目的。

教师备课，请先弄清"我要到哪里去？"

——浅谈小学语文课堂教学目标的制定

"我是谁？我从哪里来？我要到哪里去？我怎样才能到那里去？"几个问题字句虽短浅，内在含义却耐人寻味。有人认为，一个人的一生，就是为了这似乎短浅的字眼而思索探讨着。一方面，我表示赞同；另一方面，我又想，如果用其中的"我要到哪里去"来反思一下我们目前课堂教学目标的制定情况，或许对消除当前语文教学高耗低效的弊端、提高课堂教学效益会有一些益处。

新课标提出了"三维"目标论，即知识和能力、过程与方法、情感态度与价值观。但反思我们的教学实践，对于具体的教学方法和教学策略的研究，即"我怎样才能到那里去"比较重视，而对于通过这些具体的教学方法和教学策略要达到的目标，即"我要到哪里去"的研究却少之又少。也就是说，我们许多语文教师整天忙忙碌碌，却对自己要达成的教学目标一片茫然。长期如此，也难怪语文教学出现高耗低效的现象了。

那么，当前语文课堂教学目标的制定存在着哪些误区呢？

总的来说，当前语文教学目标的制定主要出现了以下几种误区：有的笼统、偏执，有的死板缺乏灵动性，有的目标淡化，有的割裂目标……

第一，目标笼统型。这种情况即是把一节课的教学目标定得太大，"放之四海而皆准"，与语文教育目的、与课程目标混为一谈。如遇到散文就是美感教育，遇到诗歌就是把握诗意、鉴赏意境，遇到叙事性作品就是了解梗概、分析形象，遇到说明文就是了解说明方法，遇到文言文就是学习古汉语知识等，没有针对一篇课文的一个课时来实实在在地找准一个具体的、个性化的目标，从而导致语文课热热闹闹地上了那么多，可学生的知识和能力并未相应地得到增长和提高。

另外，有很多教学设计的目标表面上看是具体的，可实际上这些目标可以从第一课复制到最后一课，雷打不动，千篇一律。如下面这样的课堂教学目标同样十分笼统：学会本课的生字新词；正确、流利、有感情地朗读课文；通过对课文的学习，培养学生……的情感；通过教学提高学生的阅读、写作能力。

第二，目标缺失型。语文课程的总目标按照"知识和能力""过程和方法""情感、态度和价值观"三个维度设计，着眼学生语文素养的提高，充分发挥语文课程的育人功能，促进学生的发展。设计课堂教学目标是对课程目标的具体化和情境化，它既应该体现课程的总体目标，又应该适应教材的具体特点和学生的具体学情，并融合教师的教育教学个性。但在实际教学中，存在着重视"知识和能力"目标，轻视甚至忽视"过程和方法""情感、态度和价值观"目标的现象。

第三，目标淡化型。新课标提出了要拓宽学生的学习空间，增加实践机会，培养创新精神和实践能力，将书本学习与实践学习紧密结合的新的综合性学习理念。有些教师为了体现这一理念，在开展新课程倡导的自主学习、研究性学习时，将教学目标定位于全方位地了解科学知识、文史知识、文化知识等，往往要求学生花大量的时间和精力搜集资料，将语文课上成了其他课，完全淡化了语文学科本身的教学目标。

第四，目标牵制型。有些教师在备课过程中，环环都精心设计，自然包括教学目标的设计，课堂上处处严格按预设的环节进行，不敢越雷池一步，唯恐脱离预设的轨道，致使学生的许多智慧火花刚刚闪现就被浇灭了。

第五，目标割裂型。新课程目标提出的"三维"目标论是一体"三维"的，但很多老师习惯于把一篇课文的教学目标分解成知识目标、能力目标、情感目标，并逐一进行教学，由此把课堂教学分解成琐碎的环节与步骤。事实上，知识与能力目标往往是显性的，但同时又附着"过程方法"目标与"情感、态度、价值观"目标，只是后"二维"往往是隐性的。"三维"目标是以知识、能力目标为核心的，其他"二维"是可以由它负载的。运用知识解决问题（能力）寓于具体过程中，具体过程中又需要方法的指导与帮助，而这一过程中总是有态度、情感相随始终。

为了避免教学目标的制定走入上述这些误区，我们应该采取哪些策略来制定合理的教学目标呢？

策略之一：明晰课标要求，把握具体目标

制定教学目标，要充分考虑课标的要求。新课程理念是在对传统语文教学经验总结之上，根据现代语文教学的要求提出来的。它体现了语文课程人文性与工具性的统一、思想性与审美性的统一，强调了学生在语文学习中的主体地位，凸显了现代社会对语文能力的新要求，突出了语文课程的实践性本质，为教学工作的开展提供了理论依据。制定教学目标，要充分考虑语文素养的全面性。

因此，在整个教学目标的制定中要全面考虑，既要突出主导目标，又要兼顾其他目标，努力让一节课的学习体现本篇课文的个性，并凸显本学段的共性。

【案例 1】

根据课标要求，一位教师在《盘古开天地》一文的第一课时的教学中，制定了如下具体可行的教学目标：能正确读出“混”等 16 个生字，正确认读“猛”等 10 个生字，正确读写“暗”等 14 个生字新词；正确认读多音字“倒”，能据音组词；能结合上下文理解这些生字并能在复述中初步运用。

策略之二：挖掘文本价值，寻找个性目标

文本有什么特点？这是备课首先要思考的。备课的时候，我们首先要细读文本，因为只有把文本研究透了，我们才会深刻把握文本的规律，制定出切合文本特点的个性教学目标。

应该说，每篇课文都有自己的“个性目标”。从语言上看，每篇文章各有特色，而这些特色的表达形式正是教学的价值所在：有的文章语言优美，主要目标侧重于积累语言与赏析语言能力的培养；有的文章语言简练，且思辨性强，主要目标侧重于思辨能力的发展。从细节处把握，语言形式不只有反问句等，语言形式的目标训练是多样的，需要根据文本的特点来确定。

【案例 2】

《盘古开天地》一文，从文体上说，这是一篇神话故事，神话故事属于民间故事的文学样式。一个神奇的人物，一种神奇的力量，一些神秘的色彩，是

这类文体的共同特征。从结构来说，文章按事情发展的先后顺序来写，条理非常清楚，前四段讲盘古如何“开天劈地”，最后一段总结全文。课文第四段则采取“总起—分述”的结构方式，将盘古倒下后的巨大变化写得精彩纷呈。从文字来说，文章语言凝练准确，形象生动。尤其是三、四两个自然段，更是将汉语的节奏感、形象感体现得淋漓尽致。从某种意义上说，本文的魅力，体现在故事的神奇和语言的魅力上，两者相得益彰，缺一不可。而无论是语言的魅力还是故事本身的魅力，都是需要学生通过反复的朗读品味的。因此，教师在确定教学目标的时候，提出了“通过想象朗读，品味语言，初步感受神话故事的神奇魅力和故事叙述方式的独特魅力，感受盘古的创造精神，激发对神话这一特殊文学样式的浓厚兴趣”的目标。这个目标，既有过程与方法的描述（想象朗读、品味语言），又有价值观的描述（感受盘古的创造精神，激发对神话这一特殊文学样式的浓厚兴趣），更有知识能力的描述（初步感受神话故事的神奇魅力和故事叙述方式的独特魅力）。同时，根据第四段课文的特点，还设计了如下的目标：读懂“总起—分述”的段落，并能仿照课文第四段的句式练习说话。

策略之三：关注学习起点，合理定位目标

新课标提倡要促进学生特长和个性的发展，但是，绝大多数教师在设计教学目标时，没有想到要分层设计，一般都用一把尺子来衡量全体学生。这就从根本上背离了新课标的要求。一方面，学生语言和思维发展是渐进的，情感体验也是逐步深入的，要达到预设的终极目标，其间必然经历一个个低层次的目标，如若忽视这些过渡目标的设定，必然影响终极目标的顺利达成。因而，教师设计目标时必须认真研究目标的分解，提出整体目标的层次要求，实施分步到位。另一方面，学生间存在着个性差异，要求他们在同一时间就同一内容达成同一目标，是不科学的。因此，教师设计教学目标应准确把握学生课前目标的达成度，而后分层提出要求，以调动全体学生的学习积极性。

某些教学目标的设计出现偏差，其主要原因就是对学生的实际需求不了解。因此，要走出误区，必须从学生的实际需要出发设计教学目标。如果把整个小学语文学习的过程比作一次长长的旅行的话，那么，教师必须要随时了解我们的孩子从何处起步，他们在总体上到达了什么程度，他们将继续往哪个地方前进。所以，我们要对学生曾经掌握了什么和将要掌握什么、学生已经有了哪些本领和将要练习哪些本领，有一个清晰的了解。

【案例 3】

教学《盘古开天地》，考虑到二年级的学生已经有了比较强的识字能力，他们已经具有初步的抓重点词句理解一段话的能力，有了一定的独立阅读能力，但是还不能掌握抓要点复述课文。对于神话故事，他们还是第一次接触，而在今后的学习中，他们还会接触一些神话故事和其他类型的民间故事。因此，第一次接触神话故事，教师不可草草过场，而应该采用孩子喜欢的方式，让孩子初步感受神话的美好，进而在自己的心里种下一颗热爱神话故事的种子，让孩子对这种文学样式继续保持探究的欲望和兴趣。因此，在目标描述中，教师特意加了个“初步感受、激发兴趣”的字样。只有孩子对语文葆有浓厚的兴趣，孩子们才会快乐地享受语文。而对复述的要求，则是“在老师的指导下初步学会抓要点、用自己的话复述神话故事”，而不是“独立复述”，更不是“创造性地复述”。

四、策略之四：整合编写意图，突出核心目标

在阅读教学中，教师往往会觉得一篇课文花了好几节课，可还这儿没有讲，那儿没有讲，处处不放心，其主要问题是缺乏对目标的整合。目标的思考可以分解成知识、能力、情感等子目标，但实施时必须整合，并设定一个核心目标。每节课都应该使学生有切实的收获，这需要在文本细化过程中做出合理选择，需要根据教材编者的意图与学习对象的情况加以提炼整合。

一篇文章，选入教材，它便不再是独立存在的个体，而是整个语文大厦的有机组成部分。那种拿到教材不分年段不分训练点、“我的课文我做主”的作派是很要不得的。这部分教师往往打着“教师是课程资源的开发者”这个幌子，对教材进行随意解读和处理，置整个语文教材逻辑体系于不顾，一味追求新和巧，结果完全曲解了编者的意图和教材本身具有的“例子”功能。

一篇课文教学目标的确定，其思路应该是：基于课文，紧扣教学单元，体现一册书、一个学年或一个学段的要求，关联语文课程标准总目标，找准位置，分解合理，落实到具体课文教学中。因此，确立一篇课文的教学目标，既要从本课特点出发，又不能只盯在一篇课文上，要树立“大语文”的教学观念。从整体出发，把眼前所教的“这一课”放到一单元、一册书、一个学年、一个学段乃至课程标准的总体要求上来考虑，使其上下关联，互为照应，分解合理，体现出科学的序列性。这样，就不会为教一课书而教一课书，以致脱离教材，失去“语文味”。

总之，教学目标的制定，对于一篇课文的教学是否有效至关重要。目标是

灵魂，目标是方向。只有对教学目标——"我要到哪里去"这一问题思考得清晰，达成教学目标的方法与路径——"我怎样才能到那里去"才不会误入歧途。

优化教学结构，展现训练过程

当前的阅读教学，仍存在"两重两轻"：一是重串讲，轻训练，课堂上教师分析讲解的时间占得多，学生参与语言训练的机会少；二是重结果，轻过程，教师只满足于学生获取知识的数量，满足于学生能说出正确的结论，忽视了获得知识、得出结论的过程。现代教学理论研究表明，获取最佳的教学效果，既取决于教学结构的优化，也取决于训练过程的优化。叶圣陶先生也说："语文教材无非是个例子，凭这个例子要使学生能够举一反三，练成阅读和作文的熟练技巧。"可见，要克服上述"两重两轻"的倾向，教师必须选好"例子"，做好示范，设计训练型课堂教学结构，展现语言训练的过程。

一、从串讲型转轨训练型，构建训练型课堂教学结构

训练型课堂结构强调以教材为本，依据课文蕴含的思想和作者渗透在字里行间的情感及技巧，按照《小学语文教学大纲》对各年级的要求，由有系统、有层次的若干训练环节组合而成，具有重视学法指导、学生参与度高等特点。针对课文特点，可以构建以下三种训练型课堂教学结构。

（一）举一→领悟→反三→强化

中高年级教材是以读写能力的重点训练项目为主线编成单元的，这些训练项目都在相对应的课文中得以落实，课文的某些段落结构又具有相同或相似的特点，如《蛇与稼》《大森林的主人》《新型玻璃》等。据此，就可以设计这种以某项重点训练项目为主的课堂教学结构，把以学懂一篇课文的内容为目标变为以进行某项读写能力训练为目标，其他常规训练则渗透在单项训练之中。

《我的伯父鲁迅先生》一文的训练项目之一是抓住人物的言行、神态，体会人物品质，学会归纳以写人为主的文章中心思想的方法。首先，可设计这样的训练程序：

阅读第二段，思考：

①这段讲了一件什么事？②找出描写伯父言行神态的词句。③体会这些词句的含义和表达的感情。④从这些词句可看出伯父是一个怎样的人？

这样的设计就暗示了概括人物品质的一般思维过程：事件—言行神态—品

质。接着，让学生反复阅读这段课文，展示学习的过程，在此基础上得出概括人物品质的“四步法”，即读事件—找词句—想含义—悟品质。然后，让学生用“四步法”自学课文第三段，教师不失时机地给以点拨，帮助学生学会“反三”，形成技能。最后，放手让学生学习课文第四、五段，给学生提供反复实践的机会。这样，学生就对鲁迅先生“为自己想得少，为别人想得多”的品质有了全面深刻的认识，同时也使学生的知识、技能得到强化和巩固。

（二）练听→练读→练说→练写

叶圣陶先生早就说过：“语文是培养能力的过程，所以不能单纯地传授知识，一定要注意训练……不断地发展听说读写的能力。”小语教材中的大多数课文，只要教师善于精心创设，都可以设计成这种综合能力训练的课堂教学结构，使学生整体语文素质得以和谐发展。

教学《草地夜行》第四段，先让学生听这段课文的朗读录音，边听边思考，听完后填空：这段写老红军在________的情况下，背起________，而陷入泥潭。这样，不仅让学生熟悉了课文内容，也加强了听力训练，还把听与思、听与写有机结合。接着，教师出示学习目标：

①红军为什么要背着“我”走？②老红军陷下泥潭时是怎么说的，怎么做的？③是什么力量促使老红军这样做？④在有疑问的地方加上问号。

这样，学生边读边想，圈划批注，深思熟读，提出质疑；同时，教师有针对性地巡视、指导，及时从学生的自学活动中反馈信息。然后，教师把目标中的问题和学生学习中的问题整合成思路教学，组织学生讨论，给学生各抒己见的机会，使教与学的目标一致。教师仔细倾听学生的发言，捕捉训练时机，或鼓励，或矫正，或指点，训练学生语言表达的准确性和条理性。最后，结合课后作业，以“老红军，我想对您说……”为开头，把自己学了课文后感受最深的地方写下来。这样以读带写、以写促读，使学生感受到老红军忠于革命、舍己为人的高大形象，同时也进行了语言训练。

（三）读通→读懂→读味→读背

读在阅读教学中的作用十分重要。《小学语文教学大纲》强调指出：“要加强朗读和默读。朗读和默读是阅读教学中最重要经常的训练。”所以，对那些抒情性课文，如《草原》《鸟的天堂》《花潮》等，就可设计这种以读为主的课堂教学结构，以读助讲、以读促思，使学生在读中领悟内容，体会情感，培养悟感。

课文《十里长街送总理》记叙了敬爱的周总理逝世后，亿万人民怀着无限悲痛的心情，在十里长安街与总理灵车告别的感人一幕。在教学第二段时，教师用动情的语言描述把学生带到首都群众告别周总理的场景中，要求学生逐字逐句地读通课文，字字读正确，并初步知道这段课文是写灵车到来时，人们眼望灵车想念总理的悲痛场面。接着，引导学生品味“无声地指挥”“不约而同”“眼睁睁”“顾不得”等重点词语和写人们联想的句子，从而领会人们悲痛欲绝的心情。在读懂课文的过程中，力求人人能流利地读课文。然后，启发学生设身处地去想象：如果你当时就在北京长安街上，望着周总理的灵车；或者，你最亲近的人去世后，会有什么样的感受？这样，指导学生细读品味，让学生感情由内化到外显，激发学生动真情，并读出真情。最后，启发学生用结构记忆法（样子—表示—怀念）或用抓重点词记忆法背诵这段课文，让学生把书面语言转化为自己的语言。

二、由结果指向转轨过程指向，展现语言训练过程

过程指向的教学目标，体现了阅读教学过程的科学性，把学习看作是解决问题的过程，强调的是教学引导。布鲁纳主张学生要“不仅知道完整的结果，而且要追溯达到结果的步骤”。对此，我们应树立这样的教学观念：对培养学生的学习能力而言，认识过程比掌握结果更重要。

有位教师在教学《再见了，亲人》一课中“雪中送炭”一词时，不是用一般的解词方法（本义—比喻义）去理解，而是这样引导的：

师：“送炭”，怎么送去的？

生（读）：带着全村妇女，顶着打糕，冒着炮火，穿过硝烟，送到阵地上。

师：这其中有烦琐的动员组织工作，有艰苦紧张的劳动，有冒着生命危险的拼搏。送给什么样的人！

生（读）：送给空着肚子“在阵地上跟敌人拼搏了三天三夜”的志愿军。

师：可见送打糕的及时和必要。这样做起了什么作用？

生（读）：“有许多同志感动得流下眼泪”“我们打胜了那场阻击战”。

师：可见大娘的行动对志愿军战士的鼓舞。大娘怎么样？

生（读）：“累得昏倒在路旁”。

师：可以看出朝鲜人民对志愿军的深情及所做的牺牲。刚才我们理解“雪中送炭”一词所用的方法就是“联系上下文”。

这位教师良好的示范，不但使学生对词语本身有了更深刻的学习，而且把课堂教学活动从单纯的语言学习发展为对事物更高层次的认识活动，既进一步优化了课堂教学，又使他们在潜移默化中掌握了一种理解词语的方法，为以后知识的迁移奠定了基础。

教学中，教师引导学生把自己的学习过程加以小结、回顾，也是展示语言训练过程的重要方法。如《月光曲》一课的分段，“教师用书”中是按开头、听琴、为盲姑娘弹曲、弹《月光曲》分为四段。而有些学生分段就与“教师用书”不同，有的按开头、听琴、弹琴、记谱分四段，有的按开头、谱写《月光曲》的经过分两段。教师应首先肯定学生的创造精神，并不失时机地让他们回顾思维过程，说出分段理由，引导学生总结出两种不同的分段方法的思路，从而让学生掌握一些学习规律，为阅读能力的迁移创造条件。

启迪创造思维，激发创造想象

——小学语文教学创新学习案例评析

培养学生的创新精神和创新能力的主阵地是课堂教学。小学语文教学中的创新，必须紧扣“小”和“语”两个字，体现凭借课文、紧扣语言、启迪思维、激发想象的特点。“小”指的是打好基础的前提下的创新，不要拔高要求；“语”指的是在培养学生听、说、读、写能力的训练过程中的创新，不能脱离能力培养。

下面列举小学语文教学中开展创新学习的几个案例，也许能给大家以启示。

案例一：“辛”与“幸”

这是一堂识字教学课。老师教“辛苦”的“辛”字（“幸福”的“幸”字已经学过了）时，问学生：“看谁有好办法记住这个字？”一个学生说，“辛”字是由七画写成的；另一个学生说，“辛”和“幸”很像，一个上面是一点一横，一个上面是“土”字；还有一个学生说，“辛”字上面是“立”字，下面是“十”字，一个人立在那里劳动十个小时是很辛苦的，“立”“十”就是“辛”。

（点评：识记字形的方法很多，可用笔画记忆，可用比较的方法记忆，还可巧妙地利用字义来记忆。教学中，教师要抓住学生智慧的火花、创新的萌芽，鼓励学生发表与众不同的见解。）

案例二：步步精心学“陶醉”

《月光曲》一课要求用“陶醉”一词造句。我是这样分步进行指导的。

第一步，引导学生结合课文理解词义。第二步，让学生找出能与“陶醉”

一词搭配的词语组成短语，如（令人、久久）陶醉、被（歌声、景色）陶醉、陶醉在（美妙的乐曲中、美妙的遐想中）……第三步，让学生补充句子：（1）夕阳西下，望着（　），我陶醉了；（2）联欢会结束了，可我还陶醉在（　）。第四步，让学生独立造句，并提示学生可造陈述句、感叹句、反问句，可把"陶醉"一词放在句中或句尾。

（点评：要培养学生的创新意识和创新能力，教师首先要敢于向传统的教学方法挑战。教学目标的达成，不可能一蹴而就，需要精心设计教学方法和能力训练过程。）

案例三：神奇的转换

在《一夜的工作》教学中，一位老师问：课文中哪些地方运用了对比的写法？用什么和什么对比？学生中举手的寥寥无几。于是，他把这个问题转换成了语言训练，让学生用"在……却……"或"……却……"的形式说出课文中具有对比性质的内容。顿时，学生纷纷举手发言："在高大的宫殿似的房子里，陈设却极其简单。""在一张不大的写字台上，却放着一叠一尺来高的文件。""周总理在工作了一夜后，却只用一小碟花生米充饥。""周总理工作是那么劳苦，生活却是那么简朴。"

（点评：巧妙地转换提问的形式，是创新教学方法的途径之一，能有效地改变传统的"满堂问"的局面，从而给学生想的权利、说的机会、写的时间。）

案例四：巧妙的对比

《我的战友邱少云》一课中有这样一个比喻句："邱少云像千斤巨石一般，趴在火堆里一动也不动。"教学时，教师先设疑：作者为什么把邱少云比作石头？烈火中的邱少云与千斤巨石有哪些相似之处呢？接着，引导学生找出二者的相似之处：

千斤巨石——————邱少云
不怕火烧　　　　趴在火堆里一动也不动
不会移动　　　　没挪动一寸地方
不会出声　　　　没发出一声呻吟
坚硬巨大　　　　坚强伟大

然后，根据上面的对比内容进行巧妙引读，从而激起学生的共鸣，使他们深深地感受到邱少云严守纪律、不怕牺牲的伟大精神。

（点评：朗读，无论在内容上还是在形式上，都要有所创新。创新地朗读，能使学生产生新奇感，激发他们的兴趣，使他们入情入境，受到感染和熏陶。）

案例五：给点“时间”就灿烂

《称象》一课的教学结束时，老师问学生：还有没有其他更好的称象的方法？一石激起千层浪，顿时学生的思维活跃起来。其中一个学生说：称石头太麻烦了，可以让随行官员一个一个地上船，直到船沉到画线的地方，称称每个人有多重，把这些人的重量加起来就是大象的重量了。

（点评：语文教材中的很多课文都可以用来训练学生的求异思维，教师要善于挖掘，利用其中的创新因素。事实表明，学生不是不能创新，关键在于教师的启发引导，在于教师给不给机会、给不给时间。）

案例六：一千个哈姆莱特

教学《跳水》一课，我为了引导学生抓住作者的写作目的，提了这样一个问题：托尔斯泰这样一个大作家，写了这么一个小故事，他是想告诉我们什么呢？第一个学生从船长身上得到启示，说：“这个故事告诉我们遇事应该像船长那样，根据当时的实际情况，当机立断，采取正确的方法，解决问题。”第二个学生从孩子身上受到启发，说：“这个故事告诉我们遇事要冷静，不要冲动，否则会遇到危险。”第三个学生从水手身上得到启示，说：“这个故事告诉我们，开玩笑要把握分寸，不然会发生意想不到的事情。”

（点评：“有一千个读者，就有一千个哈姆莱特。”一篇文章的主题有时并不唯一，越是好文章，给人的启发越是多方面的。训练学生抓文章的中心思想时不能过分强调标准答案，应该鼓励学生从不同的角度说出自己的体会。）

案例七：小乌鸦上当受骗以后……

学完《狐狸和乌鸦》一课后，一位老师用生动有趣的语言创设了这样一个情景：话说乌鸦上当受骗后，十分后悔。为了使子孙万代牢记这个教训，它叮嘱小乌鸦，如果遇见狐狸，一定要提高警惕。一天，小乌鸦和小狐狸相遇了，它们之间会发生什么事呢？请大家展开想象，讲一讲小狐狸和小乌鸦的故事。学生的想象是多姿多彩的。有的学生说，小乌鸦汲取了前辈的教训，没再上狐狸的当；有的学生说，小狐狸耍出新的花样，使小乌鸦再次上当受骗；还有的想象出小乌鸦与小狐狸不计前嫌，慢慢成了好朋友……

（点评：想象是创新的翅膀。学生读了有情、有景、有趣的课文后，教师应该启发学生进行再造想象，这是培养学生读写能力和想象能力的行之有效的方法。）

案例八：当小姑娘遇上大老虎

这是一堂创新作文的指导课。老师首先在黑板上写了两个词语：“小姑娘”“老虎”，并问学生：一只老虎和一个小姑娘之间会发生什么事？学生几乎异口同声地回答：老虎把小姑娘给吃掉了。接着，老师启发道：自古以来都是老虎伤人，可有时候也会出现意想不到的事，请大家再想一想，这只老虎和这个小姑娘之间可能会发生什么事？沉默片刻后，学生中陆续出现以下一些想象：(1) 小姑娘救了老虎；(2) 小姑娘驯服了老虎；(3) 小姑娘喂养老虎；(4) 老虎救了小姑娘；(5) 小姑娘画虎；(6) 小姑娘玩纸老虎；(7) 老虎和小姑娘成了好朋友；(8) 小姑娘与老虎进行了一场搏斗……最后，老师要求学生自己选择一种情况，展开丰富的想象写一篇作文。

（点评：在作文指导过程中，激发学生的创新思维，打破思维定式，可以使选材、立意、语言、结构等更加新颖独到，产生比较好的效果。）

对比读悟，言意兼得

——《大禹治水》教学中对比方法的运用

俄国教育家乌申斯基说：“比较，是一切理解和思维的基础，我们正是通过比较来了解世界的。”我认为，比较，也是语文教学中让学生学习理解、丰富积累、练习表达的基础。小学语文教材中的许多课文，都运用了或多或少的对比方法。教学中，根据教学的需要，抓住其中的对比之处，设计相应的学习活动，让学生在对比中阅读，在对比中发现，在对比中感悟，在对比中品味，将会使我们的语文教学删繁就简，收到事半功倍、言意兼得的效果。

北师大版三年级下册“奉献”单元的主体课文《大禹治水》，虽然只有短短四百来字，语言极其简练，但由于作者善于选取几个典型细节和有代表性的数字，把上古时代发生的一件大事、父子两代人治水的过程写得清清楚楚，把人物的奉献精神表现得淋漓尽致。教学中，我以“质疑→解疑”为主线，设计了“整体感知，聚焦问题→读悟结合，引导探究→创境激情，升华形象→回扣问题，存疑延伸”四个模块。在“读悟结合，引导探究”这一模块中，我重点运用了对比阅读的方法引导学生品读、感悟，从而在语言文字的运用中理解了课文内容，感受到人物形象的伟大。

一、对比治水方法，领悟禹的智慧

课文主要讲禹是怎样治水的，同时也讲了他的父亲鲧是怎样治水的。教学中，学生在老师的提示下，很快就勾画出了禹和鲧怎样治水的语句：

见到人们受苦，鲧心里很着急，就把天上的土偷下来，去堵塞洪水。

禹改变了父亲的做法，带领人们开凿龙门，挖通了九条河，垒起堤坝，把洪水引到东边的大海里。

大多数教师的做法，让学生读一读这两个句子，简单、笼统地说说他们治水方法的不同就进行下一个环节了。然而，我并未浅尝辄止，而是趁机提问：

比较一下，禹和鲧的治水方法有什么不同？

如果分别用一个四字词概括他们的治水方法，可以怎么说？

如果用两个字或一个字可以怎么概括？

待学生深入思考后，我请学生回答，并板书关于治水方法的重点词：

鲧：堵　堵塞　　　　　　　　　　堵塞洪水

禹：引　引到　引导　疏导　疏通　引水入海

最后，通过对比引读，在积累词语的同时，让学生明白禹和鲧治水方法的不同，并从中深刻地体会到，禹为了完成父亲的遗愿，汲取了父亲治水的教训，变堵塞洪水为引水入海，表现了禹的聪明才智。

二、抓住数字对比，体会禹的无私

课文中，讲禹治水的过程，有这样一段话：

为了治水，禹三十岁才结婚，在家仅仅住了四天，就告别了妻子。禹治水十年，曾经三次路过家门，却顾不得进去看一看。

教学中，我让学生齐读这段话后，分组出示了其中的几个数字，引导学生抓住数字对比体会，说说自己的感受：

三十岁——四天

十年——四天

十年——三次路过家门而不入

有的学生说：“禹为了治水，三十岁才结婚，在家仅仅住了四天，就告别了妻子，使我很感动。”

有的学生说：“大禹治水整整用了十年，可他三过家门而不入，一次也没有进过家门，他心中有大家，却完全没有想到自己。”

由于学生的感受是基于具体的数字的，在他们争先恐后的交流中，很自然地体会到了大禹为了治水，抛家舍子、舍小家为大家、不计个人得失与幸福的高尚与无私。

三、适当增删对比，品味禹的奉献

课文中，有几个副词很有意思。为了让学生体会课文语言运用的准确，同时也为了让学生感受禹的奉献精神，我还设计了这样一个学习活动。

（1）课件出示原句和对比句：

为了治水，禹三十岁结婚，在家住了四天，告别了妻子。禹治水十年，曾经三次路过家门，顾不得进去看一看。

为了治水，禹三十岁才结婚，在家仅仅住了四天，就告别了妻子。禹治水十年，曾经三次路过家门，却顾不得进去看一看。

（2）比一比，如果去掉加点的词语，行吗？为什么？

这样的学习活动，激发了学生思维。有的学生说，去掉了加点的词语句子就不通顺了；有的学生说，从加点的词语中我们可以体会到禹为了治水做出很多牺牲，这是一般人做不到的……

随后，我补充讲述了大禹"三过家门而不入"的故事，并引导学生：这就是"三过家门而不入"这个成语故事的来历。十年啊，三千多个日日夜夜，难道他不关心自己的家人吗？（生：不是。）是他远在他乡，没机会回家吗？（生：不是，他曾经三次路过家门。）三次路过家门都没有进去看看，他下定的是什么决心？（生：不治好洪水，就绝不回家。）为了使老百姓能过上幸福的生活，大禹做出了无私的奉献。让我们带着对大禹的崇敬之情一起来读这一段。（生齐读第四自然段）

四、首尾对比想象，感受禹的伟大

课文开头，描写了洪水泛滥时的情景。课文结尾，只用"洪水终于退了，大地又恢复了欣欣向荣的景象"这一句话写了大禹治水的结果。究竟"欣欣向荣"是一幅怎样的景象？这给读者留下了想象的空间。

教学中，学生结合课前查阅工具书，理解了"欣欣向荣"的基本意思后，我重点引导学生把课文的结尾与开头进行对比思考：

你能想象洪水退后"欣欣向荣"的景象吗？（你仿佛看到了什么？仿佛听到了什么？村庄、房屋、田野是怎样的景象？人们呢？）请根据你的理解和想象说说"欣欣向荣"的意思。（出示课件，先思考，后同桌交流）

洪水泛滥时	洪水退去后
洪水淹没了村庄和田野	
房屋倒塌了	
牲畜被冲走了	
庄稼也被冲毁了	
人们只好四处逃荒	

待学生交流后，我再要求学生练笔：

洪水终于退了，大地又恢复了欣欣向荣的景象。

其中一个学生这样写道：

洪水终于退了，大地又恢复了欣欣向荣的景象。村庄里，人们又修起了漂亮的房屋，到处都是郁郁葱葱的树木，还不时传出一阵阵鸟儿唱歌的声音。地里长满了庄稼；草地上，小草绿油油的，还盛开着各种各样的鲜花，蝴蝶和蜻蜓在草地上翩翩起舞。

在这样具体的想象对比中，学生不仅形象地感悟到“欣欣向荣”的意思，使语言运用能力得到了培养，还从中深深地感受到：面对今天这欣欣向荣的美好景象，这安居乐业的幸福场景，我们最不能忘记的，是大禹制服了洪水，让大地重焕生机，让人间充满朝气。他不愧是我们尊重和爱戴的英雄。这样，语文的工具性和人文性相得益彰，真可谓是一举两得。

当然，阅读教学中的对比，从形式上来说，除了词句之间的比较，还有段落之间的比较阅读、篇目之间的比较阅读，以及表达方法、语言特色、人物形象、篇章结构等方面的比较阅读。

实践表明，在语文教学中恰当运用比较阅读的方法，不仅能打破教师讲学生听的注入式、灌输式、填鸭式等陈旧的教学方式，还能充分发挥学生的主观能动性，让学生在情绪轻松的氛围中，思维能力、分析和综合概括能力及语言表达能力得到培养。

重视过程目标，突显主体地位

“知识和能力、过程和方法、情感态度和价值观”是语文课程标准所确立的“三维目标”。作为“三维目标”之一的“过程目标”，是其他目标得以落实的纽带和桥梁，具有十分重要的地位。现代教育理论认为，学习是一个知识建构的过程，最有效的学习是学生主宰学习过程的学习。然而在传统的语文课堂教学实践中，教师“牵”着学生走，“以教师为中心”的现象仍然存在：本来应该让学生自己去完成的事，却让教师“越俎代庖”了，课堂上只是被动地接受，学生在不知不觉中产生了学习语文的依赖心理，甚至是厌倦心理。究其原因，固然是多方面的，但最根本的原因是传统的教学剥夺了学生自主建构知识、自主参与情感体验的时空，扼杀了学生的个性，导致语文教学的高耗低效。我以为，要在语文教学中真正落实学生的主体地位，必须把学习的过程还给学生。

一、目标，让学生提出

长期以来，教与学的目标都是由老师在课前“精心”制定，上课时向学生提出。老师习惯了，学生也习惯了，但习惯了的事也可以“反其道而行之”。比如，上课伊始，我让学生把课文浏览一遍后进行质疑，学生或提出自己不懂的问题，或说出自己最想知道的内容。此时，学生一定是畅所欲言的。待学生充分质疑后，我把学生提出的问题进行梳理、归纳，形成几个重点问题，并告诉学生：“你们刚才提出了许多问题，其中的这几个问题就是我们学习这篇课文的重点。”在学生看来，学习目标是他们自己提出来的，学习的积极性一定会更高些。

二、内容，让学生确定

一篇课文，先学哪部分，后学哪部分，都是老师说了算，老师让学生学什么，学生就得学什么。其实，教学一篇课文，当学生对全文整体感知后，可以这样问学生：“你们愿意先学习课文的哪部分？”“你们对课文的哪部分最感兴趣？”然后根据大多数学生的意见确定学习课文的先后顺序。当然，在这之前的教学中，教师要打破“从头到尾”的逐段式教学，恰当地运用变序教学的方法，或直奔中心，或直奔重点，或先学习学生感兴趣的部分，为学生自主选择学习内容做好铺垫。这样，可以更好地激发学生的积极性和主动性。

三、方法，让学生选择

“授之以鱼”不如“授之以渔”。语文教学中，老师比较重视教给学生学习语文的规律和方法，这无疑是值得肯定的。但仔细思考一下，一些语文教学中的学法指导，大都有程式化的倾向，不但教给学生的方法单一，而且学生也没有可选择的余地，只能被动地按老师教给的学习方法去“自学”，究其实质，还是学生围着老师转。我在教学《开国大典》时，就特别注意尊重学生的个体差异，让学生选择适合自己的学习方法。在指导学生学习“举行典礼”这部分时，我有意渗透了体会文章思想感情的几种方法：品析词句；把心放到文中去，从人物的动作、神态、语言中去体会人物性格；有感情地朗读。在学习“典礼前”“阅兵式”“群众游行”三部分时，我告诉学生：“你喜欢用哪种方法学习，就选择哪种方法自学。比一比，看谁学得好。”然后让学生自学、分组讨论、交流、汇报，收到了较好的效果。

四、课文，让学生读懂

语文教学“要让学生充分地读，在读中整体感知，在读中有所感悟，在读中培养语感，在读中受到情感的熏陶”。小学阶段的课文，大多浅显易懂。阅读教学的任务，并不在于学生对课文的理解，而在于感悟、积累语言，在于学习课文的表达方式。因此，教师要把时间还给学生，做到精讲、巧问，要树立“懂不懂，读读看”的观念，放心大胆地让学生自读自悟；要精心选择读的形式和方法，或浏览，或细读，或默读，或朗读，或齐读，或自由读；要加强读的指导、点拨、示范，做到读有目的、读有层次、读有重点、读有收获。当学生充分地读后，可提供机会让学生说说：“你读懂了些什么？”也可让学生把自己最喜欢的句段读给大家听。当然，学生也会提出自己不懂的地方，这些问题往往正是下一步学习、讨论的重点。

五、问题，让学生讨论

“学贵有疑，小疑则小进，大疑则大进。”学生提出了问题之后，如果教师煞费苦心地像召开新闻发布会那样“答记者问”，效果并不理想。那么，怎样处理才能进一步激发他们的学习积极性呢？首先，教师对每个学生提出的问题都应善意对待。其次，对那些在学生中间有争议的问题，教师不要轻易下结论，而应组织学生展开小组讨论、交流，加强学生之间、师生之间的互动。如学习了《圆明园的毁灭》一课后，有的学生提出：“圆明园是建筑艺术的瑰宝、园林艺术的精华，假如要再现圆明园的原貌，是在它的旧址上重建好，还是另外选择地址好？”为此，我在让学生充分收集资料的基础上，开展了一场模拟辩论，学生自愿选择正方或反方参与辩论，正方的题目是“应该在圆明园的旧址上重建圆明园”，反方的题目是“应该另外选择地址重建圆明园”。在争辩过程中，我适当给以“画龙点睛”式的点拨。不管争辩的结果如何，就学生参与争辩的过程而言，无疑是值得肯定的。

六、评价，让学生参与

传统的语文教学，学生只是评价的客体，教师才拥有评价的权力，教师单向地给学生贴上“好与坏”“对与错”的标签。其实，在新课程标准中，自我反思和自我评价是学生必不可少的能力，是学生进步和成长的标志，是学生与自我的对话，是理想与现实自我的心灵沟通。教师的说教只有转化为学生个人的自我意识和自觉自愿的行为，教学才能得到真正的落实。因此，无论是课堂上朗读课文、回答问题，还是各种作业，学生首先都要自己做出评价，然后请其他同学当“裁判”，对自己的评价进行“再评价”。在此基础上，教师还可让学生根据自己的个性和特长，自己为自己设立荣誉称号或建立自我评价簿，并进一步引导学生用自己的眼睛观察问题，用自己的大脑思考问题，对课堂教学、对教材、对课外读物等做出自己的评价。

七、资料，让学生收集

语文教学要重视课内外沟通、校内外联系、学科间融合，正如课程标准中指出的，中年级学生要能“收藏并与同学交流图书资料”，高年级学生要能“利用图书馆、网络等信息渠道尝试进行探究性阅读”。为此，在语文教学中，教师要引导学生在课前或课后收集与课文有关的图片和文字资料，并在课堂上给学生提供展示的机会，及时给予鼓励。这样做的意义不仅在于学生收集的资料比教师一个人收集的资料更多更广，更重要的是培养了学生学习的主动性，丰富了学生的课外阅读，使现实生活中的语文教育资源得以充分利用，体现了“大语文观”的教育思想。

八、表达，让学生随意

无论是口语交际，还是低段的写话和高段的习作，课程标准都特别强调“不拘形式”“自由表达”。的确，只有在没有过多的束缚和限制的状态下，学生的思维才会更活跃、更敏捷，只有在自由自在的氛围里，学生才会有创新的火花闪现。因此，语文教学中的口头表达（包括口语交际与平时回答问题）和书面表达（习作），都应该让学生“想到什么就说什么，怎样想就怎样说”“想写什么就写什么，怎样想就怎样写”。当然，“不拘形式”“自由表达”必须以不违反题目的限制条件为前提。

语文教学中渗透思想教育方式种种

近段时间的教学刊物，登载了诸多同行学习《语文课程标准》之后的体会文章。在受益匪浅的同时，我发现，大家对语文教学中如何渗透思想教育这一问题谈得不多。究其原因，可能一是因为新课标中没有明确提及思想教育，老师不敢越雷池一步；二是由于部分老师仍然只重视语言训练，或多或少存在忽视思想教育的现象。

其实，无论怎么变，“文道统一”的大语文观是不会也不可能改变的。《语文课程标准》中不但没有忽略语文教学中的思想教育因素，而且明确指出：“培养学生高尚的道德情操和健康的审美情趣，形成正确的价值观和积极的人生态度，是语文教学的重要内容，不应当把它们当作外在的附加任务。”同时，课标还提出了在语文教学中渗透思想教育的基本途径——“注重熏陶感染，潜移默化”。笔者以为，为了使语文教学中的情感、态度、价值观的导向能收到“随风潜入夜，润物细无声”的效果，可采取以下几种方式。

一、背景介绍渗透

有些课文所反映的内容与学生的现实生活有一定差距，使他们不易理解其中蕴含的思想内容。教学前，让学生收集与课文有关的资料；教学中，教师简略地介绍课文反映的时代背景，或学生相互交流资料，不但可以缩短时空差距，使学生深入理解课文，还能有效地渗透思想教育。如教学《第一场雪》这篇课文，要让学生知道，此文写于 1962 年年末，我国遭受了罕见的连续三年自然灾害，同时饱受了外债的困扰，中国人民在党的领导下，即将从困境中摆脱出来，胶东半岛的第一场雪就是丰收的信号，作者为祖国走出困境、充满希望而喜悦，从而使学生对写作背景有一定的了解，渗透了国情教育。

二、词句赏析渗透

词、句是语文教学渗透思想教育的主要载体。教学中，教师引导学生抓住重点词、句，通过增、删、换、移的方式进行比较，充分挖掘其中的思想内涵，是语文教学渗透思想教育的神来之笔。

1. 品析词语。在学习《飞机遇险的时候》一文时，教师让学生边阅读边思考：“在同一时间、同一地点，周总理说话的口气有什么不同？他为什么要用不同的口气？”学生通过对“勉励”与“命令”两个词语的品析，知道由于当时时间紧迫，情况危急，危险随着时间的推移而增大，我们的总理在这特定的环境中，冷静沉着，一方面解伞包，另一方面命令赶紧准备，从而让学生领悟到了周总理在危险面前把生死置之度外，首先想到的是人民群众的利益的高贵品质，由此在品析词语中感受到总理人格的伟大。

2. 品析句子。《草地夜行》中有这样一个句子："突然，他的身子猛地往下一沉，'小鬼，快离开我！'他急忙说，'我掉进泥潭里了。'"教学中，可抓住老红军先后说的这两句话，启发思考："老红军说的两句话可以前后调换吗？为什么？"学生经过讨论、比较，体会到老红军在身陷泥潭、生死存亡的关键时刻，首先想到的别人。这样，老红军舍己救人的高大形象跃然纸上，学生也在对句子的品析中受到感染。

阅读教学中，教师要尽可能把重点句子的理解与思想教育有机地融合在一起。如在教学《白杨》一文时，抓住"这儿需要它们，它们就在这儿生根"这个重点句子，我设计了这样的填空题：

（大戈壁）需要（白杨），（白杨）就在（大戈壁）生根了；（新疆）需要（爸爸），（爸爸）就在（新疆）扎根了；（边疆）需要（建设者），（建设者）就在（边疆）扎根了；将来，（边疆）需要我们，（我们）就在（边疆）扎根！

以上所填的词语，从大戈壁到边疆，从物到人，从大人到少年儿童，从他人到自己，使学生意识到建设边疆不仅是大人们的事，我们少年儿童从小也有这份责任感，由此把词句的理解与熏陶感染有机地结合在一起了。

三、朗读欣赏渗透

教学中，教师凭借有感情的朗读，或播放课文录音，用丰富的感情去感染学生，使学生动心、动情，使学生在求知、练能、开智中受到思想教育。在学习《月光曲》一文时，可先展示课文放大插图，并有声有色地进行配乐朗读，让学生陶醉在美好的意境之中；接着把描写月光曲内容的词句找出来，引导学生概括成"海上升明月""彩云追月""月朗涛涌"三幅画面，体会音乐的变化与音乐家情感变化的内在联系，并让学生结合上下文感悟贝多芬情感由平静到激昂的变化内因；最后，指导学生以饱满的感情反复朗读这段文字。这样把"情"与"理"熔为一炉，学生自然地懂得了贝多芬对劳动人民的同情、对不平等社会的抗议，从而收到了思想教育的实效。

四、想象续写渗透

教学完一篇课文，让学生根据课文内容，展开丰富的想象，推想课文中人物和事件在不同时间、不同地点的新发展、新结局，续写出一篇文章，可以让学生在读写训练中潜移默化地受到思想教育。

如《凡卡》一文的结尾写他把给爷爷写的信交出去后，“过了一个钟头，他怀着甜蜜的希望睡熟了，并做了一个美好的梦”。教学结束时，教师可先这样引导学生：“梦总是要醒的，想象一下，凡卡睡醒以后，会发生什么事情。”然后让学生以《梦醒时分》为题（也可由学生自己命题），续写一篇作文，从而使学生对课文内容的理解和对思想感情的体会得到深化。又如学完《卖火柴的小女孩》一课后，先引导学生结合自己幸福的童年生活讨论：如果卖火柴的小女孩生活在社会主义新中国，情况会怎样呢？再让学生以《卖火柴的小女孩到我家》为题写一篇想象作文，这样不仅激发了学生的写作兴趣，也激发了学生痛恨旧社会、热爱新社会的情感。

其实，在语文教学中渗透思想教育的方式是多种多样的。我们只要在教学中深入钻研，准确理解教材，恰当地挖掘出教材中的思想教育因素，并根据学生的实际，“循文悟道”，因材施教，就能在传授知识、培养能力、启迪思维的同时，使学生的情感、态度、价值观也得到正确的培养。

走出语用教学误区，增强语言训练实效

2011 年版《义务教育语文课程标准》明确提出：“语文课程是一门学习语言文字运用的综合性、实践性课程。”这对于纠正以往在语文教学中重内容理解分析、轻语言表达运用的做法具有重要的意义。然而，在关注语言运用、关注语言表达的同时，一些语文教师的课堂也出现了对“语言运用”的矫枉过正、顾此失彼的现象。

误区之一：偏重词句研读，忽视整体把握

课文是一个整体，是内容的整体、语言形式的整体和形象的整体。整体大于部分之和。但有的教师为了保证练笔的时间，削减了对整篇文章应有的把握和理解，过多着眼于词语和句子的研读，生硬地在阅读教学中安排小练笔，人为地破坏和谐的阅读场，使课文支离破碎。这不但没有收到预期的练笔效果，还影响了正常的阅读教学。

误区之二：热衷语文概念，忽视语言情境

“形象大于思想”是文艺理论界一个非常重要的观念。读文学作品，重要

的是读出形象来，而不是简单的抽象概念。要读出形象，就要注意言辞语境、文体语境和文化语境三种语境，层层深入研读，抓准教材呈现的语言训练点。但是，为了体现"写"的训练，有的教师只瞄准动作、神态、语言、心理等"写"的训练点，满足于教给学生一些术语，导致文章语言的整体运用之美、人物形象的丰富立体之美、故事情节的生动曲折之美从课堂中流失了，从学生的身边流失了。

误区之三：满足机械练笔，忽视有感而发

教师有了很强的语言文字训练的意识，但有些训练点纯属"跟风""应景"而作，不是真正地从年段目标出发，从文本出发，从学生需求出发，存在着泛泛而"练"的感受性练笔、"套磨子"似的仿写、针对性不强的想象性练笔等现象。这样的练笔，既没有进一步拓展文本意蕴，升华学生对文本的感悟，更没有活化学生语言，学生既没有得"意"，也没有得"言"，更谈不上表达方法的迁移。

上述这些做法，不顾文本实际，过分追求读写结合，片面寻找读写结合点，其实质是将语言文字的运用狭隘理解为读写结合，理解为"一课一练"，甚至"每课必练"。这不得不引人深思：

——强调动笔，强调学习运用语言文字，在教学的过程中一定要"一学就用"吗？

——强调"一课一得"，就要"一课一写"吗？难道只有"写"才算是"得"吗？

……

其实，对于什么是"语言文字的运用"，新版课标有清楚的说明："语言文字的运用，包括生活、工作和学习中的听说读写活动以及文学活动，存在于人类生活的各个领域。"这表明，听是运用，说是运用，读是运用，写是运用，文学活动的感受、欣赏、评价都是运用，可以说，语言文字的运用，存在于语文学习的方方面面。

叶圣陶先生早就把读写能力并列为语文教育的两大目标，反对因阅读而削弱写作，也不认为阅读的功用仅限于为写作服务。他说："阅读是吸收，写作是倾吐。"可见，写作不能成为阅读的附庸；同样，阅读也不是写作的奴仆。

那么，在语文教学中，怎样才能走出语用教学的这些误区，增强语言文字训练的实效呢？我们可从以下三个方面入手。

一、精选练笔内容，丰富练笔形式

课堂小练笔不能随意让学生写一写“读了故事有什么感受”“说说你的心里话”等。对于练什么，一定要精心设计。教师应根据文本本身的语言特点来决定写不写，写什么；应根据年段及单元教学目标和文本表达特点找准训练点，找准语言发展的生长点，让练笔有的放矢，从而实现习得语言、内化表达方法的目标。

【案例1】《爷爷的毡靴》教学片段

我在教学《爷爷的毡靴》一文时，待学生对课文内容有了整体把握之后，设计了这样一个教学环节：

1. 提出学习要求。

(1) 浏览课文，思考：把课文中写作者感受的几个句子去掉后是否还读得通？可以去掉吗？为什么？

(2) 如果要在课文第17、18自然段之间增加一处类似的表示作者内心感受的句子，你觉得应该怎么写？动笔写一些。

2. 学生思考、练笔。

3. 讨论交流。

(1) 第一个问题。引导学生比较，追问：有了这几句话，好在哪里？

(2) 第二个问题。学生交流练笔后，教师设问：作者为什么不写这句话呢？你认为这里是加上这句话好，还是不加为好？为什么？

教师追问：这里究竟是写出心理活动好，还是不写为好？请说出你的看法。

（点评：这一教学设计完全指向表达，写之前、写之后都有深入的讨论与交流，先引导学生通过比较，感悟作者多次写出自己感受的必要，然后又让学生以补写感受的形式练笔。当学生中出现不同的观点时，教师并未先下结论，而是让学生充分表达自己的看法后，才指出，也许不同的人有不同的思考。在这个过程中，学生对于文本的表达特点有了自己的思考和理解。）

此外，语文教学中，可以根据年段特点从以下方面有选择地进行课堂小练笔：

文中好词，换一换；抓住“空白”，补一补；扣住“略写”，扩一扩；观察插图，描一描；精彩片段，仿一仿；欣赏古诗，改一改；合理想象，续一续；变换角度，编一编；迁移主题，写一写。

二、创设语言情境，凸显练笔价值

文本的语言特色是什么？文本有着怎样的结构特点和表达特点？教师要深入研究，发掘文本"读写迁移"的价值所在。教师要根据课文特点，充分调动学生的情感体验，激活学生的生活积淀，让广阔的写作积累走进课堂，帮助学生跳出文本的束缚，避免千篇一律，让练笔具有个性特点。

【案例 2】《杨氏之子》教学片段

一位教师执教《杨氏之子》一课，在让学生感受到杨氏之子的善听、妙答、反应快、机智之后，教师设计了如下语言运用情景：

若是来访的是李君平、黄君平，想想杨氏之子又会如何作答？并出示练笔内容：

李指以示儿曰："此为君家果。"

儿应声答曰："未闻李子乃夫子家果。"

黄指以示儿曰："此为君家果。"

儿应声答曰："未闻黄鹂乃夫子家禽。"

（点评：这位老师十分注重表达方法的学习，变"重感悟"为"学表达"，不仅把文言文读成故事，还引导学生揣摩人物心理、读活人物形象，还尝试用文言创作，开展情境对话，让学生内化语言。学生笔随心动，有话想写，有话可写，兴趣盎然地投入练笔中，既训练了语言表达，又促进了对文本的进一步理解与积累。）

语文教学中，教师要增强"学习表达"的意识，尤其是中高年级，可根据具体的课文特点，设计不同形式的课堂练笔，避免"课上热热闹闹，课后空空荡荡"，切实从过去偏重内容分析到如今关注文本表达。

三、捕捉练笔时机，激发练笔欲望

小练笔，不是想什么时候练就什么时候练，要把握好练笔的时机，抓准学生表达的时机，激发学生表达的欲望。要练在学生思维最活跃、情感最饱满、情意和谐共存之时，让小练笔在阅读中自然生发出来，让阅读成为促进思维发展的契机，成为表达情感的契机，实现"读写结合"的最优化。

【案例 3】《姥姥的剪纸》教学片段

在学生了解到姥姥剪纸艺术高超——堪称"神"之后，教师没有停留在这一内容层面的教学上，而是启发学生思考：哪些语句写出了姥姥剪纸艺术高超？是怎样写的？着重引导学生抓住"嗬!"以及"我从小就听人啧啧称赞……”两处关键语句，体会正面描写及侧面描写两种写法；然后抓住“剪猫像猫，剪虎像虎，剪只母鸡能下蛋，剪只公鸡能打鸣”体会民俗语言的特点及表达效果。

师：从语言形式上，读起来感觉如何？

生：读起来很爽快、很流畅。

师：这样的语言，课文还有很多，找出来读一读，感受感受这种语言形式的特点。

师：姥姥还剪了那么多东西，同学们能不能学一学乡亲们赞叹赞叹？

生：你姥姥神了，剪龙像龙，剪蛇像蛇，剪只猴子能爬树，剪只小狗汪汪叫。

师：夸得好！但乡亲们更会夸，你发现了吗？猫与虎、公鸡与母鸡，有什么特点？

生：猫和虎样子更像，公鸡和母鸡成对的。

师：是啊，这样更有说服力。再来夸一夸，如鸭与鹅、马与驴、孔雀与凤凰。同桌讨论讨论。

生：你姥姥神了，剪鸭像鸭，剪鹅像鹅，剪只孔雀能开屏，剪只凤凰上九天！

（点评：这位老师善于琢磨语言表达特点，关注语言形式，顺势迁移运用，把读懂“写什么”与读懂“怎么写”、阅读与想象、阅读与表达有机融合，有效实现学习语言文字运用的目标。）

中高段的教学不能停留在单一的分析内容、体会主旨、感悟情感上，而应注重引导学生关注语言形式，在咬文嚼字中体会语言表达的特点，真正实现变“讲内容”为“学语言”。

总而言之，语用教学要与内容理解相融合，与情感陶冶相融合，与学法指导相融合。不仅要指导学生读懂“写什么”，发展感受、理解、欣赏和评价的能力，更要指导学生读懂“怎么写”、迁移“怎么写”、实践“怎么写”，在阅读书面语中学习书面语表达、学习语言文字运用，得意且得言。只有当学生被文本中的事物所吸引，被文中的情感所感染，对文中的语言形式产生浓厚兴趣，如骨鲠在喉，不吐不快时，才能最终达到内化语言、迁移表达方法的目标。

明确思维训练目标，掌握思维训练方法

——谈读写教学中儿童思维策略训练

思维是人的高级心理过程，反映了人的心理发展水平和人的智慧潜能。思维及其训练早已引起国内外心理学家和教育学家的普遍关注，并进行了多方面的理论和实践研究。

策略是一种用来思考问题的抽象的、通用的思想方法，它的适用范围是很广的。可以这样说，思维能力的发展就是运用思维策略水平的发展，思维策略水平的提高就表明思维能力得到了发展。儿童时期是从形象思维向抽象思维能力过渡的时期，也是培养抽象思维能力的关键时期。如果在这个关键时期不注意培养学生的抽象思维能力，那么进入中学后，他们的抽象思维能力就很难达到较高的水平。然而，目前的教学方法和教学大纲，比较注重知识的系统性而忽视思维能力培养的科学性、系统性。因此，明确思维训练目标，掌握思维训练方法，如训练什么、怎样训练，就成了阅读和作文教学中至关重要的问题。

一、阅读教学中思维策略训练的目标和内容

阅读教学中要教给学生的思维策略很多，归纳起来，主要就是"读懂、会用"这四个字。读懂，包括以下三个层次的要求。

一是读懂词句。主要教给学生四条思维策略：叙述具体不空洞、语言优美巧修饰、修改润色成文章、自我提问自引导。

二是读懂篇章结构。主要教给学生三条思维策略：线索分明条理清、主题突出重点明、典型特征细体会，如会给课文分段、会列小标题、会找课文内容的内在联系等。

三是读懂意境。一是读懂文章主题，即读懂文章主要表达什么思想，思想和段落之间的关系是什么，思想和词句之间的关系是什么，词句是怎么来表现主题的。二是读懂文章的情感，体验文章的情感，即读懂作者表达了什么情感，并能体验这种情感。三是读懂文章的艺术性。

阅读教学的思维训练还要重视读与说、读与写的结合，即除了要求读懂，还要求学以致用。会用，包括三个方面的要求：

一是会用其句，即让学生把在阅读中积累的优美语句运用在自己的说、写之中。如学了李白的《望庐山瀑布》后，一位教师让学生在作文中引用"飞流直下三千尺，疑是银河落九天"的诗来表现一位行人遭受楼上泼水后的感受。

这就用得活、用得巧。这一步对应作文的行文造句和修改润色。

二是会用其架，即让学生会运用文章的结构来表达自己的思想。如学了《燕子》一课后，指导学生仿写一种自己喜爱的小动物时，就可指导学生按“外形→来历→活动→休息”的结构进行作文。这一步对应作文训练的扩散联想和谋篇构思。

三是会用其意，即每篇文章都要表达一定的思想，读了一篇文章之后，模仿这篇文章，用一个类似的材料来表达类似的思想。如《再见了，亲人》一课，作者通过叙述最后一批中国人民志愿军离朝回国时，同朝鲜人民告别的情景，歌颂了中朝人民用鲜血凝成的伟大友谊。读懂了这一立意之后，学生是完全能够运用其意的，因为每个学生都可能有与亲人告别的亲身体验，都可能有与亲人依依惜别的经历。因此让学生模仿课文以《再见了，……》为题的练笔，学生是能够做到的。其实，学生的头脑里隐藏着许许多多创造性的潜能，遗憾的是我们没有去调动他们，没有教他们怎样产生新思想，以及怎样去用别人的语句产生新语句。这一步对应作文训练的审题主意。

二、作文教学中思维策略训练的目标和内容

作文教学中的思继策略训练，可用“一、二、三、四、五”来概括，即一种能力、两种表现、三个基础、四条途径、五类技巧。

一种能力，即写作能力。

两种表现，即写作能力表现为产生新思想的能力，表现为产生新语句的能力。二者必须紧密结合，若无新思想，则言之无物；若无新语句，则言之无味。

三个基础，即以生活素材、语言素材、思想认识水平为基础。

四条途径，即勤观察、勤思考、勤阅读、勤练笔。通过观察积累生活素材，通过思考提高认识水平，通过阅读积累语言素材，通过练笔提高作文能力，从说到写，从句到篇，从真到美，从仿到创，逐步提高。从说到写，也就是说，勤练笔，不是从三、四年级才开始，而是从一，二年级就开始了，这时主要是训练学生说的能力，到四、五年级学生就会写了。从句到篇，即无论说或写，都是从最初要求说、写一句话，到说、写一段话，最后要求写整篇文章。从真到美，即训练学生在做到写真实内容的基础上做到文字优美。从仿到创，即作文训练应该是读写结合的：让学生读一个句子，模仿写一个句子；读一个片段，模仿写一个片段；读一篇文章，模仿写一篇文章。

五类技巧，即审题立意、发散联想、谋篇构思、遣词造句、修改润色的技

巧。这五类技巧包括了细审词句明题意、求异思维有创意、多种角度看事物、典型特征细体会等十多条思维策略。

三、读写教学中思维训练的程序和方法

读写教学中思维训练的程序有六个阶段：策略感悟、策略尝试、策略反思、策略运用、策略迁移、策略巩固，又称为“六阶段思维训练模式”。

第一阶段：策略感悟。在这一阶段不讲思维策略名称，也不讲怎么用思维策略，而是引导学生做适当的练习，让他们形象地感受和领悟策略的重要性，激发学习兴趣。可采取对比的方法，使学生体验到好方法所运用的策略。

第二阶段：策略尝试。在感悟的基础上，让学生自己去尝试一下，亲身体验策略的优越性。可把自己的方法与老师、同学的方法，与教材中讲的方法做对比。

通过以上两个阶段，该策略在学生的形象思维中形成了一个感性经验。

第三阶段：策略反思。这一阶段，应让学生反思：刚才是怎么做的？这个方法好不好？好在哪里？通过反思把感性经验上升到理性认识，引导学生归纳出具体、简洁、明了的方法。此阶段一般分为两部分：一是判断正误，以帮助学生理解；二是归纳思维诀窍，以帮助学生记忆。例如，《预测想象阅读法》一课把“发散思考思维活”这一策略归纳为“思考问题的时候，要多问自己是不是还有别的可能性”。

第四阶段：策略运用。即让学生运用刚刚学过的策略，实现“具体→抽象→具体”的飞跃，让学生由易到难，学会应用抽象的诀窍。

第五阶段：策略迁移。在上一阶段，其策略还只是一个方面、一种类型的应用。通过迁移，该策略的应用范围拓宽，所学方法条件化。此时，应多采用开放型练习，让学生加深应用策略的条件化，鼓励创造性。

第六阶段：策略巩固。这一阶段的目的是防止策略知识的遗忘，因为策略知识的巩固是培养能力的重要途径。这一阶段应点到为止，不可重复啰嗦。

当然，语言与思维是相互联系的，思维是认识的工具，语言是思维的体现，语言训练和思维训练是统一的。学生在学习语言的过程中，一方面要进行思维活动，另一方面通过语言的学习，又能进一步发展思维能力。因此，在阅读和作文教学中培养学生创造性运用知识、创新表达的能力，特别是创新思维能力，应成为思维训练的最高境界。

一张试卷之外的考试

——小学语文听说能力检测的设想

实施素质教育，如何更加合理、科学、有效地对教与学的情况进行测评，是教学过程的一个重要环节。传统的语文考试，以一张考卷来评定学生语文水平和能力的高低，局限于基础知识的考查，淡化了基本技能的考查，侧重于读写能力的考查，忽视了听、说能力的考查，把学生引入死记硬背的歧途，也把教师误导到单纯的基础知识的教学上，轻视了学生语文能力的培养，也直接影响了学生智力、创造能力和个性的发展。

为了突出听、说训练，大纲把听话、说话和汉语拼音、识字、写字、阅读、作文一起，分别专列一个章节，并明确指出："听话、说话训练是语文教学的重要任务。培养学生的听说能力，既是日常生活的需要，又能促进读写能力的提高和思维的发展。"为此，在现有的一张考卷的基础上，增加对听、说能力的监测，是十分必要的。

一、确立听说能力检测目标

目前的语文教学，放松了对学生进行听说能力的训练和培养，与听说内容不考试有关，更与大部分教师对听、说能力的训练目标和具体要求模糊不清有关。这里，笔者按照大纲的要求，结合语文教学的实际，初步梳理出各年级听、说能力训练和检测的目标如下。

一年级：①听写生字；②听写一句简短而完整的话；③背诵要求背的课文或片段；④看图说一两句话；⑤听老师讲一个故事三遍，能完整地回答问题，说出主要人物；⑥当众有感情地朗读课文片段。

二年级：①听写生字；②比赛查字典的速度；③背课文片段；④听老师讲一段话或一件简单的事，能复述主要内容并回答问题；⑤看图，说一段连贯的话；⑥有感情地朗诵课文。

三年级：①听老师念五个词三面，按顺序写下来；②听一个故事或一段话后，能复述并回答问题；③根据题目即兴说一段意思完整连贯的话；④背诵指定的课文；⑤查字典比赛；⑥有感情地朗读一段话；⑦和同学合作表演课本剧；⑧考查在语文活动课中的表现。

四年级：①比赛查字典；②听老师念五个词，按顺序写出；③听录音后能复述，并回答问题；④选择一个主题即兴说话；⑤背诵指定的课文；⑥正确、流利、有感情地朗读课文片段；⑦和同学合作表演课本剧；⑧考查在语文活动课中的表现。

五年级：①听录音，记下主要内容，简要复述，回答问题；②围绕一个主题即兴说话；③背诵课文；有感情地朗读课文片段；④与他人合作表演课本剧；⑤比赛查字典；⑥快速读一篇文章，提出 7 个问题；⑦围绕一个主题，办一张语文手抄小报；⑧考查在语文活动课中的表现。

六年级：①听录音，记下主要内容，简要复述，回答问题；②听录音，能创造性地复述；③即兴讲述见闻；④背诵指定的课文；⑤有感情地朗读课文片段；⑥与人合作表演课本剧；⑦办一张语文手抄小报；⑧听录音，提出 10 个问题；⑨考查在语文活动课中的表现。

二、制定听说能力检测方法

听说能力的检测虽然工作量大，评分主观性强，标准不易掌握，但只要制定合理的检测方法，是能够正确发挥这根"指挥棒"的独特作用的。

1. 做好检测前的准备。其包括：①成立听说测试小组，具体负责测试工作；②拟订测试方案，确定评分标准；③公布各年级听说测试题型，对听说测试起导向作用；④拟定便于操作的听说测试题目，准备题签及有关录音。

2. 遵循检测的原则。针对听、说测试的特点及各年级的检测目标，具体操作时要做到四个结合：①平时训练与定期检测相结合。检测只是手段，培养和提高学生的听、说能力才是目的。因此，听说能力的检测必须建立在各班语文教师围绕检测目标，在平时的教学中进行持之以恒、扎实有效的训练基础之上。②全班检测与抽样检测相结合。有些项目，如开展语文活动课、听写、查字典比赛等，可对全班学生进行检测，但大多数项目不可能一个个地检测，各班语文教师可把全班学生按听、说水平分成优、良、中三类（不宜向学生公布），检测小组按一定比例从中随意抽测若干名学生，代表本班学生参加听、说测试。③口头检测和书面检测相结合。听、说检测以检测口头回答为主，但有些项目也要进行书面测试，如听写、办语文手抄报等。④分散检测与集中检测相结合。有些项目，如背诵、即兴说话等，一般只把本班被测试的学生集中在一起进行检测；而有些项目，如课本剧表演等，就可集中全年级学生进行表演、评比。

三、总结听说能力检测得失

按照上述听说检测的目标，正确运用检测方法，学生的整体语文素质有了提高，言语交流能力增强，学生在课堂上及校内外活动中思维活跃，争相发言，以不同方式发表自己的见解。但是，听说能力的检测，是一个包含感情因素、十分复杂的问题，检测什么内容最恰当，用什么方法检测最科学，采取什么评分标准最客观，都需要在每次检测后及时总结经验，反思不足，以便在下一次的检测中改进。

一张试卷之外，海阔天空；听说能力的检测，任重道远。我们相信，只要在定向、实施、评定等环节进一步探索，逐渐优化，就能使听、说能力的检测真正成为提高全体学生整体语文素质的有效手段。

第二章　疑之行

思是行之始，
行是思之成。
思而不行则罔，
行而不思则殆。
教学建模，
有阅读教学的磨炼，
也不缺习作教学的尝试，
更有“一问一课一法一文”教研行动模式的探寻。
同课异构，
在思与行中经历蜕变。
教学设计，
在行与思中积蓄力量。

我的教学语丝（二）

◆让我们为教育做一些“减法”吧：少一些说教，让课堂因宁静而迷人；少一些浮躁，让校园因书香而诱人；少一些功利，让师生因纯真而动人。

◆转变教育观念，深入理解创新内涵，是培养学生创新能力的前提；而提倡标新立异，鼓励异想天开，则是培养学生创新能力的关键。

◆树立以学生为主体的教学观念，教学活动中就要想方设法让学生主动去听、去说、去读、去写、去思，做到耳到、口到、眼到、手到、心到，努力实现由学会到会学、由学答到学问、由苦学到乐学的根本转变。

◆阅读教学的根本目的不只是在于让学生理解课文的内容，而是要让学生养成独立思考的习惯，最终达到自能读书。语文教学中，教师以问题为纽带组织教学活动，即以激发学生产生问题始，以产生新的问题终，就能使学生的质疑品质、怀疑精神和创新能力逐渐得到培养和提高。

◆对学生的习作精批细改，这种敬业精神固然值得赞赏。但如果教师在授之以“欲”，激发学生评改兴趣的基础上，又授之以“渔”，教给评改方法，并授之以“权”，放手让学生自评自改，逐渐使学生养主动评改习作的良好习惯，让学生终身受益，这种教育的智慧更值得赞赏。

第一节　教学建模

“质疑—探究”阅读教学模式

——《大禹治水》课堂实录与评析（三年级）

教材简析

《大禹治水》是北师大教材三年级下册“奉献”单元的一篇主体课文。这个千古流传的神话，主要叙述了上古时代大禹率领民众治理洪水的故事。大禹的奉献精神代代相传，家喻户晓，他成为后世颂扬的英雄。

课文虽然只有短短四百来字，但由于语言极其简练，并善于选取几个典型细节和有代表性的数字，把上古时代发生的一件大事、父子两代人治水的过程写得清清楚楚，把人物的奉献精神表现得淋漓尽致。

设计理念

阅读教学的根本目标不是在于让学生掌握课文的内容，而是让学生养成独立思考的习惯，最终达到自主读书。因此，阅读的本质就是思考，而思考源自疑问，有疑才会有思。

出于这样的考虑，本课的设计主要以“质疑—解疑”为主线，通过对课题的质疑，从整体上把握课文内容，并梳理出学习课文的几个重点问题；通过引导学生抓住重点句子质疑，引导学生采用多种方法解决问题，从而理解课文内容，感受人物形象的伟大。

教学目标

1. 正确、流利、有感情地朗读课文。

2. 学会抓住课题和重点词句提出问题，并逐步引导学生以多种方式探究问题，培养学生的质疑能力。

3. 使学生明白大禹成为人们世世代代敬仰和爱戴的英雄的原因，培养学生的奉献意识。

教学过程

一、激趣导入，整体感知

师：今天这节课我们要学习一个神话故事，题目是《大禹治水》。（板书课题，学生书写练习，提醒学生注意题目中的“禹”字的写法）。请大家齐读课题。（生齐读）

师：既然是神话故事，那课文中提到的神奇的人物和事物都有哪些？请大家自己朗读课文，勾画出他们的名字并记在心中，想想他们“神”在何处。（生自由读书、思考、勾画）

师：谁来说说课文中提到的神的名字？

生：课文中讲到的神奇的人物和事物有鲧、天帝、火神、禹、息壤。

师：（课件出示词语）我们来读一读这些神奇的名字。（生齐读）

鲧、禹、天帝、火神、息壤

师：谁来说说他们“神”在何处？

生：鲧可以把天上的土偷下来去堵洪水，我觉得很神。

生：息壤这种土能自生自长，永远也用不完，也很神。

师：这些神奇的人物和事物之间发生了什么事？谁来简单说说？

生：（略）

（简评：上课伊始，老师抓住文体特点提出初读要求，学生在阅读、勾画的过程中，很快就对课文有了整体的把握，为下一环节学生的质疑活动做了铺垫。这样开门见山的导入，没有过多的铺排，似乎显得平淡了些，但是却激发了学生阅读的好奇心，真可谓是自然而然，不露痕迹。）

二、质疑课题，聚焦问题

师：你们读书很用心，初步体会到了这个故事的神奇。请大家再读题目。（生齐读题目）

师：读了这个题目，你有什么疑问？

生：大禹为什么要治水？

师：你想知道事情的原因。

生：他治水成功没有？

师：你想知道事情的结果。

生：大禹是怎样治水的？

师：你想知道事情的经过。

生：他在治水的过程中遇到了哪些困难？又是怎样克服的？

师：你关注的是大禹怎样克服困难的，也算是事情的经过。

生：课文中都是说的“禹”，题目为什么要叫他“大禹”？

师：你注意了同一个人物在题目和课文中的称呼不同，很会思考哟，厉害！你其实想问的问题是：大禹的“大”大在何处？是吗？

生：……

（根据学生的质疑，教师适时选择板书问题的关键词）

师：（指着黑板上的问题）同学们，你们真会思考，根据题目提出了这么多问题。请大家再想想，哪些问题可以作为学习这篇课文的重点问题？

生：大禹为什么要治水？大禹怎样治水的？大禹治水的结果怎样？

生：大禹的“大”大在何处？这个问题也很重要。

师：很好。那就把你们自己提出的这四个问题作为学习的重点。我们一起读一读这些问题。（课件出示问题，生齐读）

大禹为什么要治水？
大禹是怎样治水的？
大禹治水的结果怎样？
题目中为什么称禹为大禹？

（简评：质疑问难是学生在阅读活动中主动参与学习的重要方法。抓住课题质疑问难是引导学生自主阅读的一种基本的常见途径。老师通过引导学生梳理、归并问题，从而聚焦学习本课的四个重点问题，揭示了本课的学习目标。在这个过程中，学生不仅逐渐学会了怎样提问，而且学会了怎样提出有价值的问题。）

三、层层探究，多元释疑

（一）探究问题 1——大禹为什么要治水

师：请同学们带着这几个问题，默读课文，相信你们自己能读懂这些问题。（生默读、勾画）。

师：我们来一起来解决第一个问题：大禹为什么要治水？课文中哪些段落

写到了治水的原因?

生:第一、二自然段写了大禹治水的原因。

师:大禹治水的原因究竟是什么?

生:(读第一自然段)很久很久以前,洪水淹没了村庄和田野,房屋倒塌了,牲畜被冲走了,庄稼也被冲毁了,人们只好四处逃荒。

师:这是由于自然灾害暴发,洪水淹没村庄,冲毁房屋,所以大禹要治水。请跟老师的提示读这一自然段。

很久很久以前,洪水(生:淹没了村庄和田野),房屋(生:倒塌了),牲畜(生:被冲走了),庄稼(生:也被冲毁了),人们(生:只好四处逃荒)。

师:你们在电视、电影中看到过洪水泛滥成灾的场面吗?你看到了什么?听到了什么?当时你的心情怎样?

生:我看到洪水淹没了农田,冲倒了房屋,人们都无家可归。

生:我还听到有人喊救命,洪水来势汹汹,让人胆战心惊。

生:……

师:所以有洪水猛兽的说法。你们能读出洪水的可怕和凶猛吗?

生:很久很久以前,洪水淹没了村庄和田野,房屋倒塌了,牲畜被冲走了,庄稼也被冲毁了,人们只好四处逃荒。

师:听了你的朗读,我感觉你多么希望这洪水变得温柔一些啊!谁再来读一读?

生:很久很久以前,洪水淹没了村庄和田野,房屋倒塌了,牲畜被冲走了,庄稼也被冲毁了,人们只好四处逃荒。

师:通过你的朗读,我仿佛看到了波涛滚滚的洪水正向我们冲来,太可怕了!我仿佛看到了老百姓拖儿带女地正在四处逃难,真是太可怜了!传说,人们为了避开洪水,把家安在山洞里,像野兽一样的生活;为了避开洪水,人们把家安在大树上,像猴子一样爬上爬下,日子过得很悲惨。我们再来齐读第一自然段,读出洪水的可怕,读出你的同情和担心。(生齐读)

师:还有什么原因促使大禹要治水呢?

生:因为大禹的父亲鲧治水失败,临终时嘱托禹一定要把洪水治好。

师:从一、二两个自然段可以看出,大禹治水有两方面的原因:一是来自自然的,洪水淹没村庄、冲毁房屋;二是来自父亲的,治水不利,临终嘱托。

(简评:老师通过引导学生回忆在影视剧中看到过的洪水泛滥成灾的场面,引发想象,激起共鸣,并结合多种形式的朗读,让学生感受到洪水的危害,加深对课文的理解。)

（二）探究问题2——大禹是怎样治水的

师：是啊！看到洪水带来的危害，想到父亲临终前的叮嘱，大禹坚定了治理洪水的信念。他是怎样治水的呢？这是我们要解决的第二个问题。请大家仔细读一读三、四自然段，用波浪线勾画出课文中的一个句子来回答这个问题。（生小声读书、勾画）

师：谁来读一读自己勾画的句子？

生：禹改变了父亲的做法，带领人们开凿龙门，挖通了九条河，垒起堤坝，把洪水引到东边的大海里。

师：（课件出示此句，学生齐读）

禹改变了父亲的做法，带领人们开凿龙门，挖通了九条河，垒起堤坝，把洪水引到东边的大海里。

师：请同学们自己再轻声地读读这句话，想一想，禹带领人们做了哪些事？你发现了哪几个很重要的词？拿起笔来，在词语下面做个记号。（生看书，边读边画。）

师：我发现有些同学找得又快又好。现在，谁来告诉大家，你找到哪几个重要的词？

生：第一个是“开凿”，第二个是“挖通”，还有一个是“垒起”。

师：真善于读书！有补充吗？

生：我补充一个“引到”。

师：真好！你们真善于抓住重点词来学习。我们一起读这个句子。（生齐读）

师：读了这个句子，你还有哪些疑问吗？（生思考）

生：禹垒起堤坝，那不是反而把洪水挡住了吗？

师：是吗？谁来解答这个问题？

生：禹垒起堤坝，是为了不让洪水四处乱流，他要让洪水朝着一定的方向流到大海。

生：禹刚好只挖了九条河吗？

师：古代的数字“三、九”都不是确定的数量，是用来代表很多的意思。

生：“龙门”是什么地方？是“鲤鱼跳龙门”中那个龙门吗？

师：这个问题可以课后去查一查。

生：禹改变了父亲的做法，请问父亲的做法是什么？他为什么要改变？

师：问得好！你们提出的这个问题很重要，禹改变了父亲的做法，那父亲

的做法是什么？请从课文中找出一个句子来回答。（生读书、思考）

师：禹的父亲鲧是怎样治水的？

生：见到人们受苦，鲧心里很着急，就把天上的土偷下来，去堵塞洪水。

师：（课件出示此句）比较一下，禹和鲧的治水方法有什么不同？

> 见到人们受苦，鲧心里很着急，就把天上的土偷下来，去堵塞洪水。
>
> 禹改变了父亲的做法，带领人们开凿龙门，挖通了九条河，垒起堤坝，把洪水引到东边的大海里。

生：鲧是把天上的土偷下来去堵塞洪水；而禹则是带领人们开凿龙门，挖通九条河，垒起堤坝，把洪水引到东边的大海里。

师：如果用一个字概括他们的治水方法，可以怎么说？用两个字、三个字、四个字呢？

生：用一个字，那就是堵和引。

生：用两个字，可以用堵塞和引到。

师：与堵塞相反的词语还有疏导、疏通等。

生：还可以用三个字，堵洪水、引洪水。

生：用四个字也可以，堵塞洪水、引到大海。

师：（课件出示治水方法，对比引读，积累词语）

鲧：堵	堵塞				堵洪水	堵塞洪水
禹：引	引到	引导	疏导	疏通	引洪水	引到大海

师：禹为了完成父亲的遗愿，汲取了父亲治水失败的教训，变堵塞洪水为引水入海。从这里，我们能感受到禹的聪明才智。（板书：引水入海、智慧）

（简评：面对三年级的学生，老师巧妙地把"抓住重点词句理解课文"的意识渗透在教学过程中，紧扣住重点词句，从整体上说明大禹的治水方法，然后引导学生边读边抓住关键句子定向质疑，再运用对比阅读的方法，进一步引导学生读懂课文，体会大禹的智慧。）

师：要想成功制服洪水，除了要有智慧，还要付出艰苦的劳动。请大家再读三、四自然段，用横线勾画出禹在治水过程中最让你感动的一个地方，想一想，为什么让你感动？（生默读、勾画）

师：我们来说一说哪些地方让人感动。

生：为了治水，禹三十岁才结婚，在家仅仅住了四天，就告别了妻子，使我很感动。

师：（课件出示原句和对比句）读一读这两个句子，注意加点的词语，你会有更深的体会。

> 为了治水，禹三十岁才结婚，在家仅仅住了四天，就告别了妻子。
> 为了治水，禹三十岁结婚，在家住了四天，告别了妻子。

生：我从“才”字体会到禹为了治水，顾不上结婚，很晚才结婚。

师：是的，古代的人们一般在十五岁左右就结婚了，禹三十岁结婚，在当时是很晚的了。

生：我从“仅仅、就”这两个词体会到，禹很晚才结婚，按理说他应该在家多住几天，可为了快点治好洪水，顾不上和新婚的妻子团聚，使人敬佩。

师：这就叫“舍小家为大家”。还有哪个地方打动了你的心？

生：禹治水十年，曾经三次路过家门，却顾不得进去看一看，很令人感动。

师：（课件出示，补充讲述大禹“三过家门而不入”故事）

> 大禹带领老百姓日夜不停地凿山开渠，常常忙得顾不上吃饭和睡觉。一年又一年，他每天到处奔波，一心治水。有一天，大禹经过家门口，他的妻子刚生下孩子。大禹听到孩子哇哇的啼哭声，两眼含着泪花，没有进去探望，匆匆走了。几年后，大禹又经过家门口，见妻子抱着儿子站在门口，儿子挥着小手在叫爸爸。大禹热泪盈眶，深情地望了他们母子一眼，又抓紧时间赶路了。又过了几年，大禹第三次经过家门口，看到白发苍苍的老母亲拄着拐杖站在家门口，儿子也已经十多岁了。他心里一酸，让儿子告诉奶奶，等治好洪水后一定回家，然后就脚不停步地向前奔去。

师：这就是“三过家门而不入”这个成语故事的来历。（板书：三过家门而不入）十年啊，三千多个日日夜夜，难道他不关心自己的家人吗？（生：不是）是他远在他乡，没机会回家吗？（生：不是，他曾经三次路过家门）。三次路过家门都没有进去看看，他下定的是什么决心？

生：不治好洪水，就绝不回家门。

师：为了使老百姓能过上幸福的生活，大禹做出了无私的奉献。（板书：无私）让我们带着对大禹的崇敬之情一起来读这一段。（生齐读第四自然段）

师：我们继续交流，课文中还有哪些地方让你感动？

生：晚上，他常常睡在草丘山冈，天蒙蒙亮就又出发了。从这里，我体会到禹为了治水吃了许多苦头，生活环境十分艰苦。

师：为了治水，禹常常风餐露宿，早出晚归。

生：他的脚长年泡在泥水中，脚跟都烂了，他只好拄着拐杖走路。从这个句子，我体会到禹为了治水，连自己的身体都顾不上。

师：这么大的工程，在漫长的十年中，禹吃的苦远远不止这些。你们想一想：他可能还吃了哪些苦？

生：……

师：为了治水，不知他付出了多少汗水和心血，不知他吃了多少苦，受了多少罪啊！让我们怀着崇敬的心情，读一读这两个句子。（生齐读，师板书：历经千辛万苦、无畏）

（简评：这一环节，老师继续运用比较阅读的方法，重点抓住“才、仅仅、就”等词语，品词析句，链接资源，展开想象，使学生深刻地感受到大禹的无私与无畏。）

（三）探究问题3——大禹治水的结果怎样

师：治水的结果怎样？请同学们齐读最后自然段。（课件出示，生齐读）

洪水终于退了，大地又恢复了欣欣向荣的景象。禹因此成为人们世世代代敬仰和爱戴的英雄。

师：与第一段对比思考，你能想象洪水退后“欣欣向荣”的景象吗？你仿佛看到了什么？仿佛听到了什么？村庄、房屋、田野是怎样的景象？人们呢？请把你想象到的写下来。

（课件出示，生练笔后交流）

洪水终于退了，大地又恢复了欣欣向荣的景象……

生：洪水终于退了，大地又恢复了欣欣向荣的景象。村庄里，人们又修起了漂亮的房屋，到处都是郁郁葱葱的树木。

生：洪水终于退了，大地又恢复了欣欣向荣的景象。你看，草地上，小草绿油油的，还盛开着各种各样的野花，蝴蝶在草地上翩翩起舞。地里长满了庄稼，人们快乐地劳动着。

生：洪水终于退了，大地又恢复了欣欣向荣的景象。校园里，一群孩子正在做游戏，不时传出一阵欢声笑语；田野里，大人们在辛勤地劳动着；树林里，不时传出一阵阵鸟儿唱歌的声音。

生：……

师：面对今天这欣欣向荣的美好景象，这安居乐业的幸福场面，我们不要忘记，是大禹制服了洪水，让大地重焕生机，让人间充满朝气。他不愧是我们尊重和爱戴的英雄。让我们亲切地呼喊英雄的名字，牢记英雄的事迹。

生：(齐呼喊、齐读）大禹、大禹治水、三过家门而不入。

师：请同学们看，谁会把这句话说完整？(课件出示）

因为大禹＿＿＿＿＿＿，所以受到人们的敬仰和爱戴。

生：因为大禹不顾自己，为民造福，为大家治水，所以受到人们的敬仰和爱戴。

生：因为大禹心里只想着帮助别人，所以受到人们的敬仰和爱戴。

生：因为大禹治水十年，三过家门而不入，所以受到人们的敬仰和爱戴。

生：因为大禹为了治水，吃了很多苦，终于治好了洪水，所以受到人们的敬仰和爱戴。

生：……

(简评：在这一环节，词句训练进一步得到了落实。通过与课文开头的对比，老师引导学生想象练笔，训练用关联词说话，使学生既了解事情的结果，也初步感受到禹的伟大。)

(四）探究问题4——题目中为什么称禹为大禹

师：同学们，前面我们根据课题提出了四个问题，还有一个问题：课文中都说的是“禹”，为什么题目中要说是大禹呢？你认为他“大”在何处？请大家想一想，可以和同桌讨论讨论。(生讨论片刻后回答）

生：题目中的“大”是指伟大，伟大的禹，伟大的英雄。

生：题目中的“大”是指高大，是说禹在人们心中的形象很高大。

师：(指着板书）如果请你在这些词语中加上一个“大”字，你会怎么加？

生：大智慧。

生：大公无私。

师：很不错！其实还可以这样说：大无畏、大智大勇；或者这样说：大爱、大爱无疆。让我们再读这两句话 。(生齐读最后自然段）

师：同学们，本单元的主题是奉献。你认为鲧奉献了什么？大禹又奉献了什么？

生：鲧奉献的是生命。

师：也就是说，大禹能治水成功，其中也有鲧的一份功劳。

生：大禹奉献的是智慧，还奉献了自己的爱心，对老百姓的爱心。

师：是的，因为无私奉献，为民造福，因为舍小家为大家，所以才被人们世世代代敬仰和爱戴，所以大禹治水、三过家门而不入的故事，才流传了千百年，而今已家喻户晓。（课件出示大禹的塑像及禹祠、禹陵、禹庙图，生看图片）。

师：有两句名言正好表达了我们此时此刻的感情（课件出示两句名言）。我们一起来读一读。（学生齐读两遍）

有的人活着，他已经死了；有的人死了，他还活着。 爱人者，人恒爱之；敬人者，人恒敬之。

（简评：这一环节的教法很精妙。老师结合单元主题，引导学生体会"大"字的情味感和意蕴感，将课文的人文性渗透于语言文字训练中，自然地凸显出文章的主题。再加上大禹塑像的出示、名言的恰当运用，大禹的高大形象在学生心中立体鲜活地树立了起来，情感得到升华。）

四、回归整体，开放存疑

师：现在回顾一下我们开始提出的四个问题，看这些问题是否都解决了。（课件出示四个问题）

生：解决了。

生：我还有问题不明白。

师：你还有什么疑问？

生：禹在治水的过程中，还有那些感人的故事？

生：课文题目为什么不叫"鲧禹治水"？

生：天帝为什么不自己处死鲧，而要火神去处死鲧？

生：课外书讲的大禹治水，为什么有些与课文中讲的内容不一样？

生：……

师：你看，这节课我们虽然解决了一些重点问题，但现在大家又提出了这么多问题。读书就要这样，把读书和思考结合起来，才能获得一般人得不到的认识。相信同学们在课后会通过阅读和讨论来弄懂这些问题的，有信心吗？

生：有。

师：同学们，在我国历史上，像大禹治水这样的神话故事还有很多很多（出示课件），如愚公移山、精卫填海、嫦娥奔月、夸父逐日、后羿射日、女娲补天……这些都是我们民族文化的一个重要组成部分，你们课后也可以读一读这些故事。（下课）

（简评：老师引导学生紧扣课始提出的问题，在回归整体的同时，再次给学生质疑的机会，让学生带着新的问题走出课堂，把学生的阅读从课内引向课外，凸显了教学的开放。思维是从问题开始的，一个个问题就像一个个小钩子钩住孩子的好奇心，使学生的课外阅读成为一种自觉自愿的心理渴望。）

板书设计

大禹治水

引水入海　历经千辛万苦

三过家门而不入

（大智慧、大无畏、大公无私）

专家点评

探究·互动·自主

——成都市教育学会小语会原会长廖惠渝评点

胡老师在语文教学实践中致力于探索的“质疑型”研读教学模式，是学校生命课堂教学的百花园中绽放的一支“素朴清朗”的教改之花。在探索中，他以“做人少疑，做课多疑”的“人课合一”为指导思想，角度很新颖；他以培养学生的质疑能力和创新精神为实现目标，方向很明确。

那么，在实际操作中，如何遵循这样的思想，达成这样的目标呢？从这节课的课堂实践来看，至少有如下三点可以给我们以思考和启示。

一、全程经历，质疑解难，凸显学习的探究性

“学起于思，思源于疑。”“学贵有疑，小疑，则小进；大疑，则大进。”按照这样的认识，我们的教学过程应该是“生疑—质疑—释疑”的过程，从而使阅读教学成为引导学生积极主动的思维活动，成为一种以问题为纽带而展开的发现和探索。

胡老师的这节课，根据学生的年龄特点和认知规律，按照“激趣导入，整体感知→质疑课题，聚焦问题→层层探究，多元释疑→回归整体，开放存疑”的教学流程，运用引导学生抓住课题质疑、抓住关键词句质疑等分步质疑的策略，采取链接资源、品析词句、对比体会、想象练笔等多种手段分层释疑，使学生在质疑中学习，在学习中生疑，从把握故事情节到体会人物表现和人物品质，从理解文本到表达体会，从学习文本到拓展阅读，循序渐进，使学生对文

本的理解逐步走向深入和深刻，同时也让学生逐步掌握了探究的一些方法和步骤。在这样的过程中，学生经历了"发现问题→提出问题→探究问题→解决问题→再次生疑"的过程，促使学生勇于求知、善于质疑、乐于探究、勤于思索的学习心理和品质的逐步形成。

二、全员参与，讨论交流，凸显学习的互动性

苏霍姆林斯基曾说，教师在课堂上要"注意每个人，关怀每个学生……"这是一条很重要的理念。因此，教学过程应为全体学生提供参与机会，让学生人人参与其中，让不同程度的学生都得到训练和发展，让成功走向每一个学生。

在这节课上，胡老师既重视初读课文时学生与文本的"零距离"，又特别注意引导学生对问题的梳理和探究，通过师与生、生与生的多向对话、讨论交流，促使学生走进文本，进入情境，抓住关键语言文字品读文本，从而理解课文内容，感受人物形象的伟大。这样的教学活动，无论是问题的选择、时间的调控、过程的组织，还是学习结果的交流，都凸显了"质疑型"课堂的互动性，有利于学生在讨论交流中培养悟性，展示灵性，张扬个性。

三、全身投入，多元活动，凸显学习的自主性

众所周知，在一节课的有限时间内，教师只有调动学生的多种感官投入到学习活动中，才能提高学习效率。这节课上，胡老师既组织学生以多种形式读课文，又注意培养学生的学习习惯；既给学生动手勾画、练笔的时间，又让学生动口发表自己的看法。在这样的视、听等器官的多种形式和多种学习活动的自我运动中，始终贯彻了动脑、用心的活动。

实际上，这样的教学正体现了"质疑型"课堂要充分调动学生学习的自主性的特点。在这样的自主性活动中，教师要注意两点：一是学生"有疑问，不轻授，欲其自得"；二是教师要关注每个学生的个体的认识表达，对于学生的个性见解既要充分尊重，又要适当引导。只有这样，才有利于增强学生学习的能动性，有利于提升学生发现问题、解决问题、迁移运用的实践创新能力。

综观整节课，我们不难发现，胡老师的"质疑型"研读教学模式，探究式根本，互动是关键，自主是基础。这样的教学模式值得进一步探索、总结、推广，以让每一个学生都以参与者、竞争者、成功者的生动姿态活跃在课堂上，以切实解决"教会学生如何学习"的现实问题。

“问题—研读”阅读教学模式

——《“扫一室”与“扫天下”》教学设计及自评（四年级）

教材简析

课文叙述了一个真实的历史故事，是根据《后汉书·陈蕃传》的第一节内容改编的，主要讲了东汉时代，青年人陈蕃志存高远，喜好读书，但生活很懒散，连自己的书房也很少收拾打扫。故事的内容耐人寻味，蕴涵着深刻的哲理：人既要顶天立地，又要脚踏实地；实现远大的理想，要从身边的小事做起。

事实上，“大与小”的关系并不像课文讲得那么简单。教学这篇课文，教师应该在学生理解寓意的基础上，抓住课文的导向——劝导年轻人既要树立远大理想，也要脚踏实地做事。否则，好高骛远、眼高手低只会一事无成。

设计思路

《“扫一室”与“扫天下”》是一个真实的历史故事，也是一篇人生寓言。教学中，在让学生对课文内容整体把握的基础上，通过学生质疑，并抓住重点词句释疑，把引导探究与指导读书结合起来，使学生明白“小事”对于“大事”的重要性，体现了生本和生成；注意情境的创设，重视积累与运用，沟通语文学习与生活的联系，在语言训练中适时渗透人文性，体现了生活、生态和生动。

教学目标

1. 正确、流利、有感情地朗读课文。

2. 理解“扫一室”和“扫天下”的特别含义，懂得一个人既要志存高远，又要脚踏实地的道理。

教学重难点

理解“扫一室”和“扫天下”的特别含义，懂得一个人既要志存高远，又要脚踏实地的道理。

教学资源

1. 关于"大与小"的成语、名言。
2.《少了一个马掌钉》的故事。

教学准备

学生：
1. 预习课文，自学生字词。
2. 学生收集关于"大与小"的成语、名言、故事。
教师：制作多媒体课件。
课时安排：两课时（本设计为第二课时）。

教学流程

（课前互动）

教师板书课文中的"寒暄"一词，问："你知道这个词的意思吗?""谁愿意来和老师寒暄一下?"（老师请2或3名学生和老师就天气、衣着等方面进行随意交流）

【模块一】创境诱思，导入课题

1. 填补成语。（出示课件）

你能补充这些成语吗？你发现了什么？（学生补充并说说自己的发现）

因（　）失（　）　以（　）见（　）　（　）不忍则乱（　）谋　（　）处着眼（　）处着手

2. 区分大小。（出示课件）

同学们，在你们心中，哪些事是大事？哪些事是小事？请大家将这些事情按大事、小事分分类。（学生思考、分类）

实现理想、捡起地上的一片纸、考上好大学、 每天坚持锻炼20分钟、做好一次值日、写好一次作业

3. 揭题：今天我们继续学习关于"大与小"的一篇课文，齐读课题：《"扫一室"与"扫天下"》。

（设计意图：教师通过补充关于"大与小"的成语和区分大小事件这两个

问题情境，让学生较快进入思考状态，为课文的学习营造了良好的氛围。）

【模块二】整体质疑，聚焦问题

1. 默读课文。

要求：边读边思考课文主要讲了谁和谁的一件什么事，并在自己有疑问的地方标注问号。

2. 反馈交流。

（1）课文主要讲了什么事？

预设：

①课文主要讲的是陈蕃和薛勤的事。（师：课文究竟讲了他们之间的什么事呢？）

②课文主要讲东汉时代有个青年叫陈蕃，他志存高远，但生活懒散，连自己的书房也很少打扫。一天……（师：能用两三句话说得简单点吗？）

③课文主要讲东汉时代的陈蕃志存高原，喜好读书，但生活懒散，他父亲的朋友薛勤问他为什么不打扫，他说自己要干的是大事，不愿意花心思打扫一间小屋子。薛勤反问他，连小事都不愿意做，怎么能做成大事呢？陈蕃觉得他的话有道理。

④课文主要讲的是薛勤劝陈蕃要做好生活中的小事。（师：好一个劝字，高度概括了课文的主要内容。）

（设计意图：这是问题的继续孕伏阶段，可以使学生对课文内容有整体的认识，更重要的是把课前的疑问和课上的思考结合起来，为下一步提出问题做好铺垫。）

（2）你有哪些疑问？

交流之前，先让学生自己默读课文，尝试自己解决问题，看看哪些问题可以自己读书解决，实在不能解决的，再提出来。（教师板书问题的关键词）

预设：

①陈蕃为什么不愿意打扫自己的书房？

②课文的题目为什么要加上引号？（师：你能抓住标点提问，很细心！）

③“扫一室”和“扫天下”有什么特殊的含义？（师：其实你的问题还暗含着一个问题：这两个词语不加引号是什么意思呢？）

④“扫一室”和“扫天下”有什么关系？（师：你抓住了题目中的“与”字提问，会思考。）

⑤陈蕃后来改正了没有？（师：你想知道事情的结果。）

⑥……

3. 聚焦问题。

交流之后，教师引导学生梳理出本节课要重点解决的几个问题：

(1) 他为什么不打扫书房？

(2) 题目加引号有什么特别的含义？

(3) "扫一室"与"扫天下"之间有什么关系？

(设计意图：亚里士多德曾经讲过："思维是从疑问和惊奇开始的。"一个学生能够提出问题，说明他的思维是活跃的、积极的、主动的，说明他善于联想，具有一定的想象能力，说明他有一种勇气和探索精神，至于大胆质疑的，更是表现其果敢的创新意识，而这一点，是一个创新人才所具备的重要素质。课堂教学中，运用恰当手段，引导学生质疑问难，能激发学生浓厚的思考兴趣和创新思维。然而，学生的问题往往是零散的、参差不齐的，教师引导学生对这些问题进行筛选、整合、排序，形成本课要探讨的重点问题，是不可少的。)

【模块三】立体研读，解决问题

同学们，接下来，请你们准备好，老师一个一个地帮你们解决问题，你们拿笔记下来，好不好？

预设：

①(真的拿起笔准备写答案)好！(师：真的好吗？)

②(疑惑、犹豫)不好！(师：为什么不好呢？)

③如果我们只把老师说的答案记下来，自己没有思考，只知道结果，就没有掌握学习的方法。(师：老师给你两个字——"鱼"和"渔"，你会选择哪一个？为什么？)

④我会选择"渔"，它表示捕鱼的方法，用这个方法可以捕到很多的鱼。(师："鱼"表示结果，而"渔"表示方法。方法比结果更重要。)

⑤……

古人云：授之以鱼，不如授之以渔。授之以鱼，仅供一餐之需；授之以渔，则会终身受用无穷。其实，要自己读书思考，有些问题，你读着读着就会豁然开朗；有些问题需要我们一起探讨。

(设计意图：这是本节课的一个小插曲。有了问题怎么办？学生往往习惯于、满足于通过"别人告诉"来解决。这一环节的设计就是要让学生明白，问题要靠自己解决。)

活动(一)：体会人物形象

1. (屏幕出示)。

自学提示：快速读读课文1～4自然段，思考： (1) 陈蕃是个怎样的人？用“△”标出重点词语。 (2) 你从哪些地方体会到的？请用波浪线画出有关句子。

2. 学生自学后交流。

(1) 说说陈蕃是个怎样的人？(抓关键词：志存高远、生活懒散) 齐读第一自然段。

(2) 你从哪里体会到他生活懒散的？(抽生读有关句子)

(3) 是他没有时间打扫书房吗？那是为什么？(学生读有关句子，屏幕出示重点句)

大丈夫活在世上，要干的是轰轰烈烈的大事业，要扫除的是天下一切不平之事，哪里会花心思去清扫小小的一间屋子呢？

你从中体会到了什么？(在交流中随机抽读、齐读、导读)

预设：

①我看出了陈蕃不打扫的原因是，他要干的是大事，不愿意做小事。(师：有什么样的想法就会有什么样的行动。)

②我读懂了他的志向是“要干的是轰轰烈烈的大事业，要扫除的是天下一切不平之事”。(师：这就是志存高远。有一副对联大家都知道，家事、国事、天下事，事事关心。你们看，陈蕃关心的不是自己的事，不是自家的事，也不是一个国家的事，而是天下事，可见他真的是志存高远。板书：志存高远。)

③我体会到“扫一室”的字面意思是清扫小屋子，“扫天下”的字面意思是清扫除天下不平事。

④我从“满不在乎、理直气壮、得意的神气”这几个词语体会到陈蕃不知道自己错在哪里。(师：老师这里还有几个词语可以用来形容陈蕃——盛气凌人、年轻气盛、好高骛远、眼高手低。)

⑤……

4. 师问生答，朗读对话。

师：年轻人，怎么弄得这么乱呀？为什么不把屋子打扫干净呢？

生：大丈夫活在世上，要干的是轰轰烈烈的大事业，要扫除的是天下一切不平之事，哪里会花心思去清扫小小的一间屋子呢？

(设计意图：让学生自己读书，解决问题，不等于教师“无为”。对于四年级的学生而言，教师设计课堂活动，铺路搭桥，提出"你从中体会到了什么？"这样具有开放性的问题，把学生的自主读悟、交流、朗读结合起来，使其对人物形象有了深刻的感知。）

活动（二）：体会特殊含义

面对这样一个志存高远、生活懒散且不知错的陈蕃，薛勤是怎么想的？又是怎么劝的？默读第五自然段，用横线画出有关句子。（生默读、勾画）

1. 屏幕出示，抽读句子。

此人年少而有大志，但连小事都不愿意做，怎么能做成大事呢？ 年轻人，你连一间小小的屋子都不扫，又怎么去扫天下呢？

（1）练习读出反问句的不同语气。同样是反问句，朗读时这两个句子的语调高低有没有不同呢？看看课文，自己先试一试。（生练读，抽读，齐读）

预设：

①我觉得前一句要小声地读，因为这是薛勤心中想的。（师：请你小声地读一读。）

②我觉得朗读后一句的声调要高一点，因为这是薛勤盯着陈蕃反问的。（师：请你用反问的语气大声地读一读。）

③我觉得朗读后一句的声调也可以小声一点，虽然这是薛勤盯着陈蕃反问的，但小声也能引起陈蕃的思考。（师：有一句话叫"有理不在声高"，请你用反问的语气小声地读一读。）

（2）对比两个句子，说说题目加引号的特殊含义是什么？（生比较回答，师板书：做小事情、干大事业）

2.（屏幕出示薛勤怎么说的句子）你能把薛勤反问陈蕃的这句话，换一个说法吗？（指名回答，生在书上批注）

年轻人，你连一间小小的屋子都不扫，又怎么去扫天下呢？

预设：

①年轻人，你连一间小小的屋子都不扫，那怎么去扫天下啊？（师：还是问的语气，能换成不要问的句子吗？）

②年轻人，你连一间小小的屋子都不扫，是不能去扫天下的。

③年轻人，你连一间小小的屋子都不扫，是扫不了天下的。

（1）（屏幕出示反问句和陈述句）那为什么课文要用反问句呢？（比较，体会，对比朗读）

年轻人，你连一间小小的屋子都不扫，又怎么去扫天下呢？ 年轻人，你连一间小小的屋子都不扫，是无法去扫天下的。

预设：

①用反问句更有说服力。

②因为陈蕃很固执，没有认识到自己的不对，用反问句才能说服他。（师：反问句的语气强烈，能增强说服力，一般用于强调自己的观点。）

（2）课文中还有两个反问句，你能换一种说法吗？（屏幕出示两个反问句，选择其中一个，先同桌说，再指名说）

大丈夫活在世上，要干的是轰轰烈烈的大事业，要扫除的是天下一切不平之事，哪里会花心思去清扫小小的一间屋子呢？ 此人年少而有大志，但连小事都不愿意做，怎么能做成大事呢？

3. 分角色读对话。（出示屏幕，先找出课文中对应的句子，再师生对读文言文，读三遍）

大丈夫处世，当扫除天下，安事一室乎？ 一屋不扫，何以扫天下？

师：大丈夫处世，当扫除天下，安事一室乎？

生：一屋不扫，何以扫天下？

（设计意图：引导学生在自读中比较，是探究问题的重要方法之一。通过比较，学生认识到反问句的强烈语气；通过比较，学生体会到课文题目加引号的特殊含义；通过对比朗读、师生对读等多形式的读书，学生对“做大事”和“干小事”之间的认识已经水到渠成。）

活动（三）：体会人物变化

你们看，他们二人的观点完全不同。陈蕃认为自己要做的是大事，不愿意去做小事；而薛勤则指出了连小事都不愿意做的人，是做不成大事的。那陈蕃接受了薛勤的劝告没有？从哪儿可以看出？（齐读最后一段，同时出示屏幕）

薛勤走后，陈蕃沉思起来，觉得他的话很有道理。

1. 允许老师问一个问题：课文最后一句为什么要用“沉思起来”而不用别的词语？（如想了想、想了一会）说说他可能会思考些什么？（学生思考，展开想象，交流）

预设：

①"沉思"是深入地思考，如果换成"想了想"就不能说明薛勤的话对他震动很大。

②他可能想，我的确做得不对，打扫书房虽然是小事，但小事都不做，怎么能做大事呢？

③我要改正自己的缺点，既要立志做大事，也要做好一些小事。

④……

（设计意图：让学生提出问题，并不排斥老师提出的问题。相反，老师在课堂上不失时机地追问学生，能进一步把学生的思考引向深入，逐渐提高学生思维的品质。）

2. 接下来，他可能会怎么做？从那以后，陈蕃仅仅是注意打扫屋子吗？

预设：

①薛勤走后，他会立即打扫屋子，因为他的屋子很久都没打扫，太脏了。

②陈蕃不光是注意打扫自己的屋子，他还会帮着家人做一些家务事。

③从此，他注意做好生活中的一些小事情细节，真正明白了既要志存高远，又要脚踏实地才能干成大事。（师：老师送你们一句话——细节决定成败，这也是一本书的题目。）

（补充板书：脚踏实地、细节决定成败）

3. 原来的陈蕃志存高远，但生活懒散，后来呢？请你再次评价陈蕃这个人物。（生评价）

预设：

①陈蕃是一个脚踏实地的人。

②陈蕃是一个注意细节的人。（师：是的，他改正了自己的缺点，注意细节，脚踏实地。那他原来的优点还存在吗？该怎样评价？）

③陈蕃是一个志存高远、喜好读书、知错就改的人。

④陈蕃是一个志存高远、脚踏实地的人。

⑤……

（屏幕出示陈蕃的资料。引导学生懂得，他的成功离不开他的志存高远，更离不开注重细节）

陈蕃，字仲举，东汉著名政治家，曾任太守、太尉、太傅等职，为官清正廉洁，刚正不阿，被世人称为"不畏强御陈仲举"。

5. 读板书，用自己的话说说"小"与"大"的关系。（生看板书加关联词

语说）

预设：

①一个人既要志存高远，又要脚踏实地。

②我们现在只有先做好小事，将来才能做成大事。

③……

（设计意图：学生对人物的评价，往往有失偏颇。本环节，注意引导学生学会全面评价人物，并通过介绍历史上对陈蕃的评价，使学生认识到志存高远、脚踏实地对于成功的重要性。）

【模块四】引导自检，延伸探读

1. 课件出示有关古代名言，学生自读、齐读，选一两句背下来。

(1) 合抱之木，生于毫末；九层之台，起于累（lěi）土；千里之行，始于足下。——老子《道德经》

(2) 泰山不嫌细土，故成其大；大海不择小流，故成其深。——李斯

(3) 故不积跬（kuǐ）步，无以至千里；不积小流，无以成江海。——荀子《劝学》

(4) 天下难事，必作于易；天下大事，必作于细。——老子《道德经》

(5) 千里之堤，溃于蚁穴。——韩非《韩非子》

2. 回顾一下，开始大家提出了哪些问题？是哪些同学提出来的？这些问题都解决了没有？怎样解决的？

（设计意图：教师在学生释疑后应进行即时反馈或总结性反馈，对提出有探究价值的质疑者给予真诚的赞扬与肯定，在浅层次的问题上引导学生学会甄别，让学生在学习过程中体验什么样的质疑更有意义，从哪些角度质疑更能拓宽发散性思维。）

3. 再次质疑。还有哪些地方有疑问？鼓励学生自己想办法解决。

4. 推荐阅读关于“大与小”的故事，如本单元语文天地中的拓展阅读《少了一个马掌钉》等。

板书设计

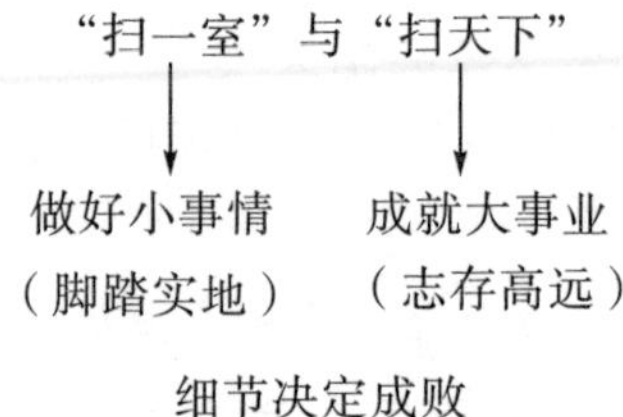

教学反思

"问题—研读"是秉承"做人少疑，做课多疑"的"人课合一"的辩证思想而呈现的教学模式之一。这样的课有诸多难处：

一是问题难以把握，不知道学生会提出什么问题。这要求教师既要深入、全面地解读文本，又要客观、准确地定位学情，从而进行精心预设。二是课堂难以组织、调控。问题提出来了，怎样引导学生解决问题？是这种课型最大的难题。三是课堂平平淡淡，难以出彩，即使有精彩的火花，也可能被有的听课者认为是提前铺垫，难免会有"学生提的是假问题、课堂上是假释疑"等嫌疑。

学生是否提出"假问题"？我认为学生的质疑，要经历从"明知故问的质疑"到"真正的质疑"，从敢于质疑到善于质疑，从"价值不大的质疑"到"有价值的质疑"的过程。学生正是在模仿质疑的过程中，学会质疑的方法，养成质疑的习惯，逐渐学会提出真正的问题。

这就涉及有关质疑的几个问题与维度：

质疑的主体？——老师与学生。

质疑的时机？——课前、课中、课后。

质疑的对象？——教材、教师、作者。

质疑的探究？——开门见山，或顺水推舟，或欲擒故纵。开门见山，即直接回答学生提出的问题；顺水推舟，即顺着学生的问题，引导学生读书、思考，逐步解决问题；欲擒故纵，即看似置学生的问题于不顾，教师"我行我素"，实则"曲线救国"，学生在教师课前预设的学习活动中逐一解决本节课的重点问题。

《"扫一室"与"扫天下"》一课的教学体现了三个特点：

一是基于人文性的工具性。课堂上，体现了从内容到形式的"四悟"，即悟人物形象、悟作者情感、悟课文哲理、悟表达方法。在这个过程中，语文的工具性得以凸显，具有浓浓的语文味，如先概括后具体的写人方法、反问句改陈述句、多种形式的朗读训练、抓关键词语体会等。

二是基于基础性的拓展性。教学中，教师注意开发课程资源，并与课文的学习有机结合，适时而精当。如关于“大与小”的成语、名言的引入与拓展、文言文名句的选用与朗读、人物资料的介绍、课后有关故事的延伸等，使得一篇短短的课文有了厚度和适当的深度。

三是基于主体性的主导性。无论是问题的提出，还是问题的解决，整节课都比较合理地处理了“教师主导”与“学生主体”之间的关系。问题，主要由学生提出，但离不开教师引导学生进行梳理、整合、聚焦，也有教师不失时机抛出学生意想不到的问题；解疑，表面上看是老师按照既定程序组织的教学活动，但不可否认，这些活动的精心预设对于中年级的学生而言，不仅是可行的，而且是必要的。如果让学生漫无目的地去“自学”，没了老师的引导，教师的主导作用何以体现，学生的阅读能力何以得到培养和提高？

当然，我们要培养学生的质疑品质和怀疑精神，但又不是怀疑一切。因此，本人主张：

自主阅读，有一个“疑”字了得。

做人要少疑，做课则要多疑。

“疑思—辩读”阅读教学模式

——《尊严》单元主题阅读教学设计及教学反思（五年级）

教学目标

1. 运用分类比较的阅读方法，培养学生个性化的阅读能力。
2. 丰富学生对尊严多角度的认识和理解。
3. 初步懂得在生活中要用恰当的方式维护尊严。

教学中重难点

1. 运用分类比较的阅读方法，培养学生个性化的阅读能力。
2. 丰富学生对尊严多角度的认识和理解。

教学准备

1. 收集、整理本单元相关学习资料：《胯下之辱》《哈默的故事》《鞋匠的儿子》《弯腰拾起的尊严》。

2. 初读课文，自学生字词语。

3. 理解课文中的人物是怎样维护尊严的。

4. 收集与尊严有关的名言警句。

5. 制作相关的课件、导学案及课堂学习单。

教学时间

一课时。

教学流程

【模块一】整体导疑，走进尊严

1. 揭示主题。"尊严"是七单元的主题，这节课我们再次走进这一单元。(板书主题：尊严)

2. 本单元有8篇课文（屏幕出示课题，学生默看几秒钟），内容广泛，涉及古今中外；体裁多样，有文言文、现代文、诗歌、记叙文等。

> 《囚歌》——叶挺
> 《胯下之辱》——韩信
> 《晏子使楚》——晏子
> 《嗟来之食》——灾民
> 《为了他的尊严》——女主人、断臂乞丐
> 《哈默的故事》——哈默·杰克逊大叔
> 《鞋匠的儿子》——林肯总统
> 《弯腰拾起的尊严》——比尔·撒丁

3. 先背诵《囚歌》，再回顾课文，填补相关句子（屏幕出示以下内容，生补充回答）

《嗟来之食》：（屏幕出示背全文）

《胯下之辱》：（屏幕出示背全文）

《为了他的尊严》：

为了断臂乞丐的尊严，女主人毫不客气地__________。为了自己的尊严，女主人说："______________________。"

《晏子使楚》：

楚王三次侮辱——晏子三次反驳：

钻狗洞——访问狗国才钻狗洞

没人才——下等人访问下等国　做盗贼——楚国社会风气不好

《弯腰拾起的尊严》：

比尔撒丁弯下的是__________，拾起的是__________，挺起的是__________。

《哈默的故事》：

"别看他现在什么都没有，可他百分之百是个富翁！因为。________。"

4. 导问：通过前几节课的学习和刚才的回顾，我们比较清楚地了解了课文中的人物面临的处境以及他们是怎样维护尊严的。

现在，请你凝视单元主题——尊严，看看你还有什么疑问？（生思考大约10秒后提问）

预设：

什么是尊严？为什么以尊严作为单元主题？为什么要维护尊严？……（板书关键词）

5. 聚焦问题：肯定学生的提问，引导抓住重点问题，即什么是尊严？这是我们学习本单元的重点问题。希望通过本节课的学习，我们能对"什么是尊严"这一问题有一些自己的认识和理解。

【模块二】分类比较，辩读尊严

1. 设疑：同学们，其实，要想理解"尊严"这个词语的意思很简单，查工具书就知道了。工具书上是这么解释的——（出示屏幕）

中国：尊严——（1）尊贵庄严；（2）可尊敬的身份或地位。

外国：尊严——自身行为的自重而取得别人对自己的认可。

那我们是不是把这些解释抄下来就可以了呢？（可以？不可以？为什么不

可以？要有自己的理解才好。那怎么办呢？我们还是要从课文中的这些人物身上做文章。）

2. 学思：（出示人物名字）古人云："物以类聚，人以群分。"结合课文中人物的表现，你认为哪些可以分为一类？依据是什么？看通过分类比较，你能否对"什么是尊严"有自己的认识和理解。

叶挺将军、晏子、林肯总统、比尔·撒丁、女主人、灾民、断臂乞丐、哈默、杰克逊大叔、韩信

（提示学生：结合课文中人物维护尊严的言行思考，填写学习单）

出示金钥匙：

<table><tr><td>发表自己的看法，反驳别人意见，都应该说明理由。
说明理由会时，可以使用"因为……所以……""首先……其次……""总之"等词语。
态度要平和，说话不应绝对化。</td></tr></table>

预设：

（1）学生按维护尊严的言行分类（师：面对的情况不同，维护尊严的方式也不一样，有时以智慧的语言可以维护尊严，有时则要靠脚踏实地的行动才能维护尊严，有时甚至要用生命）

（2）学生按人物的处境分类（师：……）

（3）学生按身份、地位分类（师：尊严与身份、地位无关，无论是谁，都需要尊严）

（4）学生按为自己、为他人分类（师：我们每个人都要有尊严地生活，也要让别人有尊严地生活，"己欲立而立人，己欲达而达人"；为自己也为他人，为自己也为民族、为国家）。（板书：自己、他人、民族、国家）

（5）学生把"韩信"单独分类（师：为了维护尊严，有时要针锋相对，有时却要退让三分，忍一时风平浪静，退一步海阔天空；关键是要沉着冷静、审时度势）

（6）学生把叶挺和灾民合为一类（师：为了维护尊严，他们都愿意献出自己的生命，灾民宁愿饿死也不食嗟来之食，叶挺视死如归，相比之下，叶挺的舍生取义、铮铮铁骨更令人肃然起敬）

……

3. 组织交流。先四人小组交流，再请 5 或 6 名学生汇报，其余学生倾听、补充。有时，要坚持自己的观点；有时，要修正自己的观点。无论怎样，只要言之成理即可。教师适时板书，或让学生上台板书。

4. 导疑，或设疑：在刚才的分类比较与交流中，你有什么疑问？（引导学生提出疑问展开讨论；若学生不能提出疑问，则教师设疑，就其中一个问题展开讨论，以加深对尊严的个性化理解）

学生质疑→确定问题→交代学习方式→学生自主思考准备→同桌交流→自由发言→教师小结

预设：

——韩信能从屠夫的胯下钻过去，可叶挺和晏子却不愿从“狗洞”进出，你如何看待他们？

（人物的身份不一样，维护尊严的方式也不同。韩信只代表自己，忍辱负重，是为了将来干一番大事业，如果他把屠夫杀了，他也会偿命的，不值得；叶挺和晏子则不同，不仅是为了维护自己的尊严，还要维护革命者的尊严，维护国家的尊严，如果叶挺投降了，如果晏子钻了狗洞，就会……）

——韩信与灾民，谁受到的侮辱更严重？你对他们的行为是怎么看的？

（韩信受到的侮辱更严重，他能屈能伸，不因为他人的挑衅而杀人偿命；灾民应该想到生命的重要性，留得青山在不愁没柴烧。曾子曾说……）

——尊严和生命相比，谁更重要？（嗟来之食要不要吃？这里的“食”除了指食物，还可以指什么？）

【模块三】自主学创，表达尊严

1. 导创：现在，你觉得把词典上对尊严的解释抄下来是不是最好的选择？（是？不是？）此时，你对“什么是尊严”这一问题是否有了自己的认识和理解？请用一句话表达你的理解，学习自编一条关于尊严的名言。（出示屏幕，老师示范格式）

劳动能创造幸福，也能维护尊严。——语文老师 胡文东

（若学生感到有困难，课出示以下屏幕做提示）

尊严是________	尊严与________无关。
维护尊严需要________	只有________的人才有尊严。
想侮辱别人的人，最终会________	……

2. 学生思考，练笔，写在学习单上。

3. 写完后自读，请学生"开火车"交流，写得精彩的上台板书关键词。（自强不息、自食其力、自尊自爱、舍生取义、机智善辩、能屈能伸……）

【模块四】拓展存疑，丰富"尊严"

1. 同学们，尊严是一个永恒的话题。古今中外，关于尊严的名言警句很多。

——先引读书上名言，再出示屏幕，自读、齐读，选背。

> 爱人者，人恒爱之；敬人者，人恒敬之。——《孟子·离娄章句下》
> 志士不饮盗泉之水，廉者不受嗟来之食。——《后汉书·乐羊子妻传》
> 每一个正直的人都应该维护自己的尊严。——（法国）卢梭
> 施于人，但不要使对方有受施的感觉；帮助人，但给予对方最高的尊重。——刘墉

——出示大写的"人"字和王小波的名言：

> 尊严，就是你走在任何地方，都被当作是一个人物，而不是一个东西来看待。——王小波

2. 本单元课文中，我们认识了许多人物：有正面的，也有反面的；有主要人物，也有次要人物。此时，你想对课文中某一个人物说点什么？或者想对自己或身边的某个人说点什么？建议用上积累的名言。（生思考 1 分钟，再请 5 名学生"开火车"交流，其余学生评价、补充）

3. 引导质疑：你们对"什么是尊严？"这一问题完全理解了吗？问号要擦去吗？（理解不难，关键在于行动，这是要我们每个人要用一生的努力去思考的话题，更要用实际行动去维护）你还有哪些疑问？（学生提问，肯定学生敢于质疑，鼓励他们通过课后阅读、讨论等方式解决。学生带着问题下课）。

板书预设

尊　严

自己　他人　民族　国家

自尊自爱、自强不息、机智善辩、舍生取义

吃苦耐劳、自食其力、不卑不亢、能屈能伸

有理有据、有礼有节、巧妙施舍、将计就计

教学反思

在尊严面前，我和学生共同成长

本周四，四川省课改联盟学校课程建设会在我校如期举行。在专家、领导和老师的指导、支持下，我提供了一节单元主题教学课例《尊严》。

“弱水三千，只取一瓢饮。”一节课，既要体现联盟学本的精神，又要体现学校“疑思”教学模式的特点，是有难度，但并不是不可能，关键有两点：一是找到二者的最佳结合点，这个结合点肯定不止一处；二是要对“疑思”教学模式的精髓有全面深入的认识和理解，这一点至关重要。

一周前的周四下午，几名同事听了我的试讲后，指出：单元整体阅读的精髓是什么？什么样的课是好课堂？上一节课和写一篇文章有没有区别？这些问题的提出以及对于新修订课标的精要解读（挖掘工具性，表现人文性，学生思想得到解放等），使本节课的亮点（如果说有的话）得以呈现。

本节课上，力求在三个地方体现“疑思”：一是课始针对主题尊严的提问，由于是在解决了“处境怎样？怎样维护尊严？”等问题的基础上提问，学生能想到的问题也不多，比如：什么是尊严？还可以怎样维护尊严？这一环节当然也是为了导入下一环节的学习。二是课中，当学生分类、交流后，我再次给学生“疑”的时间：你还有什么问题？我想，要是学生说没有问题，我会进行导疑，激发学生发现矛盾处、疑惑处，实在不行，我会抛出预设的问题让学生讨论。课堂上，有学生提出“嗟来之食”究竟该不该吃？（这个问题在其他班试讲时有学生提出）我随即提升：这个问题的实质其实就是“尊严和生命哪一个更重要”。学生在讨论、发言时，有的结合叶挺、韩信、哈默、断臂乞丐及卧薪尝胆等人物故事发表自己的见解，应该说基本达到了预设的目的。三是即将结课时，我再次问学生还有什么不懂的，并带着对尊严的疑问下课。

课后，专家在给予肯定的同时，提出了这样几点问题：第一，课堂上还不够“乱”；第二，不像之前确定的单元整体阅读课，倒像单元主题讨论课；第三，但又不完全像单元主题讨论课，因为讨论的主题“尊严和生命哪一个更重要”与学本上的讨论主题“尊严是什么”不一致。

对于第一点，我理解的“乱”应该是觉得我的课堂放得还不够吧，我是认同的。对于第二点，我觉得不太认同，我的定位就是单元主题阅读课，其中的辩论环节只是学生阅读活动的一部分，当然不是纯粹的单元主题讨论课了。本节课的教学模式即为"疑思—辩读"，其"辩读"二字应该很能说明问题。对于第三点，我倒是觉得让学生讨论"尊严和生命哪一个更重要"更有意义，而且也更切合学生实际；反之，如要学生讨论"尊严是什么"这样一个话题，相对而言较抽象。其实学生在讨论"尊严和生命哪一个更重要"这一话题时，对于什么是尊严的问题也会有自己的认识和理解。单元主题讨论要围绕主题，而不仅仅是讨论主题，可以是与主题相关的问题。

专家和同行的意见很宝贵，同时，我自己也做了反思。第一，学生活动有的设计还是不够细致，课堂有几个地方学生怎么交流、发言是"跟着感觉走"的，特别是学生争先恐后发言的形式不要用得太多了。第二，学生出乎意料地积极参与，而教师的语言相对不足，学生讨论后我可以不下结论（备课时也未准备），可这样说会好一些：你们想听听老师的意见吗？谁来帮老师总结一下？第三，学生自创名言后的交流时间有限，我可以提示学生在班级博客上发布。

通过这一次上课，对于我自己而言，收获是多方面的。比如，对于学本要创造性使用，而不是亦步亦趋，不敢越雷池半步。在学本讨论会上，我就提出了三点：讨论主题的深入浅出、两个整体同样重要、精读品读不能丢。还有，对于专家提出的"教师的核心能力是设计和组织学生活动的能力"这句话有了更多的思考和理解。这些，对于自己今后的课堂教学水平的提升是大有裨益的。

《尊严》，一节令我值得好好反思、总结的课；

尊严，一个值得我们每一个人深入思考的话题。

回顾和反思，也许没有结论，但我们毕竟已反思过，并将不断地反思。

"疑思—悟创"阅读教学模式

——《我们的错误》教学设计（五年级）

课文简析

这是一首外国儿童诗，它借诗歌的形式，用富含哲理的语言，说明了在人生的道路上认识错误、面对错误、改正错误的重要意义。字里行间，意蕴悠长，很容易使读者一进入课文就产生一种角色置换，仿佛不是在朗读诗歌，却更像是在与自己的心灵进行对话。因此，教学中要让学生反复吟诵。

教学目标

1. 引导学生在反复吟诵中体味、欣赏并感悟这首诗歌的内涵。

2. 抓住唤起学生相似感受的关键语句，启发学生联系自己的实际来丰富对课文中富有人文气息的内容的理解。

3. 积累有关对待错误的名言，学习用简练的语言表达自己的感受。

教学过程

一、导入新课

1. 出示名言警句：

> 人非圣贤，孰能无过？过而能改，善莫大焉。——《左传》
> 过而不改，是谓过矣。——《论语》

2. 学生自读，思考：这是关于什么的名言警句？

3. 导入本课，板书课题：生活中有没有犯过错误？我们应该如何面对错误呢？让我们一起走进外国作家沙班·罗伯特的《我们的错误》，我们来看看他是如何对待错误的？（板书课题，生齐读。质疑：为什么说是“我们”的错误？我们应怎样面对错误？）

二、初读诗歌

1. 自由朗读诗歌，读正确，读流利。

2. 检查朗读情况。指名读，纠正读音 。同桌互读，全班齐读。

3. 学生列提纲，交流。

4. 引读课文：

生活中，我们经常会犯错误，诗人列举了两件很平常的小事（生：齐读第1节）。当我们犯错误以后，该怎么做呢？（生：齐读第2节）。是啊，人生的道路并不是一帆风顺的，勇敢地面对错误，在错误中成长。（生：齐读第3、4节）。

三、精读诗歌，感悟内涵

1. 寻找重点句——诗中有很多句子都很形象、生动。如果要从课文中选择一句作为自己的座右铭来时时提醒自己，你会选择哪一句？请画上波浪线。

（交流：自己选择的句子，齐读句子。）

2. 质疑重点句——针对这些句子，你有什么问题？（问自己、问同学、问作者）

3. 品读重点句——反复品读其中自己最欣赏的一个句子，结合实际，批注自己的理解、联想。

4. 欣赏重点句——交流读书体会。（教师适时给发言精彩的学生送上名言条。）

预设：以下是学生对文中关键词（句、段）可能会有的体会：

(1)"失败也可能是成功之母。"

（这句话很多学生都耳熟能详，但是未必真正做过深入的思考，理解这个句子可以涉及以下问题：在什么情况下失败是成功之母？什么情况下会一错再错？补充从失败的教训中崛起的人和事情，深化认识。）

(2)"可怕的不是错误，可怕的是错误地对待错误。"

（错误不可怕，可怕的是文过饰非、讳疾忌医。吃一堑，长一智，也就是告诉我们犯了错误，要接受教训。在哪儿跌倒，在哪儿爬起。在日常生活中，对待错误，要做到早知道、早改过，才能轻装上阵；错误使人发展，错误使人进步，虽然人们总是渴望不断成功，但是，客观现实总是挫伤着人们的意志，考验着人类的品德，给人们开着或大或小的玩笑。正确面对，错误往往导引着人们的成功之路。）

(3)"错误是必修的一课，每个人都要细细读。细细读啊，把它读通，读通它啊，你才会成熟。上好人生这一课啊，你将永远不会糊涂。"（引导学生体会作者语重心长的叮嘱，有感情地朗读体验。想一想作者说这些话时，心里想的是什么？他还担心年轻人什么？听了这些话，你有什么感受？）

师：在生活中，错误总是令人讨厌，让人灰心丧气，错误不会像辉煌的成绩那样让人兴高采烈，但是，诗人却告诉我们错误是人生必修的一课，所以，如果我们能正确面对错误、认识错误，反而会让我们少走弯路，早日走向成熟，走向成功。

5. 背诵重点句——比赛、默写。

6. 创写重点句——学了这篇课文，你有什么启发？老师学了课文也有很深的体会，用一句话概括（出示例子）。你能也用一句话概括吗？试一试。（学生思考、改编、交流，请学生上台板书）

错误是人生进步的阶梯。——语文老师　胡文东
只有正确面对错误，才能走向成功。
——未来的×××　×××

四、拓展积累，学用结合

1. 今后，我们要怎样对待自己的错误？怎样对待别人的错误？学生交流。

2. 送大家几句名言，抽生读 P71“语文园地”名言，齐读。

3. 你还知道哪些名言？（请课堂上得到名言条的学生读名言）师补充名言，出示有关“错误”的名人名言，生读、抽读、齐读，选 1~2 句写在书上。

最大的失败是失败了不觉悟。——卡莱尔
错误是不可避免的，但是不要重复错误。——周恩来
只有什么事也不干的人才不会犯错误。——列宁
错误常是最好的老师。——谚语
如果你对一切错误关上了门，那么真理也将把你关在门外。——泰戈尔
尽可能少犯错误，这是人的准则；不犯错误，那是天使的梦想。——雨果
我的最重要发现是由失败给我的启发。——戴维
一个人在科学探索的道路上，走过弯路，犯过错误，并不是坏事，更不是什么耻辱，要在实践中勇于承认和改正错误。——爱因斯坦

五、延伸思考，链接生活

1. 你记忆最深的一次错误是什么？当时是怎样处理，结果怎样？学了这篇文，你觉得当时处理得好吗？今后你打算怎样面对错误？

2. 收集更多的名言和伟人面对错误的故事，并尝试在生活与学习中运用。

“抛砖—引 yu”习作教学模式

——《看哑剧表演》习作教学实录及教学断想（四年级）

课　例	《看哑剧表演》习作教学设计	班 级	四（2）
模式名称	“抛砖—引 yu”习作教学模式		
模式流程	互动，引入课题→欣赏，动之以“欲”→提问，启思悟“渔”→取舍，下水捕“鱼”→评改，琢璞成“玉”→提升，链接生活		
模式特点	“抛砖—引 yu”习作教学模式对于中年级学生而言，目的在于让学生“乐于书面表达，增强习作的自信心，愿意与他人分享习作的快乐”，引导他们“观察周围世界，能不拘形式地写下自己的见闻、感受和想象，注意把自己觉得新奇有趣或印象最深、最受感动的内容写清楚”，并“学习修改习作中有明显错误的词句”。 本模式具有如下四个特点： “欲”——重趣味：“知之者不如好知者，好之者不如乐知者”反映了浓厚的兴趣对于学习的重要性，习作也是如此。为此，真实、生动、具有诱惑力的说与写的情境的创设，显得十分重要。学生课堂表演，或观看精心选择的视频等情境是激发学生习作欲望的不二法门。 “渔”——重方法：“授之以渔，终生受用无穷。”教给学生习作的基本方法，让他们自己学会观察，学会表达，是我们教学的最终目的。 “鱼”——重体验：虽说“授之以鱼，仅供一餐之需”，但并不能否定“鱼”的重要作用，有“渔”而无“鱼”的现象并不乏见。 “玉”——重欣赏：学生下水所捕的“鱼”，或大或小，我们都应以欣赏的眼光对待，把它看成一块璞，需要教师带领学生共同欣赏、琢磨，才能变成一篇篇如精美玉石般的文章。 本模式中的“抛”涉及“抛什么砖”“怎样抛”“什么时候抛”“抛砖后教师和学生还要干什么”等诸多问题，正是本人正在或将要进行深入研究的问题。		

续表

<table>
<tr><td>教学设计</td><td>
课题：《看哑剧表演》习作教学设计
学情分析：
小学中段学生还不完全具备通过感情的追忆，唤起对过去经历的热情和体验，而游戏、表演常常使孩子的神经系统处于兴奋状态，容易激发写作的热情，因为刚刚发生的、在大脑皮层还留有极为深刻的印痕便于感情追忆。为此，习作教学中给他们提供一段生动、有趣的表演，给他们造就一段“生活”，然后再引导他们“趁热打铁”，从自己的角度记下所见、所闻和所感，既避免了他们难于进行感情追忆的弱点，又可使其较轻松地落笔，记叙即刻发生的事情，弥补了小学生“懒”于、难于搜索感情和形象材料的不足。
教学目的：
一、通过观看哑剧表演，巩固观察方法，提高学生观察人物动作、表情的能力，进一步激发学生观察的兴趣。
二、通过即兴片段的写作，引导学生有序、具体、生动地把自己的所见、所闻、所想表达出来。
三、继续培养学生修改习作的能力，学会欣赏他人的习作。
教学重难点：
引导学生有序、具体、生动地把自己的所见、所闻、所想表达出来，学会欣赏、修改习作。
教学准备：
制作相关的课件。
欣赏、积累描写人物动作的词句。
教学时间：一课时。
教学过程：
一、师生互动，引入课题
请伸出你的手指来，我们来做一段大脑保健操。老师的手势你们能看懂吗？
教师板书“看哑？表演”，用手势请同学填充“？”。要是学生填写错“？”，教师就使劲摇晃小手指表示“错”；若学生写出“看哑剧表演”，教师就竖起大拇指表示赞同。
二、欣赏哑剧，动之以“欲”
今天，老师给大家带来了一个哑剧表演。除了想给你们带来快乐之外，还有一个目的，猜猜看是什么？（生：学习写作文、学会观察）。观察时注意看什么？（生答，师板书）
专心看：动作、表情。
细心听：声音。
用心想：猜想、联想、感受。
欣赏视频。（教师播放视频，学生观看视频）
三、回顾情景，启思悟“渔”
1. 整体把握。
问：看懂了吗？表演的是什么？（生：举重）
师介绍：这是20多年前，喜剧演员王景愚在中央电视台春晚表演的哑剧。
</td></tr>
</table>

续表

	你们都笑了，为什么笑？（学生用一个词概括说说自己的感受） 刚才的举重表演，可以分为哪几个阶段？（根据学生的回答，理清其过程并板书：举重前—举重时—举起后） 在每一个阶段，你观察到哪些动作或表情？请填写在表格里。 （学生填写后，同桌交流） 2. 说中得法。 （1）引导说具体。 刚才的表演，你感到印象最深、最有趣的地方是什么？举重前的动作和表情怎样？举重时呢？举起之后呢？ （引导学生说具体，用词准确，教师板书相关动词） 师：你们个个都是高明的摄影师，能抓住一些特别精彩的细节，如表演者的一系列的动作、一个表情，按先后顺序说出来。 （2）引导说生动。 在观看的过程中，你想到了些什么？（生说自己的内心活动） 3. 再看视频。 **四、学会取舍，下水捕“鱼”** 令人遗憾的是，网上没有任何介绍这精彩表演的文字。如果你能用你的笔描写下来的话，说不定可以当一回真正的解说员。同时，要是把这些写下来，就是一篇精彩的作文，会让你的伙伴呀，家人呀，以及更多的人分享你的快乐。想写下来吗？ （出示屏幕） 1. 习作要求：（限时10分钟） ——选取哑剧表演中自己最感兴趣的内容写一个片段。 ——注意把演员的动作和表情具体、有序、生动地写出来，同时写出自己的心理活动。 ——写完后自己读一读、改一改。 2. 学生动笔即兴写片段，教师关注学生的完成情况。如有学生先写完，教师提示先自己默读、修改。 **五、引导评改，琢璞成“玉”** 1. 自读自改。 提出要求：朗读自己写的片段并修改。 2. 交流欣赏。 请1～2名学生向全班同学朗读自己写的片段。以“开火车”的方式朗读自己习作中的精彩句子。 **六、总结提升，链接生活** 1. 总结引导。 我们不但要读有文字的书，也要读生活这本没有字的书，做生活的有心人。正如有人说的：生活中处处都可以学习语文。（出示：生活处处有语文） 让我们用善于发现的眼睛、乐于思考的大脑、勤于动笔的双手，记录我们的观察、发现和思考。 2. 课后延伸。（屏幕出示要求） （1）把片段补充、修改成一篇完整的习作，并读给同学或家人听，请他们发表意见。

续表

<table>
<tr><td></td><td>（2）和他人一起练习表演更多的哑剧，注意观察、体验。
板书设计：
哑剧表演
专心看：表情、动作　　　　举重前：比肌肉
细心听：声音　　　　　　　举重时：抓、提、举
用心想：猜想、想象、感受　举起后：跳、扭、摔</td></tr>
<tr><td>教学实录</td><td>**一、师生互动，引入课题**
师：同学们，今天上课你们有没有带什么宝贝来？
生：（愕然，不理解）
师：其实，你们都带了宝贝的。有人说：人有两件宝，双手和大脑。请伸出你的手，我们一起来做一段大脑保健操。你知道这些手势表示什么意思吗？（老师先后做表示数字2、胜利、ok、竖起大拇指、暂停等手势。）
生：（学生跟着做，并说出表示的意思）
师：来一个难一点的。（教师转身板书“看？剧”，用手势请同学填充“?”）
生：（上台补充成“看课本剧”，教师使劲摇头表示“错”）
生：（上台补充为“看哑剧”，教师竖起大拇指表示赞同）
师：刚才，老师和两名同学合作表演的就是一个最简单的哑剧。你发现哑剧有什么特点？
生：哑剧表演者不说话，只用动作、表情，让别人明白其中的意思。
二、欣赏哑剧，动之以“欲”
师：今天，老师就给大家带来了一个非常精彩的哑剧，想看吗？
生：想！
师：观看哑剧表演，要特别注意看什么？
生：要注意观察表演者的动作和表情。
生：还要注意听声音。
师：哑剧表演者不说话呀，听什么呢？
生：要注意听观众的声音。
师：对！我们也是观众，待会观看时要注意同学们中间会发出什么声音。
生：还要注意体验自己观看时的心情怎样。
（根据学生的回答，教师先后板书）
看：动作、表情
听：声音
想：
师：同学们，现在你就是摄影师，你的眼睛就是摄像机，请开动你的大脑，睁大眼睛，把那些精彩的镜头看在眼里，记在心里。各位摄影师，准备好了吗？哑剧演员马上就要出场了……
（播放视频：哑剧表演《举重》，时间：3分钟）
三、回顾情景，启思悟“渔”
师：我注意到了，刚才你们观看发出了一次又一次笑声。都看懂了吗？哑剧演员表演的是什么？
生：看懂了，他表演的是举重。（板书：举重）</td></tr>
</table>

续表

	师：你觉得他表演得怎样？ 生：明明没有杠铃，可他表演得给人的感觉好似真的有杠铃，太精彩、太逼真了。 生：他表演的是举重太夸张，太搞笑了，太滑稽了…… 师：这是很多年前，喜剧演员王景愚在中央电视台春晚表演的哑剧，为了方便，我们给他起个名字吧。 生：老王、小王…… 师：这样，我们就称他为"大力士"，好吗？（板书：大力士） 师：我们平时说到比赛、游戏之类的活动，一般都有活动前、活动时、活动后三个阶段，那刚才大力士表演的哑剧，可以分为哪几个阶段？ 生：可以分为举重前、举重时、举重后三个阶段。 （根据学生的回答，教师板书） 举重前 举重时 举起后 师：各位摄影师，我相信，在表演的每一个阶段，你们一定拍摄了许多精彩的镜头。请问：在举重前、举重时、举起后，大力士是怎样表演的？最好能用上一些表示动作的词语。 生：（和同桌说） 师：说说你抓拍到哪些镜头？ （学生回答，教师板书） 举重前：展示肌肉、抹、搓 举重时：蹲、抓、提、举 举起后：跳、扭、摔 师：（指板书）如果有人就这样向你介绍大力士的精彩、逼真、夸张、搞笑的表演——今天，老师让我们看了一个哑剧表演，名字叫举重。举重前，大力士先展示肌肉；举重时，只见大力士蹲下去，一抓，一提，一举，终于把杠铃举起来了；举起后，杠铃竟然飞起来了，他又跳上去抓住杠铃，扭动着身子，跳起了舞蹈，不知怎么回事，最后他摔倒在地。——你满意吗？你会有什么不清楚的地方？请提出你的疑问。 生：大力士是怎样展示肌肉的？ 师：你想问，他展示了身上哪些地方的肌肉？ 生：大力士举重前抹了什么？ 生：举起之后，大力士做了些什么？结果呢？ 师：你想问，举起之后，大力士是怎样表演的？ 生：大力士举了几次？是怎样举的？结果怎样？ 师：你关注的是举重的过程。还有问题吗？ 生：大力士表演时想了些什么？ 师：他想了些什么？我们不知道呀？怎么办？ 生：可以根据他的动作、表情去猜测呀。 师：说得真好！（补充板书：猜想、联想……） 生：还可以说说观看表演时自己的心情。

续表

	师：千万不要忽略了自己哟。有的同学在说话、习作时，往往只说别人做了什么，说了什么，不说自己，胡老师给取了个名字，叫作“舍己为人”。习作中的这种做法肯定不好，怎么办？（生说，教师补充板书：疑问、联想、感受……） 师：在观看表演的过程中，当看到大力士的一些动作、表情时，你想到了些什么？听到了什么？同学们有什么反应？你可以把自己看到的、听到的、想到的结合在一起说，别人就清楚了，就会觉得这样的表演真的很精彩。 **四、创设情境，下水捕“鱼”** 师：多么精彩的表演。令人遗憾的是，到现在为止，我还没有找到描写这个哑剧表演的文字，连网上也没有。你们想不想打破世界纪录，成为“举重”项目的世界冠军，并让更多的人分享你的快乐？那要怎样做呢？ 生：写下来。 师：对！有时我们看到的、听到的、想到的就像一阵风，如果不赶紧抓住，不赶紧写下来，它就溜走了。由于课堂上的时间有限，咱们今天就先不写全文了，只写一个片段。（出示屏幕，请一学生读提示） 温馨提示： ——选取其中自己印象最深的内容，写一个片段。 ——注意把演员的动作和表情写得具体、生动，同时写出自己的一些想法。 师：万事开头难。为了降低难度，这里老师提供几个开头，供你选择。（屏幕出示） ——伴随着欢快的音乐，大力士上场了…… ——大力士装模作样地抹了一下什么，搓了搓手，准备举重了。你看…… ——失败是成功之母。大力士并不灰心，他…… ——大力士费了九牛二虎之力，终于把杠铃举起来了…… 师：你可以从开始写起，也可以从中间写起。给10分钟时间，要一气呵成，不会写的字用拼音代替，不要为一个字打断思路，时间一到我们就停笔，看谁是最先打破世界纪录的人。 （学生动笔即兴写片段，教师关注学生的进展情况） **五、引导评改，琢璞成“玉”** 师：约定的时间到了。请写完片段的同学举手。 生：（大约有近一半的学生举手） 师：祝贺你们，都打破了这个项目的世界纪录，都可以称得上是描写举重表演的世界冠军。没有写完也没关系，你们离世界冠军也不远了。哪位同学来展示一下自己的片段？ 生：（1名学生读自己的习作）…… 师：……谁再来展示一下？ 生：（又一名学生读自己的片段）…… 师：由于时间关系，我们挑出自己习作中最精彩的句子来和大家分享。 生：（读精彩句子）……

续表

<table>
<tr><td></td><td>

六、总结提升，链接生活

师：时间过得真快。请同学们课后把片段补充、修改成一篇完整的习作，并和他人分享，请他们发表意见。（出示屏幕）

课后延伸：

1. 把片段补充、修改成一篇完整的习作，并和他人分享，请他们发表意见。

2. 和他人一起，表演或欣赏更多的哑剧，在快乐中观察、体验。

师：一个哑剧，对于一般的人来说，看一看、笑一笑就算了。而我们呢，不但获得了精神上的愉悦，还写出了一段段精彩的文字。可见，学习语文除了读书写字，还有很多渠道，比如看电视也能训练我们的语言表达能力，关键你要做个有心人。（课件出示：生活处处有语文）让我们用善于发现的眼睛、乐于思考的大脑、勤于动笔的双手，记录我们的观察、发现和思考。
</td></tr>
<tr><td>教学断想</td><td>

“四重”并举，序列推进

——关于“抛砖—引 yu”习作教学模式的断想

写作能力是学生语文素养的综合体现。然而，学生的写作能力不是与生俱来的，需要教师给予必要的指导。新课程标准指出，写作教学应贴近学生实际，让学生易于动笔、乐于表达，应引导学生关注现实，热爱生活，积极向上，表达真情实感。在写作教学中，应注重培养学生观察、思考、表达和创造的能力。要求学生说真话、实话、心里话，不说假话、空话、套话。为此，本人构建了“抛砖—引 yu”习作教学模式。其流程为：

互动，引入课题→欣赏，动之以“欲”→提问，启思悟“渔”→取舍，下水捕“鱼”→评改，琢璞成“玉”→提升，链接生活

一、模式的构建

本模式中的“抛砖”涉及以下问题：“抛什么砖”“怎样抛砖”“抛砖后教师如何引”……这些问题是本人正在或将要进行深入、系统研究的问题。

思考之一：“四重”的内涵是什么？

即重情趣、重方法、重练习、重评改。

思考之二：抛什么砖？

我认为主要是兴趣之砖、方法之砖、例文之砖。

思考之三：抛砖后教师如何引？

我认为主要是说中引、文中引、评中引。

思考之四：怎样抛砖？

年段不同，“抛砖”的策略应随之变化

年段：低→中→高
重点：（重仿说）→（仿说仿写并重）→（创说创写）
形式：（游戏、活动）例句→（活动、片段）→（活动、例文）
“欲”：强→强→强
“渔”：弱→中→强
“鱼”：句→段→篇
“玉”：收→放
</td></tr>
</table>

续表

	二、课堂的实施 本节课基本体现了以下四个特点。 1.“欲”——重趣味： 教学中，有三个地方注意了激发学生的兴趣：一是开课时师生的互动；二是视频的播放；三是练写片段前“争当描写举重冠军”的情境创设。 2.“渔”——重方法： 本课的教学中，主要教给（或巩固）学生以下的学习方法：观察的方法，抓住关键词语描述人物动作的方法，写（说）具体的方法，把自己看到的与听到的、想到的结合表达的方法，评改习作的方法等。 3.“鱼”——重体验： 授之以“渔”的在最终目的在于让学生能捕到“鱼”。课堂上，在10分钟时间里，大部分学生完成了一个片段。为了避免学生都从开头写起，在开头之处花太多的时间，教师给学生提供了四个开头的提示，让学生迅速落笔，即： ——伴随着欢快的音乐，大力士上场了…… ——大力士装模作样地抹了一下什么，搓了搓手，准备举重了。你看…… ——失败是成功之母。大力士并不灰心，他…… ——大力士费了九牛二虎之力，终于把杠铃举起来了…… 4.“玉”——重欣赏： 教学中，在让学生自己朗读、修改后，教师组织学生进行了交流。先是两名学生完整地朗读了自己写的片段，然后是请学生读精彩的句子和大家分享。虽然时间不多，展示的学生有限，但给学生一个导向，首先要学会欣赏自己或他人的习作。 **三、课后的反思** 回顾本节课，反复观看课堂录像，发现有许多令人遗憾的地方需要改进。 1. 课堂预设的实施。课堂上，很多地方与预设不一样，说得好听是生成的地方多，说得不好听是预设不够精细、不够恰当、不切合实际。 比如，在评改这一环节。本来是这样预设的：自读自改、生读师评、同桌互改、生读生评、欣赏精彩句子。显然，这样的预设虽然很美，但没有考虑时间因素，实施起来大打折扣。 再如，在写片段之前的指导，我预设了两个环节： 一是“问”具体。让学生主要围绕“怎么样”提问，主要是引起大家思考和回忆，只问不答。而事实上，由于要求不明确，学生很想回答，教师只好让学生补充回答。 二是“说”生动。主要想让学生不仅说自己看到的，还要把自己想到的表达出来。但学生在上一个环节就已经提出这方面的问题了。可见预设的实效性不够。 2. 教师语言的锤炼。以前上公开课，常常要把教师的语言做细致的处理，但后来看了孙双金对教学语言的论述，他针对当前教学语言书面化、文学化倾向严重的问题，提出教学语言应该口语化、儿童化、生活化。受此影响，我觉得可以随意一些。但给人的感觉是比较零碎，甚至不太恰当。比如：

续表

	"有杠铃谁不会举，没有杠铃能举起来那才是本事。"（这句话应这样说："有杠铃能举起来那是大力士，没有杠铃能表演得如此逼真那才是真正的艺术家。"） 虽然预设了一大段结束语，但由于下课铃声响了，时间有限，慌忙中，教师的总结语显得语无伦次，没有抓住重点。可见总结语只写在纸上，还没有内化成教师自然而然的语言。这也反映出教师的语言准备不够充分。 3. 课堂氛围的营造。虽然提供的视频很有意思，能引起学生的兴趣，教师也想通过一些幽默的语言营造轻松的课堂氛围，但总觉得显得沉闷。

"一问一课一法一文"教研行动模式

——以《圆圆的沙粒》为例（三年级）

语文校本教研活动中，学校提出"从教学问题中生长教研主题"的研究理念，实施了"三级问题分解""三步研究策略"，构建了"一问一课一法一文"的教研行动模式。"三级问题分解"即学校提出全校研究主题，教研组进行二级分解，教师个人进行三级分解。"三步研究策略"，即第一步专题学习，第二步实践研究，第三步反思总结。不同专题的研讨、不同课型的研讨、不同模式的建构、不同课时的研讨、不同目的观课议课、有针对性的课题研究等活动，有效促进了教师教学水平的提升。

这里以本人执教的三年级《圆圆的沙粒》一课为例，具体呈现这一教研行动模式。

学校研究主题	"生命课堂"教学实践研究
教研组关注问题	三年级起步作文教学的有效性
教师个人关注问题	读写结合，写好起步作文
教研课类型	阅读教学课

续表

教学设计	**教材分析：** 《圆圆的沙粒》是三年级语文上册第十单元“奇妙的海底世界”的一篇童话故事。课文采用对话的形式叙述了一颗圆圆的沙粒不被同伴们的议论所动摇，钻进蚌壳里，几十年后变成了一颗闪闪发光的珍珠，说明朝着预定目标坚定不移地努力就能实现美好的愿望。这篇童话故事人物形象鲜明、生动，对白极富儿童情趣，特别适合学生结合自己的生活探究性、创造性阅读。 **教学目标：** 1. 认字6个，写字8个，继续练习独立识字。 2. 积累自己喜欢的词句，并利用学过的方法，运用多种方法理解“真诚、嘲笑、坦然、牢狱、动摇、议论纷纷、风和日丽”等词语在课文中的意思。 3. 指导学生按分好的段落，理解每段的内容，学习概括段意。 4. 想象沙粒在蚌壳里度过的漫长岁月，领悟“只有朝着预定的目标坚定不移地努力才能实现愿望”的道理，从而激励学生朝着目标，奋发前进的积极态度。 5. 有感情地朗读课文。 **教学重难点：** 1. 指导学生按分好的段落，领悟每段的内容，学习概括段意。 2. 想象沙粒在蚌壳里度过的漫长岁月，领悟“只有朝着预定的目标坚定不移地努力才能实现愿望”的道理，从而激励学生树立目标，奋发前进的积极态度。 3. 有感情地朗读课文。 **教学准备：** 老师准备：珍珠和沙滩图片、写好生词的小黑板、学生每人一小张仿写提示单、小诗及格言、听课教师观课议课表。 **学生准备：**课前特意未安排预习。 **课时安排：**两课时。 **教学过程：** 第一课时 **一、创设情境，激趣导课** 1. 同学们，老师这里有两样东西（出示沙滩和珍珠的图片，或者直接出示两个词语），如果要你形容其中一样事物，你会赞美谁？说说理由。（珍珠：熠熠闪光、光彩照人、光滑柔亮、绚丽夺目；沙粒：黯淡无光、普普通通、不起眼） 2. 今天，我们来学习一篇课文，学习之后，也许你们会改变自己的看法。赶快翻开书99页，我们来学习童话故事——《圆圆的沙粒》。（板书课题） **二、自学课文，整体感知** 1. 提出要求：画出生词，读准字音，朗读课文，标出段落。 （板书要求：画生词，读正确，读课文，标段落） 2. 学生自学。 3. 检查自学情况。

续表

<table>
<tr><td></td><td>
（1）课文有多少个自然段？（第 9 自然段的省略号单独作为一段）
（2）读准生字词的读音了吗？（出示小黑板上的生词，指名读）说说哪几个字容易读错？
（板书多音字“缝”）。
坦然、牢狱、裂缝、海潮、嘲笑、猛然、蚌壳、逝去、异想天开、议论纷纷、风和日丽
（3）能把课文的句子读通顺吗？（抽学生每人朗读一个自然段）
4. 扩展题目，说说课文讲了什么事情？能从词语中选择几个把这件事情说得更清楚些吗？
圆圆的沙粒____________________。
三、直奔结果，引导质疑
1. 学习课文 10～13 自然段。
（1）问：从课文的哪个自然段可以看出沙粒已经变成了美丽的珍珠？有哪些词语？赶快在课文里找找。（默读后，学生交流句子或词语，相机指导朗读）
——我从“珠光闪闪”知道这颗珍珠非常美。
——我从采珍珠的姑娘惊喜的高声赞美知道的，采珍珠的姑娘见过很多很多美丽的珍珠，一般的珍珠她都不稀罕了，她能惊喜地叫道“多么美丽的珍珠啊!”那肯定是她从来没见过的最美的珍珠！（读出小姑娘的惊喜之情）
——我从沙粒们看见奇异的光彩，不敢相信那就是圆圆的沙粒变成的，知道这颗珍珠美得惊人！
（2）练习归纳段意：这段主要讲什么？
2. 读了这部分，你有什么问题要提出来？
（预设）学生可能会有以下疑问：圆圆的沙粒为什么要变成珍珠？它为什么能变成珍珠？它在蚌壳里是怎样度过几十年的？沙粒是怎样变成珍珠的？……（学生边提问，教师边选择板书）
3. 梳理问题，确定下一节课学习的重点。（前三个问题）
四、课堂练习
观察田字格里的生字，特别是那几个字最难写的字，看你有什么办法把它写正确、写漂亮。（学生观察，书写）
第二课时
复习引入：
课文主要讲了一件什么事情？
五、学习课文 1～5 自然段（引导解决第 1、2 两个问题）
1. 激发学生解决问题的兴趣。
2. 问：这两个问题可以在课文的 1～5 自然段找到答案。细心读 1～5 自然段，边读边思考，用波浪线画出写圆圆的沙粒的句子。（学生自主读书，勾画）
3. 交流：（随学生的回答）出示句子—读句子—体会重点词语—读出感情。
请学生读一读画出的句子，你读明白了什么？
——我从“我要变成一颗珍珠，成为有用之才”，读懂了这颗圆圆的沙粒有美好远大的理想。
</td></tr>
</table>

续表

——我从“一颗圆圆的沙粒十分真诚地向同伴们说”读明白了这颗圆圆的沙粒已经仔细地想好了，下定了决心要变成有用之才，不是随随便便说的。

——我从“圆圆的沙粒已经下定了决心，坦然地钻进蚌壳里”读明白了这颗沙粒不在乎别人的议论和嘲笑，已经拿定了主意。

——我从“圆圆的沙粒在蚌壳里听得清清楚楚”也不动摇，发现这颗圆圆的沙粒不在乎别人的风言风语，非常坚定。

4. 同伴们是什么样的反应呢？（引导学生体会嘲笑和议论纷纷，补充省略号的内容）

5. 男女生分角色朗读。

6. 小结，练习归纳段意：这段主要讲什么？

六、学习课文第 6~9 **自然段**（引导解决第 3 个问题）

1. 过渡：沙粒变成珍珠要多长时间？从哪儿看出的？（学生交流重点词）

2. 朗读 6~8 自然段。读出时间的漫长。

(1) 教师抒情、缓慢地引述：圆圆的沙粒怀着美丽的憧憬静静地待在蚌壳里，什么也看不见，什么也听不到，就这样（引读）“时光伴着……”（学生衔接读完第二部分）

(2) 教师提示：三句话单独成段，也表示着时间的漫长，齐读。

3. 这部分的“……”独立成段，它省略了什么？在这漫长的岁月中，圆圆的沙粒在想什么？做什么？它是怎样度过的？（指导学生打开思路，展开想象，先说后写，再交流）

启发：在这漫长的岁月里，它要克服哪些困难？会遇到什么危险？

教师出示参考句式：

句式 1：当同伴们________，它多想________，可一想到自己要成为一颗珍珠，它________。

句式 2：当________，它多想________，可一想到自己决心要成为一颗珍珠，它________。

（采用教师根据课文内容提供情景，学生补充想象内容的形式交流）

4. 小结：沙粒忍受了多少寂寞和孤独，拒绝了多少诱惑，克服了多少困难，才变成了令人羡慕的美丽的珍珠，才成为有用之才。（板书：认准目标、坚定不移）

5. 回顾全文，再次质疑。在这篇文章中，你还有什么问题吗？

（如有学生提出第 4 个问题还不明白，教师引导学生课后查阅资料，或者阅读同步拓展阅读，了解珍珠形成的有关知识）

七、拓展升华

1. 出示小诗及其他有关名言，让学生进一步明白道理。

台上三分钟，台下十年功。

有志者，事竟成。

宝剑锋从磨砺出，梅花香自苦寒来。

不经历风雨，怎么见彩虹？没有人能随随便便成功。

2. 延伸阅读：

你还知道和这篇课文类似的童话、成语或故事吗？找一找，读一读。

续表

<table>
<tr><td></td><td>板书设计：
圆圆的沙粒
认准目标 ↓ 坚定不移
（有用之材）</td></tr>
<tr><td>方法提炼</td><td>一、以读促悟
1. 读懂内容；2. 悟出感情；3. 学习写法；4. 拓展思路。
二、以悟导写。
1. 照搬；2. 仿写；3. 补白；4. 续写。</td></tr>
<tr><td>教学反思</td><td>读写有机结合，写好起步作文
——《圆圆的沙粒》读写结合之思
三年级是小学作文训练过程中的过渡年段，它以一二年级说话写话为基础，又要为高年级命题作文搭桥铺路。为了搞好这个“过渡”，三年级阅读教学中做好读写结合是引导学生写好起步作文的好形式。
小学语文课本的每一篇课文，都是学生学习写作的范例。除了结合本组重点训练项目或结合习作例文学习写作外，教师要善于挖掘教材的潜力，寻找读写结合的因素，设计各种形式的片段练习，进行读写基本功训练，培养学生的读写能力。
三年级“读写结合”方式主要有四种：照搬、仿写、补白、续写。
一、照搬
我总会告诉自己的学生，学习别人会使自己进步；别人好的东西，我们要借鉴。我提倡学生在读书的时候做摘抄，把书中的好词好句拿来为我所用。而且，每篇课文学完之后，我会从教师的角度给学生指出一些比较好词语，要求同学们掌握，并且有意识地在日记和作文中运用。比如：学了《小镇的早晨》后，很多学生在作文和日记中用上了“应接不暇”等词语，而且有些同学，在自己逛超市时，还直接用上了“走进家乐福，仿佛置身在欢闹的海洋里”这样的句子。这一点，我相信几乎每个语文教师都能够做到，而且会做得很好。
二、仿写
仿写是小学生作文的基本形式，是引导学生写作上路的阶梯。学生在教师引导下，从读中悟出写的门径后，有规可循，写起来就不难。
1. 仿句子。
教学《五彩池》一课时，在指导学生感情朗读“无数的水池在灿烂的阳光下，闪耀着各种不同颜色的光辉，好像是铺展着的巨幅地毯上的宝石。”一句后，我引导学生思考为什么这句话给人的感觉这么美？从而引出“打比方”这种修辞手法。在明白了什么是“打比方”之后，我又拿出同学们常见的“玻璃弹珠”，让同学们用“打比方”的方法造句。流光溢彩、五颜六色的弹珠一下子引起了同学们兴趣。有的同学说：“这一颗黑色的弹珠就像是乌龙的眼睛，神秘莫测。”有的同学说：“这颗红色的弹珠好像是海</td></tr>
</table>

续表

	底的珊瑚。”此外，在教学《你一定会听见》一课时，教学生仿照书中“当……当……当……你总……”一句练习说话。教学《海底世界》时，用“有的……有的……还有的……”练习说话。 2. 仿段落。 在写好句子的基础上，随着积累的增加，我也注重结合课文的特点，选择一些符合学生认识规律、与学生写作结合比较紧密的段落，让学生进行仿写。教学《倔强的小红军》一课时，小红军的外貌仅仅用了很简单的几句话，就把一个活生生的十一二岁的孩子展现在大家面前。学到这段时，我立刻要求同学们仿照文中的描写，写一下你熟悉的人的外貌。为了起到示范作用，我当时就请一个同学进行了口头描述，并让大家猜猜她描述的这位同学是谁。如果猜对了，说明她的描述是成功的，相反则是不准确的。 3. 仿顺序。 根据三年级教材中连句成段的一些规律，可采用下列几种训练形式进行仿写。 （1）按事情发展的顺序写。讲读教学中，教师要让学生明白课文所写的一件事情的发生、经过和结果怎样，还要让学生懂得课文是怎样描述事情的发生、经过和结果的，然后仿照课文练习写一段话。 （2）按总起分述顺序写。“总起→举例→小结”或“总起→分述”，是小学课文中常见的段落结构形式。总起分述段写法的规律是总起句位于句首，这是全段的中心句；分述句之间的关系大都是并列的或连贯的。教师引导学生从读中悟出了写的门道后，就应要求学生结合写来加深认识。例如学习了《海底世界》后，可以“小花坛真美”为总述句，用“总起→举例→小结”的形式写一段话。再如，教学完《小镇的早晨》后，我让学生联系自己的生活实际说一说，写一写。学生以“校园的早晨是热闹的”“神仙树公园的傍晚是安静的”“校园的课间是热闹的”等为中心句，进行了段的训练，效果不错。 （3）训练描写动植物的顺序。学生写状物的难点在于理不出顺序，教师在讲读教学中应引导学生理出状物的顺序。描写动植物的外形不外抓住特点按顺序写。描写的顺序要么从上到下（或从下到上），要么从整体到部分（或部分到整体）。例如：学习了《翠鸟》后，可仿照描写翠鸟外形的那一段写法，规定按耳朵、眼睛、嘴、脚、毛等外形顺序及活动特点写“小兔”。学习《爬山虎的脚》，可规定按花、杆、枝、叶的顺序写“三角梅”等。 （4）按写连续动作的先后顺序写。三年级的学生由于观察得不仔细，描写动作往往不具体或顺序颠倒。又由于受方言影响，不能准确运用动词。教师在有关课文的讲读教学中要让学生找出描写动作的词，换词比较，推敲词语用法，接着进行仿写。此外，还可以进行对话仿写等。 **三、补白** 根据课文内容，对文中没有继续说下去或没有说出的部分展开想象，这是学生比较喜欢的一种写作方式。例如：《马拉松》一课有这样一句“他跑啊，跑啊，终于看到了雅典的城门”，菲利比斯究竟是怎样跑到雅典的，就可以引导学生想象菲利比斯是如何跑到雅典的进行练笔。又如：教学《圆圆的沙粒》，可以想象圆圆的沙粒是怎样在蚌壳里度过几十年的……

续表

	教学中，我发现，让学生以“有一次”开头，能很好地让学生把想象的内容写具体。如教学《马拉松》一课，第一次让学生以“一路上，菲利比斯历经了千辛万苦。”的形式练笔，学生往往列举了许多个方面，但一个都没写具体。后来，改为以“一路上，菲利比斯历经了千辛万苦。有一次……”的形式写，学生很容易就写具体了。再如，让学生写自我介绍时，我告诉他们这样写：“我是一个________的孩子。有一次……还有一次，________。”学生很自然就把自己的优点或缺点用具体的话写出来了。 **四、续写** 这是指引导学生对课文的内容从课内延伸到课外，做进一步挖掘。教学完《滥竽充数》《意大利的爱国少年》后，让学生写一写南郭先生逃走以后、少年扔钱以后，能激发学生的想象力和写作热情。 总之，阅读教学中的读与写不应该割裂，应是在读中有悟，悟后能写，写有所得。

第二节　同课异构

《爷爷的毡靴》是北师大版语文教材第十二册第三单元“珍惜”这一主题的一篇拓展阅读课文。这篇课文以孩子的口气讲述了爷爷的毡靴几经修复，最后“永世长存”的故事，表现出爷爷对毡靴以及生活中的事物的关爱及对小作者的深刻影响。

《教师用书》指出，部分拓展阅读课文也可作为精读课文处理。本文故事曲折有趣，从不同侧面丰富并升华了本单元主题的内涵，是教育学生珍惜身边平常事物的好文章。

这里呈现的是本人先后两次执教这篇课文的教学设计及教学反思。

《爷爷的毡靴》教学设计 A

教学目标

1. 把握课文内容，理解爷爷是怎么对待毡靴的，体会“我”对爷爷的毡靴产生了哪些不同的想法。

2. 培养学生抓住重点词句自主阅读、大胆质疑、思考的能力，提高阅读能力。

3. 体会爷爷对毡靴的珍爱、对生活中事物的关爱及对小作者的影响，使学生懂得只有充满爱心、乐于奉献才会给人留下美好而永恒的回忆。

教学重难点

1. 理解课文最后一句话的深刻内涵，感悟作者表达的思想感情。

2. 培养学生抓住重点词句自主阅读、大胆质疑、思考的能力，提高阅读水平。

教学准备

1. 预习课文，扫清字词障碍，基本把握课文大意。
2. 教师制作有关文字 PPT。

教学过程

一、勾起回忆，检查预习

1. 谈话：同学们，你的家人的一双鞋子一般穿几年？苏联作家普里希文的爷爷一双毡靴竟然穿了几十年。今天，我们就来看看与这双不同寻常的毡靴有关的一个故事。（齐读课题）

2. 同学们都预习了课文，能说说课文主要讲了什么事吗？（板书：多次修补—扔给动物）

二、整体感知，把握内容

1. 大家抓住了爷爷是怎样对待自己的毡靴的，抓住了爷爷的毡靴的曲折经历。其实文章还多次写了作者的想法，请打开书，快速阅读课文，用波浪线画出写作者想法的有关句子。（生默读、勾画，自己读一读）。

2. 请学生读一读写作者想法的有关句子。

3. 你能用下面的句式把毡靴的曲折经历和作者的想法连在一起说吗？（提示学生自己先选择其中一处说一说，再请学生说。）

当__________时，我想：__________________。

4. 教师按句式引读。

5. 小结：从刚才的朗读中，我们发现，爷爷是多么珍爱自己的毡靴！穿了几十年又想方设法多次修补，补了再穿，直到实在不能再穿了，才恋恋不舍地扔给小动物做窝，爷爷的这些做法让作者深有感触，也给我们留下了深刻的印象。

三、质疑探究，体悟情感

（一）细读课文，提出质疑

学到这里，你还有什么疑问？（学生质疑）估计学生会提出以下问题：

1. 爷爷为什么要扔掉毡靴？

2. 爷爷的另一只毡靴去了哪儿？

3. 既然爷爷那么珍爱毡靴，为什么要“愤愤地”“一气之下”把毡靴扔掉？

4. 文中两次提到“世间万物终有尽时，一切都会消亡，唯独爷爷的毡靴却永世长存”这句话，这句话的含义是什么？

5. ……

（二）梳理问题，重点探究

根据学生提出的问题的价值大小，采取不同的解决策略，确定解决的先后顺序，选择有探究价值的问题作为下一步学习的重点。

预设 1：解决与 18～23 自然段有关的问题。

（1）请大家轻声朗读第 18～23 自然段，看能不能通过自己的阅读读懂刚才提出的问题？

（2）学生读书、思考，然后交流：你读懂了什么？（相机出示句子，引导对“扔”的细节的处理）

爷爷愤愤地说：“嘿，是它该待在乌鸦窝里歇着的时候啦！”他一气之下，提起一只毡靴，从高高的河岸上扔到了一堆牛蒡草里，当时我正在那儿逮金翅雀之类的鸟儿。

（3）结合省略号，说说另一只毡靴可能去哪儿。（学生展开想象发言）

（4）爷爷扔掉的毡靴对小动物们真的有用吗？请一名学生朗读第 23 自然段，其余学生闭眼想象眼前出现的情景。（生配乐朗读，说想象的情景，配乐齐读）

（5）毡靴还能用的时候，爷爷是那么珍爱，毡靴不能穿的时候，他又给小动物们搭窝，让小动物们在用毡靴的碎片搭成的窝中快乐地生活。板书中的“扔”应该换成另一个字，怎么换？（生说，师写）

预设 2：探究与“永世长存”的含义有关的问题。

（1）（出示句子）这句话分别在文章中哪两个地方出现？我们再来读一读。（男女生各读一段）

世间万物终有尽时，一切都会消亡，唯独爷爷的毡靴却永世长存。

（2）（出示问题）理解句子的含义。

想一想：
——"永世长存"这个词语本来的意思是什么？
——比较一下，前后两个句子中的"永世长存"含义有什么不同？分别指什么？

(3) 学生根据问题思考、批注，教师予以适当的提示。

(4)（板书：永世长存）反馈、交流：

——根据学生的回答（先后出示以下两个句子），追问学生：句子中"爷爷的毡靴"可以换成什么？请你放在句子中读一读。（学生回答、朗读，教师板书：爱心、奉献）。

世间万物终有尽时，一切都会消亡，唯独爷爷的________却永世长存。
世间万物终有尽时，一切都会消亡，唯独________却永世长存。

——朗读最后自然段，读出对爷爷的怀念，读出对往事的留恋。

(5) 小结：毡靴本身是不可能永世长存的，它最终也化作泥土，成为花草树木的肥料。原来永世长存的是爷爷对"我"的影响，是爷爷身上表现出来的勤劳节俭、富于爱心等美好品质，同时也是毡靴给人温暖、奉献他人的精神。

四、联系实际，升华情感

（一）教师示范，引发话题。

同学们，爷爷的毡靴只是一个象征、一个代表。其实，它还可以代表许许多多。在我们每个人的生活中，一定有许多像爷爷的毡靴一样，值得我们珍惜的东西。你们有吗？老师就有许多。比如：在我的读书生活中，就有一本书，一本二十多年前的书，一本标价只有几毛钱的书，至今还珍藏在我的书柜里。这本书叫《随便翻翻》，它是值得我珍爱的许多东西中的一个。是它，把我引进了知识的大门；是它，给了我开启智慧的钥匙；是它，伴我度过了一段美好的时光。（出示句子）所以，我想说：

世间万物终有尽时，一切都会消亡，唯独《随便翻翻》这本书 却永世长存。

（二）学生回忆，仿照练说

在你的生活中，让你最值得珍爱的东西是什么？（学生思考、练习，再抽学生回答）

世间万物终有尽时，一切都会消亡，唯独__________却永世长存。

（三）教师总结

每个人的生活中，都会有一些东西，虽然平凡，但是值得我们铭记一生。同学们，再过几个月，我们就要离开给我们提供了良好学习条件的母校，就要离开给我们知识、教我们做人的老师，就要离开同窗共读了几年的同学，让我们珍惜身边的一切，让这一切的一切都留下美好的回忆吧。（屏幕出示句子）让我们对在场所有的老师和同学们说……让我们轻声地对自己说……

世间万物终有尽时，一切都会消亡，唯独美好的记忆却永世长存。

板书设计

爷 爷 的 毡 靴

（爱心 奉献）

多次修补——扔给动物——物尽其用——永世长存

《爷爷的毡靴》教学设计 B

教学目标

1. 引导学生自读课文，理解课文内容，有感情地朗读课文。

2. 初步学习课文以“我”对爷爷的毡靴产生的想法为线索组织材料的表达方法。

3. 体会爷爷对毡靴的珍爱和敬畏自然、热爱生活、珍惜万物的生活态度。

教学重难点

1. 理解课文中几次提到的“永世长存”的意思。

2. 初步学习课文以“我”对爷爷的毡靴产生的想法为线索组织材料的表达方法。

教学准备

1. 预习课文。

2. 了解自己和身边的人最珍爱的事物及原因。

3. 教师制作有关课件。

教学过程

一、导入，整体感知

1. 谈话导入。世间每个人珍惜的东西并不一样。苏联作家普里希文的爷爷最珍惜的是一双毡靴，穿了几十年竟然都还舍不得扔掉。今天，我们就来学习他写的一篇文章《爷爷的毡靴》。

2. 检查预习。课文主要讲的是什么？课文讲了爷爷和毡靴的哪些事？请用简单的词语概括，如（穿）毡靴。

学生思考并回答、评价、补充。预设：补毡靴、冻毡靴、扔毡靴等。

（板书：穿、补、冻、扔）

3. 出示课件，引导抓住主线。

浏览课文，用波浪线画出写作者感受的有关句子，并读一读这些句子。

（生浏览课文，思考，勾画，朗读）

4. 指名朗读后，课件出示句子，再齐读。

> 好几个年头就这么过去了，我不禁思忖着：世间万物终有尽时，一切都会消亡，唯独爷爷的毡靴却永世长存。
>
> 我心想：世上万物总归有个尽头，毡靴也不可能给爷爷用个没完没了——这不，它快完啦。
>
> 于是我重又产生了那种想法：说不定，爷爷的毡靴就是永远不会完结。
>
> 我一生中经常在莽林间漫游，每当有缘觅得一处以毡毛铺衬的小小鸟巢时，总要像儿时那般思忖着：世间万物终有尽时，一切都会消亡，唯独爷爷的毡靴却永世长存。

二、引疑，聚焦问题

（一）引导学生发现、提出问题

师：读了这一组句子，你有什么疑问？（提示：问人物、问作者）

（学生独立思考，标注问号；再提出有价值的问题，师板书问题的关键词）

预设：

（1）两处“永世长存”的意思有什么不同？

（2）毡靴明明已经“寿终正寝”，为什么又说它“永世长存”呢？（是否矛盾？）

（3）作者为什么多次写自己的想法？只写最后一处可以吗？（是否重复啰嗦?）

（4）作者说他一生在莽林间漫游，他是干什么工作的？

（5）毡靴那么破旧了，爷爷为什么一直舍不得扔掉？

（6）……

（二）引导学生梳理、聚焦问题

（1）为什么说爷爷的毡靴“永世长存”？有什么深刻含义？

（2）作者为什么多次写到自己的感受，这是巧合还是有意安排？

（请一名学生在电脑上现场输入两个问题：为什么说毡靴“永世长存”？为什么多处写想法?）

三、辩读，言意兼悟

（一）领悟“永世长存”

我们先看第一个问题，毡靴明明已经“寿终正寝”了，作者也说世间万物终有尽，一切都会消亡，可又为什么说毡靴“永世长存”呢？是否矛盾了呢？这个问题都与一个词有关，那就是——（板书：永世长存），那我们就从这个词语入手，看能否解决我们自己提出的两个问题。

1. 课文中有两个地方都出现了这句话，分别是在什么情况下出现的？意思有什么不同？

（出示课件）

> 学习活动一：
>
> 用△在文中标出“永世长存”一词，结合上下文思考、批注：其意思有什么不同？

学生自学，课件出示：

> 好几个年头就这么过去了，我不禁思忖着：世间万物终有尽时，一切都会消亡，唯独爷爷的毡靴却永世长存。
>
> 我一生中经常在莽林间漫游，每当有缘觅得一处以毡毛铺衬的小小鸟巢时，总要像儿时那般思忖着：世间万物终有尽时，一切都会消亡，唯独爷爷的毡靴却永世长存。

2. 学生思考，同桌交流后，再请学生交流自己的看法和理解（“开火车”，请一名学生小结），教师适时点拨、提升。

预设（1）：

永世长存的是和爷爷生活的那段难忘的岁月？

是爷爷勤俭节约的美德？

是爷爷对动物的爱心？

是爷爷敬畏自然、热爱生活、珍惜万物的生活态度？

甚至，就是爷爷的音容笑貌？

预设（2）：

如学生感觉有困难，根据学生的回答出示名言：

生命苦短，只是美德能将它传到遥远的后世。——（英国）莎士比亚

再让学生结合课文思考、补充：

世间万物终有尽时，一切都会消亡，唯独爷爷________的却永世长存。 世间万物终有尽时，一切都会消亡，唯独________却永世长存。

3. 齐读课文第 24 自然段，读出对爷爷的怀念，读出对爷爷的敬佩。

（二）感悟"一咏三叹"

过渡：通过刚才的思考与交流，还觉得矛盾吗？所以读书的时候，一定不要放过表面上有矛盾的地方，一定要抓住矛盾之处，反复品读，这样你才会有新的收获，才会读出自己的感受。

刚才大家还提出了哪个问题？（多次写感受，是否重复？）

1. 学习活动 2：（出示课件）

（1）浏览课文，思考：把课文中写作者感受的几个句子去掉后是否还读得通？可以去掉吗？为什么？ （2）如果要在课文第 17、18 自然段之间增加一处类似的表示作者内心感受的句子，你觉得应该怎么写？动笔写一些，注意用上表示"想"的不同的词语： （琢磨、思虑、遐想、思忖、思量、思考、思索、猜想、幻想 、设想、沉思 、寻思、浮想联翩、异想天开、胡思乱想）

2. 学生思考、练笔。

3. 讨论交流。

（1）第一个问题。引导学生比较，追问：有了这几句话，好在哪里？

（预设：记叙事情与写心理结合；反复出现，强调自己的感受；是线索，一线串珠，像美的主旋律，优美的散文诗……）

追问：作者在文中多处写自己的内心感受，是巧合还是有意安排？是反复还是重复？

小结：这种反复的写法，在诗歌、散文诗等比较常用，有时在抒情性的记叙文中也可运用，比如本文就是一个例子。请同学们今后在读书时特别注意这种语言现象。

（2）第二个问题。学生交流练笔后，教师设问：作者为什么不写这句话呢？你认为这里是加上这句话好，还是不加为好？为什么？

4. 过渡：究竟是加上好，还是不加好，也许不同的人有不同的思考。作者在这里为什么没有写感受，我们也不得而知。但不管如何，在刚才品读、讨论、交流的过程中，我们已经感受到了作家普里希文语言的魅力。

你了解作者吗？（学生简单交流后，课件出示作家风格简介，引导学生在今后的课外阅读中，有选择地读一读普里希文的作品）

> 普里希文，俄罗斯文学史上公认的语言大师，擅长写大自然的题材。他的语汇像盛开的花朵一般闪耀着鲜艳的光泽。它们时而像百草一般簌簌细语，时而像清泉一般潺潺流淌，时而像小鸟一样啾啾啼鸣，时而像薄冰那样悄悄脆响，时而犹如夜空的繁星，排成从容不迫的行列，缓缓地印入我们的脑海。

五、自检，延伸探读

1. 引导自检：提问？倾听？讨论？发言？

2. 回顾：开始提出的哪些问题解决了？哪些还未解决？在学习的过程中又产生了哪些新的问题？（问人物、问作者、问自己、问老师、问同学）

3. 鼓励学生课后继续思考、探究其中一个或几个问题。

板书设计

爷爷的毡靴

补

冻　　美德

扔　　永世长存

一双毡靴，左右课堂

——《爷爷的毡靴》同课异构教学反思

《爷爷的毡靴》是北师大版小学语文第十二册"珍惜"这一主题单元的一篇拓展阅读课文。

四年前，我就执教过这篇课文，并做了课堂实录。而这一次，我有意选取了同一篇课文，企图通过这个"支点"撬动自己课堂教学水平的提升。

翻看四年前的教学实录，对照本次教学的得与失，我发现，自己的教学观念、教学行为都发生了许多变化。这从教学目标与教学流程的对比中可见一斑。

【案例 1】前后两次教学目标与教学流程的比较

	2009 年	2013 年
教学目标	1. 把握课文内容，理解爷爷是怎么对待毡靴的，体会"我"对爷爷的毡靴产生了哪些不同的想法。 2. 培养学生抓住重点词句自主阅读、大胆质疑、思考的能力，提高阅读水平。 3. 体会爷爷对毡靴的珍爱、对生活中事物的关爱及对小作者的影响，使学生懂得只有充满爱心、乐于奉献才会给人留下美好而永恒的回忆。	1. 引导学生自读课文，理解课文内容，有感情地朗读课文。 2. 初步学习课文以"我"对爷爷的毡靴产生的想法为线索组织材料的表达方法。 3. 体会爷爷对毡靴的珍爱和敬畏自然、热爱生活、珍惜万物的生活态度，给人留下了美好而永恒的回忆。
教学流程	勾起回忆，汇报预习→整体感知，把握内容→质疑探究，体悟情感→联系实际，升华情感。	导入，整体感知→引疑，聚焦问题→辩读，言意兼悟→自检，延伸探读。

不难看出，前后两次教学目标中都有"内容的理解"和"情感、态度、价值观"的要求。但是，四年前的教学目标重在引导学生理解课文内容，其中第 1 条目标是强调理解什么，第 2 条教学目标只是从阅读方法的角度，提出了如何让学生理解课文内容；四年后的教学目标在第 1 条目标"理解"的基础上，设定了领悟表达方法的教学目标，这充分体现了新修订课标对高年级语文教学的要求。

方向比努力更重要。教学目标的制定牵一发而动全身。它直接决定了采取什么样的教学策略、运用什么样的教学方法、设计什么样的教学模块等一系列问题。

事实上，一段时间以来，很多老师重视教学环节、教学方法、教学策略的设计，而轻视通过这些具体的教学方法和教学策略要达到的教学目标，即比较重视“我怎样才能到哪里去”，而对“我要到哪里去”却不太重视。我们许多语文教师整天体忙忙碌碌，却对自己要达成的教学目标一片茫然。长期如此，也难怪语文教学出现高耗低效的现象了。

这就很像是黎巴嫩著名诗人纪伯伦说的一句话：我们已经走得太远，以至于忘记了为什么而出发。

从教学流程的对比中，显而易见，第二次教学模块更为简洁，其中的“导入，整体感知”包含了前一流程的“勾起回忆，汇报预习→整体感知，把握内容”两个环节，突出了“引疑，聚焦问题→辩读，言意兼悟”两个重点教学模块。更为重要的是，第一次教学的流程中“质疑探究，体悟情感”显得比较笼统，且指向的是理解；而本次教学模块中涉及“引疑”“聚焦”“辩读”“言意”等信息量比较大的说法，对达成目标的手段指向相对较清楚。

具体地说，两次教学的疑思切入点、语言训练点、课堂拓展点都有明显的不同。

一、从零散到聚焦——疑思切入点的对比

教学的切入点，包括课题的切入、重点问题的切入等。比较两次教学解决重点问题的切入点，差别就很大。

【案例 2】前后两次教学质疑点的切入

	2009 年	2013 年
质疑点的切入	1. 细读课文，提出质疑。 学到这里，你还有什么疑问？（学生质疑）估计学生会提出以下问题： （1）爷爷为什么要扔掉毡靴？ （2）爷爷的另一只毡靴去了哪儿？ （3）既然爷爷那么珍爱毡靴，为什么要"愤愤地""一气之下"把毡靴扔掉？ （4）文中两次提到"世间万物终有尽时，一切都会消亡，唯独爷爷的毡靴却永世长存"这句话，这句话的含义是什么？ （5）…… 2. 梳理问题，重点探究。 根据学生提出的问题的价值大小，采取不同的解决策略，确定解决的先后顺序，选择有探究价值的问题作为下一步学习的重点。	1. 引导学生发现、提出问题。 师：读了这一组句子，你有什么疑问？（出示句子） （学生独立思考，标注问号；再提出有价值的问题，师板书问题的关键词） 预设： （1）两处"永世长存"的意思有什么不同？ （2）毡靴明明已经"寿终正寝"，为什么又说它"永世长存"呢？（是否矛盾？） （3）作者为什么多次写自己的想法？只写最后一处可以吗？（是否重复啰嗦？） （4）作者说他一生在莽林间漫游，他是干什么工作的？ （5）毡靴那么破旧了，爷爷为什么一直舍不得扔掉？ …… 2. 引导学生梳理、聚焦问题。 （1）为什么说爷爷的毡靴"永世长存"？有什么深刻含义？ （2）作者为什么多次写到自己的感受，这是巧合还是有意安排？

很明显，2013 版的教学预设是在让学生简单说说课文内容之后，直奔重点，引导学生针对课文中一组重点句子进行质疑切入，目标明确，构思巧妙，学生的问题一般会涉及理解与表达两个方面；而 2009 版在引导学生质疑之前，用了比较多的时间让学生理解课文，且学生所提出的问题也局限于对课文内容的理解方面。当然，这样的两种不同的切入方式无不是与教学目标的制定密切相关。

二、从侧重理解到关注表达——语言训练点的对比

新修订课标指出：语文课程是一门学习语言文字运用的综合性、实践性课程。为此，我们的语文课无疑要加强训练，但有一个训练什么、怎样训练的问题。我认为，既然教什么比怎样教更重要，训练什么当然比怎样训练更为重要。

【案例 3】前后两次教学语言训练点的对比

	2009 年	2013 年
语言训练点	1. 教师示范，引发话题。 同学们，爷爷的毡靴只是一个象征、一个代表。其实，它还可以代表许许多多。在我们每个人的生活中，一定有许多像爷爷的毡靴一样，值得我们珍惜的东西。你们有吗？老师就有许多。比如：在我的读书生活中，就有一本书，一本二十多年前的书，一本标价只有几毛钱的书，至今还珍藏在我的书柜里。这本书名叫《随便翻翻》，它是值得我珍爱的许多东西中的一个。是它，把我引进了知识的大门；是它，给了我开启智慧的钥匙；是它，伴我度过了一段美好的时光。（出示句子）所以，我想说： 世间万物终有尽时，一切都会消亡，唯独《随便翻翻》这本书却永世长存。 2. 学生回忆，仿照练说。 在你的生活中，让你最值得珍爱的东西是什么？（学生思考、练习，再抽学生回答） 世间万物终有尽时，一切都会消亡，唯独________却永世长存。	1. 出示课件。 （1）浏览课文，思考：把课文中写作者感受的几个句子去掉后是否还读得通？可以去掉吗？为什么？ （2）如果要在课文第 17、18 自然段之间增加一处类似的表示作者内心感受的句子，你觉得应该怎么写？动笔写一些，注意用上表示“想”的不同的词语。 2. 思考练笔。 3. 讨论交流。 （1）第一个问题。引导学生比较，追问：有了这几句话，好在哪里？ （2）第二个问题。学生交流练笔后，教师设问：作者为什么不写这句话呢？你认为这里是加上这句话好，还是不加为好？为什么？ 小结：究竟是加上好，还是不加好，也许不同的人有不同的思考。

两次上课虽然都有语言训练，但有两点不同：一是训练的目的不同，前一次上课训练的目的还是指向对“永世长存”的理解，尽管是老师在示范之后，让学生结合生活实际补充回答，但后一次上课则是指向表达，写之前、写之后都有比较深入的讨论与交流，时机显得更为巧妙；二是语言训练的形式不同，前一次只是口头训练，后一次落实到笔头训练。

需要说明的是，语文课的训练点无论是指向理解还是指向表达，无论是口头训练还是笔头训练都是需要的，需要具体情况具体分析。

三、从封闭到开放——课堂拓展点的对比

【案例 4】前后两次教学课堂尾声的对比

时　间	2009 年	2013 年
课堂尾声	教师总结： 每个人的生活中都会有一些东西，虽然平凡，但是值得我们铭记一生。同学们，再过几个月，我们就要离开给我们提供了良好学习条件的母校，就要离开给我们知识、教我们做人的老师，就要离开同窗共读了几年的同学，让我们珍惜身边的一切，让这一切的一切都留下美好的回忆吧。（屏幕出示句子）让我们对在场所有的老师和同学们说……让我们轻声地对自己说…… 世间万物终有尽时，一切都会消亡，唯独美好的记忆却永世长存。	1. 引导自检 我提问了吗？我认真倾听了吗？我积极参与讨论了吗？我大胆自信地发言了吗？ 2. 回顾。 开始提出的哪些问题解决了？哪些还未解决？在学习的过程中又产生了哪些新的问题？ 3. 鼓励学生课后继续思考、探究其中一个或几个问题。

前一次上课，是紧扣单元主题"珍惜"，以情感升华的方式结课的，让学生懂得只有充满爱心、乐于奉献才会给人留下美好而永恒的回忆，课堂弥漫着浓浓的情感氛围。后一次上课则主要是"自检，延伸探读"，让学生自检本节课自己在提问、倾听、发言、讨论的表现，并回顾问题解决的情况，给予时间让学生问课文人物、问课文作者、问自己、问老师、问同学，产生新的问题，带着新的问题走出课堂，显得更为开放。

两次教学《爷爷的毡靴》，两次尝试同一篇课文的教学，反映了自己课堂教学的"左右"两面。是被毡靴左右课堂，还是用毡靴左右课堂？在这个过程中，我思考着、实践着、收获着。

如果有机会，我会第三次选择教《爷爷的毡靴》这篇课文。

第三节　教学举隅

《丑小鸭》教学案例评析

《丑小鸭》是安徒生的一篇童话，讲的是一只又大又丑的鸭子历经种种磨难和挫折，最后终于变成了一只美丽的白天鹅的故事。

中年级是培养学生理解词语和句子的重要阶段，在阅读教学中要指导学生学习抓住课文中的重点词句进行理解，使学生逐渐学会并善于把握文章的重点，进而理解课文。片段1和片段2正体现了三年级关于阅读教学的这一要求。

如果说片段1和片段2是实实在在的语言训练，体现了语文学科的工具性的话，那么，片段3和片段4则是通过“丑小鸭应该感激欺负它的人吗?”和“丑小鸭不离家出走能变成真正的天鹅吗?”这两个开放性的问题来培养学生思维的深度和广度，在语言训练中教学生如何做人，体现了语文学科的人文性。

本课教学中的四个片段各有侧重，前两个片段是后两个案例的载体，后两个片段则是前两个案例的升华，较好地体现了阅读教学“实”与“活”、“务实”与“创新”的和谐统一。

[片段1] 学会抓住段落的主要意思

在学习了丑小鸭不堪忍受他人的嘲笑、欺侮而毅然离家出走这一部分时，我是这样进行教学的：

首先，出示了下面的表格，要求学生默读课文4～6自然段，边读边勾画，思考每个自然段主要讲了什么。

自然段	什么时间（季节）	什么地点	谁	怎么样（干什么）
四自然段			丑小鸭	
五自然段			丑小鸭	
六自然段			丑小鸭	

然后，我组织学生交流、讨论，互相补充，并及时追问学生：你是从哪些词语或句子看出来的？

接着，引导学生把表格中的几个问题连接成一句完整、通顺的句子，并提示学生，可以调换这三个方面的先后顺序，如"什么季节、丑小鸭在什么地点怎么样"，从而使学生很快抓住了每个自然段的主要内容。

最后，我与学生一起总结出概括自然段主要意思的基本格式：谁干什么，并提示学生根据不同的情况加上表示时间、地点、原因、结果的词语，即：（1）谁在什么时间、什么地点干什么；（2）什么时间，谁为什么干什么；（3）谁在什么地方干什么，结果怎么样……

在学习课文的7~9自然段时，我要求学生运用刚才学到的抓主要内容的方法，说说这部分主要讲了一件什么事。学生经过读书、思考，纷纷举起了手：

——这部分主要讲第二年春天，丑小鸭变成了白天鹅，跟着同伴飞向高空。

——这部分写第二年春天，丑小鸭又来到湖边，发现自己变成了白天鹅。

——这部分主要讲丑小鸭在第二年春天变成了一只美丽的白天鹅，受到人们的赞叹。

（自评：抓住时间、地点、人物、原因、结果及干什么等几个要素来训练学生概括段的主要意思，把读书与思考结合起来，使学生的阅读能力得到培养和提高）

［片段2］重点词语的理解和运用

值得一提的是，当学生说到第五自然段的有关内容时，我随机出示了下面的重点句子：

他们的样子是那么高贵，姿态是那么优雅，丑小鸭又惊奇又羡慕。

学生对这句话中的"惊奇"一词好理解，对"羡慕"一词的理解有难度。于是，我做了以下的处理：

师：你们通过查工具书，知道"羡慕"这个词的意思吗？

生："羡慕"的意思是"看见别人有某种长处、好处或有利条件而希望自己也有"。

师：那课文中的丑小鸭羡慕谁？羡慕他们的什么？

生：丑小鸭羡慕天鹅高贵的样子，优雅的姿态。

（连续几个学生都说的是同样的意思）

师：请注意联系课文中“忽然，他看见一群雪白的天鹅掠过湖面，向南方飞去”这句话思考，丑小鸭还羡慕什么？

生：（恍然大悟，纷纷举手）它还羡慕天鹅成群结队，而不像自己孤零零的一个人。

师：体会得不错。你能用“羡慕”一词说一句话吗？

生：我很羡慕冯皓的字写得漂亮。

生：我很羡慕李佳同学买了一个崭新的文具盒。

针对学生说出的句子几乎是同一个模式的情况，我出示了课件：

根据提示用“羡慕”一词造句： 1. 我真羡慕他。 2. 同学们都羡慕我。

于是，学生们的思维被激活了，说出的句子也多样化了。

（自评：抓住句子中的关键词语，在一步步理解的基础上，再引导学生灵活运用，学用结合，培养了学生的语言表达能力。）

[片段3] 丑小鸭应该感激欺负它的人吗？

和学生们一起感受了丑小鸭的曲折历程：自从出世后就被人看不起，谁都欺负它，被迫离家出走，处境不仅没有改善，情况反而更糟了。最后它意外地发现自己不是丑小鸭而是一只漂亮的天鹅，受到别人的一声声赞叹。

学到这里，学生们都为丑小鸭的曲折经历又悲又喜，想一吐为快，于是，我抛出了事先预设的一个问题：那只变成白天鹅的丑小鸭听到别人的赞美时，它一定忘不了什么？

有的学生说它不会忘记疼爱它的鸭妈妈；有的学生说它不会忘记救它一命的那个农民；有的学生说它不会忘记它的那些同伴，是它们让丑小鸭有了梦想……

这时，有个学生说，它不会忘记鸭子、猫、公鸡、猎狗……因为它们曾经欺负过丑小鸭。

我意识到，这个学生的意思是，丑小鸭在梦想成真，变成美丽的白天鹅时，应该记住仇恨，这不就是一些学生平时在与同学的交往中，因为发生纠纷后，双方都不宽容而互相记仇的“真情流露”吗？这是我没有意料到的。

我灵机一动，随即反问学生：别人欺负了你，你真的应该记住这些仇恨吗？也许是我反问的语气提醒了学生，多数学生都改变了看法：有的学生说丑小鸭应该忘记别人对它的欺负，反正自己现在已经变成天鹅了；有的学生引用刚积累的一句名言说，一个念念不忘旧仇的人，他的伤口将永远难以愈合；有的学生说，丑小鸭应该忘记别人对它的爱，忘记别人对它的恨。

受学生的启发，我临时背诵了这样几句小诗：

凡是感激

感激伤害你的人，因为他磨炼了你的心志；
感激绊倒你的人，因为他强化了你的双腿；
感激欺骗你的人，因为他增长了你的智慧；
感激蔑视你的人，因为他唤醒了你的自尊；
感激遗弃你的人，因为他教会了你该独立。
凡事感激。
学会感激。
感激一切使你成长的人。

刚背诵完，我正为自己的教学智慧喜不自禁时，一个学生站了起来："胡老师，根据你的意思，丑小鸭不但不应该记仇，反而还要感激那些曾经欺负过它的那些人。那是不是不管什么仇，我们都要忘记，都要感激他们呢？"

这一次，轮到我吃惊了，没想到学生一下子想得这么远。我对全班学生说："有些仇，是不必斤斤计较的；而有些仇恨，我们则要牢牢地记住。你们能举几个例子吗？"

有的学生说："日本人曾经欺负了我们中国人，这样的仇恨就不能忘记，我们要不忘国耻。"

有的学生说："平时有的同学欺负了我们，我们应该宽宏大量，不要老是斤斤计较。"

……

（自评：教师的引导，学生的争论，对"丑小鸭是否应该感激欺负它的人"这一问题有了比较深刻的认识。如果再让学生多列举一些身边的具体事例来讨论，效果会更好。）

[片段 4] 丑小鸭不离家出走能变成真正的天鹅吗？

顺着学生的话题，我想就此告一段落，并小结道：所以，丑小鸭应该感谢那些曾经欺负过它的那些人，没有它们的欺负，丑小鸭就不会离家出走，就永远也不会变成白天鹅。

没想到，一个学生的提问就使整个课堂顿时陷入了僵局："丑小鸭本来就是一只小天鹅，它如果不离开家，虽然会受到别人的欺侮和嘲笑，但是等第二年春天它长大了，不就会变成一只漂亮的大天鹅吗？那时它不也会过上幸福生活吗？"按照这个观点，这篇课文的积极意义还体现在什么地方呢？因为这位学生的说法从某种角度来看又是正确的。

的确，从生物学的观点来看，这篇课文是没有多少意义的，小天鹅长大后毫无疑问就成了大天鹅，这是其生长的规律。而作为文学作品，它的意义当然绝不在于介绍这种生物常识。从作者创作它的时代背景和创作本意来看，它带有自传性质，主要是对当时封建出身论的批判，表达了对人生价值的肯定。作者在原文的末尾写了这样一句话作为总结："出生在鸭窝里也没有什么关系，只要你是天鹅蛋。"这一观点在现在仍有其积极意义，但要真正领会这其中包含的深刻含义，需要广博的阅历和深邃的思考，不是三年级小学生所能及的，一旦把握有偏，那就真成了画虎类犬。在综合分析了课文本身体现的价值取向、社会发展对现代人的精神素养的要求，以及三年级学生的理解接受水平后，我将本文教学中情感、态度、价值观这一方面的目标定位在感受并接纳丑小鸭那种追求自尊、面对困境始终不屈服的精神上。

理清了思路，积极引导的教学策略便同时形成了：不要让学生用学习自然学科的思维方式来理解这篇课文，而必须引导学生以学习文学作品的方式来学习课文。我随机设计了一个小小的讨论题，同时给予思维方式的指导：想象那时的丑小鸭会是什么样子的。

经过小组讨论，几乎所有的小组都得出了类似的结论："那时的丑小鸭最多也只能是一只白鸭子。"

他们的描述极为形象：

——"它长长的脖子是耷拉着的，无精打采，毫无自信。"

——"它的翅膀低垂着，根本没有飞起来的量。"

——"它雪白的羽毛蓬松而凌乱。"

——"它的腿是软弱无力的，走起来抖抖索索。"

——"它的眼睛也是鸭子的眼睛，没有天鹅的神采。"

最后，全班学生都认识到：失去了尊严，没有经过磨炼的丑小鸭即使长大了也不可能变成真正的白天鹅，因为它缺少的是一颗天鹅的心。那样它当然也不可能获得真正的幸福生活。

（自评：对于"丑小鸭不离家出走能变成真正的天鹅吗？"这个问题，我在上课之前也和同年级的老师探讨过，总以为学生不会提出这样的问题。值得高兴的是，由于有了课前的思考，尽管处理得还不是十分自然，但毕竟让学生对这个问题有了一定的认识。我想，精彩的“生成”往往孕育在充分的“预设”中。）

《李时珍》模块教学设计

课文简析	课文讲的是我国古代著名的医学家和药物学家李时珍，立志学医和编写《本草纲目》的事。李时珍是我国有杰出贡献的古代科学家代表之一，他撰写的《本草纲目》是祖国医学宝库中一颗璀璨的明珠。他的事迹和成就为世人所传颂。李时珍撰写《本草纲目》的过程，充分体现了他重实践、重调查研究的科学严谨的治学态度和为事业而忘我探索、不辞劳苦的精神，值得我们学习。 课文开篇点明李时珍在我国医学史上的地位，接着讲李时珍立志学医，然后讲他编写《本草纲目》，最后讲《本草纲目》是中药书籍中的一部伟大著作以及它产生的深远影响。关于立志学医，课文侧重叙述了李时珍学医的目的。关于撰写《本草纲目》，则是本文叙述的重点，从以下几个方面来叙述：发现旧药物书中的缺点→上山采药，调查研究→用 27 年写成《本草纲目》。全文按照事情发展的顺序记叙，清楚明了、重点突出是这篇课文表达上的主要特点。		
学习目标	1. 学会本课 15 个生字，能正确读写“诊费、救死扶伤、病症、有效、严寒酷暑、拜访、品尝、判断、纲目、书籍”等词语。 2. 能正确、流利、有感情地朗读课文。 3. 理解课文内容，体会李时珍为病人解除痛苦立志学医，不怕艰辛编写《本草纲目》的坚定意志及刻苦钻研、勤于实践、严谨的科学态度和忘我的精神。 4. 学习课文按一定顺序记叙的方法。		
学习重难点	李时珍为什么要重写一部完善的药物书和他怎样为编写做准备是教学的重点。学习作者通过李时珍的事迹、言行来表现李时珍的性格、品质是教学的难点。		
学习准备	1. 学生：朗读课文，自学生字词（读准、勾画、填写生字表组词、查字典学习多音字、理解部分词语），搜集有关李时珍和《本草纲目》的资料，能用自己的话简单介绍。 2. 教师：《本草纲目》书或封面图片、李时珍画像。		
教学模块	教师活动	学生活动	设计意图

续表

<table>
<tr>
<td>导入课题，检查预习</td>
<td>1. 出示《本草纲目》或封面图片，问：你看到了什么？（板书课题、书名）
2. 出示李时珍画像，请用自己的话介绍课前收集到的资料。
3. 检查预习。
（1）读音易错字、多音字。
（2）字形易错字、“载、且”的部首。
（3）读“语文天地”P95第二题第二行词语，并在课文中勾画。</td>
<td>1. 学生观察、思考、回答。
2. 介绍收集的资料。
3. 交流读音、字形易错字。
4. 勾画字词，齐读。
5. 分段读课文。</td>
<td>直观、形象地导入，引起学生兴趣。
在预习的基础上，抓住重点字词检查，强化学生的预习习惯。</td>
</tr>
<tr>
<td>初读课文，整体感知</td>
<td>1. 小声朗读课文，思考：
——李时珍是个什么样的人？勾画课文中的一个句子回答。
——课文每个自然段主要讲了什么？（出示表格，学生边读边思考，可以用上课文中的词语和句子）。
<table><tr><th>第几自然段</th><th>主要讲了什么</th></tr><tr><td>1</td><td></td></tr><tr><td>2</td><td></td></tr><tr><td>3</td><td></td></tr><tr><td>4</td><td></td></tr><tr><td>5</td><td></td></tr></table>——在填写表格的基础上，教师引导学生归纳板书：立志学医、编写《本草纲目》。
2. 课文重点写李时珍的什么事？是哪些自然段在写这件事？（板书：决心编写、充分准备、编写成功）</td>
<td>1. 默读课文，按照表格说说每个自然段的内容，进而抓住课文的内容。
2. 比较两件事情，明白重点内容。</td>
<td>由整体到部分，再到整体，使学生对课文有了整体把握，巩固第1、3单元“金钥匙”抓住主要内容的阅读方法。</td>
</tr>
</table>

续表

学抓要点，仿写句段	1. 引导学习第三自然段。 2. 这段话中讲了旧的药物书有哪些缺点？ ——指导学生在书上标注上要点①②③。 ——引导学生用简单的文字概括，如两个字：不全、不详、不准；或三个字：不全面、不详细、不准确。 ——引导理解“完善”一词的意思。 3. 学习先总后分的写法，教师提供总说句，学生进行课堂小练笔。	1. 齐读第三自然段，思考：李时珍为什么要编写《本草纲目》？ 2. 学习标注要点，练习用简单的文字概括。 3. 运用对比的方法，结合课文理解“完善”一词的意思。 4. 以“我们的语文书有许多优点”为开头，从几个方面练习说具体。	教师是课堂的引导者，此处不断追问，也是巩固“金钥匙”抓要点的方法。 从读中寻找写的切入点，链接了语文天地。
抓关键词，概括内容	1.《本草纲目》这本书是怎么编写出来的？学习第四自然段。 2. 总结概括主要内容的方法：找重点句子—抓关键词语—整理关键词。 3. 再读思考：李时珍会遇到哪些困难？他是怎么克服的？从中体会出李时珍具有什么样的可贵精神？ 4. 练习有感情地朗读。	1. 边读边想，李时珍为编写药书做了哪些准备工作？（要求：勾画文中的句子回答）。 2. 齐读第四自然段第1句话，标出关联词语，明白做了两个方面的准备工作：平时积累经验、亲自上山采药。后一件事更难做到，是本段重点写的内容。 3. 思考这段主要写了李时珍的哪几件事，训练学生的概括能力。（重点词：采药→品尝→访问，或者整理为：采药→尝药→问药） 4. 抓住重点词句体会。 ——山高路远（环境艰险）、不怕（没有害怕，没有退缩） ——严寒酷暑（气候恶劣）、走遍（不畏艰险，勇于吃苦） ——饿、天黑（条件艰苦），上万里、千百个（坚持不懈） ——亲口品尝（敢于实践，崇高医德） 5. 朗读课文。	进行思维的全面性训练。 继续巩固“金钥匙”抓要点的方法。 教学中，师生共同披文入境，走进文本，与文本对话、师生对话、生生对话，以读促悟，以悟促读。

续表

总结全课，学习写法	1. 《本草纲目》这本书编成了吗？这是一部怎样的书呢？学习第五自然段。 2. 小结：正因为《本草纲目》具有很高的医学价值，所以流传世界，成为一部伟大的著作，李时珍也因此被人们称为伟大的医学家和药物学家。（板书：伟大） 3. 抓住课题，初步明白写人的方法。	1. 自由读，找出段中表示数字的词，你从这些词读出了什么？ 2. 结合数字，体会这本书的伟大： ——27年（说明写书时间长，历尽艰辛） ——一百多万字（说明字数多，内容丰富） ——一千八九百种（包含的药物种类多，比较完善） 3. 感悟写法。 课文以人物的名字为题，是一篇写人的课文。作者从两个方面入手，表现李时珍不怕困难、勇于实践、为病人着想的精神和品质。这种写人物的方法值得学习。	抓住重点词语，体会书的伟大。 从阅读中积累习作的方法。

《趵突泉》教学设计及评析

教学目标

1. 自读课文，继续练习写摘录笔记，欣赏、积累并学会运用课文优美的语言。

2. 朗读课文，了解济南名胜趵突泉的特点，想象趵突泉之美，激发热爱大自然的思想感情和爱美的情趣。

3. 初步认识景观与地名的关系。

教学重点难点

了解大泉、小泉的特点，欣赏并学会运用课文优美的语言。

教学准备

正确地朗读课文，了解趵突泉的资料，查字典理解“趵、攒、昼夜”等字词的意思，写摘录笔记，标出不懂的问题。

教学过程

一、谈话导入，揭示课题

1. 喜欢旅游吗？都知道我国有哪些风景胜地？

2. 在我国风景优美的景点数不胜数。今天我们将学习老舍先生笔下的一篇文章《趵突泉》。（板书课题）看这个字——趵，左窄右宽，是跳跃的意思。再写突、泉，写字一定要工工整整。（齐读课题）

3. 简介趵突泉（师生交流资料）。如：北宋文学家曾巩根据泉水涌出的形状而命名；当年乾隆皇帝游经此地，大为赞叹，并誉其为“天下第一泉”；是济南第一泉；公园的南大门上的横匾“趵突泉”蓝底金字，是乾隆皇帝的御笔……

二、初读课文，整体感知

1. 想看看趵突泉吗？（出示第一张趵突泉公园大门图）赶紧去读读课文吧！老师给你们3分钟的时间，能读几遍就读几遍，要求读正确、读通顺，遇到难读的句子多读几次。

2. 看到大家这么认真地朗读，老师猜想一定是趵突泉的美深深地吸引了你。但是这么美的文章这样读还不够，现在请同学们再次快速地默读课文，划出能体现趵突泉特点的词语。

3. 读了课文，谁来说说你眼中的趵突泉是怎样的？（结合文章中的词语说一说，随机板书）

清浅、鲜洁、纯洁、活泼、鲜明

永不疲乏、永不退缩、昼夜不停

伟大、神秘

4. 我们来读一读。

趵突泉是一溪活水，它……

在我们的眼中仿佛看到了这样的趵突泉。它……

5. 交流预习中的疑问。重点抓住“三大名胜”与“一半的美”质疑、解疑，使学生明白趵突泉在济南的重要地位。（齐读“设若没有这泉”一句）

三、品读课文，积累语言

过渡提问：趵突泉的“趵”是跳跃的意思，“突”是奔涌之意。请你仔细读第三自然段，勾画出最能体现趵突泉这个名字的特点的一个句子来读一读，体会其中的奇妙之处。

1. 预设：出示句子。

“永远那么纯洁，永远那么活泼，永远那么鲜明，冒，冒，冒，好像永远不感到疲乏，只有自然有这样的力量!”（先让学生质疑，重点是为什么要用三个“冒”字?）

(1) 理解“冒”的意思。

师：“冒”是什么意思? 用你自己的话说说。

生可能回答：往上蹿、翻滚、跳跃、奔腾、钻。

(2) 主干问题：为什么作者连用三个“冒”?

师：为什么作者连用三个“冒”? 不急着回答，把这一段好好读一读，等会儿我们来交流各自的想法。（学生读书、讨论后出现多种说法）

预设 1：因为趵突泉的大泉有三个泉眼，所以作者用了三个“冒”。

预设 2：作者用了三个“冒”，还让人感觉泉水冒的时间很长很长。

师：读这段文字，你还可以从哪里感受到趵突泉冒的时间已经很长?

生：从这句话可以看出趵突泉冒的时间已经很长：“看那三个大泉，一年四季，昼夜不停，老那么翻滚。”

师：是啊，这是一眼一年四季，昼夜不停，老那么翻滚的泉。（加述：两千多年前，我国史书已有关于她的记载，从古到今，她奔涌不息，从没停止过）。读“冒、冒、冒”。

师：这是一眼永远不感到疲乏、永远不停息的泉。读“冒、冒、冒”。

预设 3：作者用了三个“冒”，让人感觉泉水不断往上冒，冒得很高，速度很快。（补充：泉涌出水面约 30 厘米高）

师：说得有道理，根据他的回答来读一读“冒、冒、冒”（注意读时速度快一些，节奏鲜明。）

预设 4：用了三个“冒”，让人感觉到这泉水很有活力。

师：说得好，这是一眼有活力、永不停息的泉。读“冒、冒、冒”。

2. 老舍先生在济南生活了七年，明媚的春天，他去看趵突泉，它在——冒；炎热的夏天，他去看趵突泉，它在——冒；凉爽的秋天，他去看趵突泉，它在——冒；即使是寒冷的冬天，他去看趵突泉，它还是在——冒，白天去看趵突泉，它在——冒；晚上去看趵突泉，它也在－－冒。所以数次游览趵突泉的老舍在文中这样写——（读）看那三个大泉，一年四季，昼夜不停，老那么翻滚。

你看，春天，趵突泉是那么________；夏天，趵突泉是那么________；秋天，趵突泉还是那么________；一句话永远都那么________。

学生先练读这两个句子，再齐读。

3. 当你站在这样的泉水旁边，你有什么感觉？（生说感受）

师：面对这样的情景，老舍先生又有什么感受？（出示句子）

句子：你立定呆呆地看三分钟，便觉得自然的伟大，使你再不敢正眼去看。

师：谁愿意读读这个句子？（指名读）

师（指一学生）：老舍先生，是什么让你不敢看？

4. 北方的冬天是寒冷的，到处都结了冰，但是趵突泉的泉水却是热的，你看（出示句子：冬天更好……一种似乎神秘的境界）。

师：你读出了什么？

6. 小结：这一段描写趵突泉大泉的美丽景色，突出表现了平时大泉“昼夜不息地翻滚”和冬天趵突泉的神秘感，使我们和作者一样感受了大自然的壮观。

师：正因为趵突泉是如此神奇、如此的美，作者不禁感慨：

“假若没有这泉，济南定会丢失一半的美。”

四、走近小泉，感受有趣

过渡：感受了大泉的伟大、神秘，那么池边的小泉又是怎样的？

1. 默读课文第 4 段，觉得哪里写得特别好的，特别能打动你的地方，画一画，圈一圈。

师：我发现很多同学画了很多处，觉得这句好，那句也不错。咱们交流的时候，就把最能打动你的句子挑出来，先读给大家听，然后说说自己的体会，好不好？

2. 汇报交流，朗读体会。

（补充省略号的内容：有的……）

师：用这段话中的一个词来概括，小泉是——（更有味）

师：（小结）你看，读着读着，在我们的眼前出现了这样的趵突泉——而正是这样的趵突泉，让老舍先生发出了这样的感叹：“设若没有这泉，济南定会丢失一半的美。”

五、感受文美，拓展阅读

1. 补充摘录笔记，背诵优美文字。

师：这么美的文字你能试着把它背下来吗？现在老师给你 2 分钟的时间，去试试，能背几句就背几句。

2. 济南为什么叫泉城？你还知道哪些地名的来历？查一查资料。（山城、雾都、蓉城、羊城、春城、太阳城……）

3. 再次质疑，鼓励课后探究。

板书设计

趵突泉

奔涌不息　姿态各异

（自然的伟大）

教学反思

山重水复“疑”有路，曲径通幽到“罗马”

今天，为川师大张教授带队的西藏格尔木小学的几位老师上了一节《趵突泉》，课后还进行了近两个小时的座谈，实在是很难得的提高自己教学水平的机会。

本节课，我围绕自己选择的“‘质疑型’教学模式变式的建构”这一主题，在写景文中进行尝试，力图体现层层质疑、多元感悟、积累运用的教学风格。

在座谈中，张教授及各位来宾肯定了这节课的优点。其中我校一位教师后来发给我一则听课感言，全文摘录如下：

本周，西藏驻青海格尔木的老师来我校考察学习，我们提供了 23 节课，其中语文课 8 节。这期间，我有幸听到了胡文东老师执教的《趵突泉》。这节课给我的感觉是务实、高效。《趵突泉》记叙了济南名胜趵突泉的美丽景色，作者抓住了趵突泉大泉和小泉的特点进行了具体细致的描写，字里行间洋溢着作者对趵突泉的赞美之情。课文先介绍趵突泉是济南三大名胜之一，突出了趵突泉在济南风景名胜中的地位。

作为白话文教学，胡老师做到了超越理解的层面。因为白话，就是明白如话，通俗易懂，不像古文需要反复阅读，仔细咀嚼，反复品味。我们来看胡老师是怎样处理的：

首先，由旅游话题自然引出趵突泉。看趵突泉图片，学生质疑，学生问题覆盖面广，有针对课题的浅表性问题，有针对课文内容的查寻式问题，有针对作家写作方法、写作目的的问题。教师及时进行问题评估，抓出一个关键问，"设若没有这趵突泉，济南定会丢失一半的美"。胡老师超越理解层面做什么呢？关注表达，关注作者的遣词造句。他紧紧抓住"设若没有这趵突泉，济南定会丢失一半的美"，以此为线索，引领学生去发现、探究大泉的气势、小泉的美丽。处理大泉一段，体会三个"冒"写出了水量大、时间长、力量大，连用三个"冒"，描绘出了泉水由慢到快、由小到大、由弱到强的过程。学生自读自悟，在读中学生读出意、读出形、读出味。学生从遣词造句、语言的特点去学习，摒弃了烦琐的分析、理解。学习小泉一段，则让学生自己去朗读文段、去背诵文段、去积累语文。没有过多的分析，而是反复的咀嚼。给学生更多的时间，学生才会还我们精彩。结尾处，老师出示的一副对联："佛脚清泉，飘飘飘飘，飘出两天玉带"，教师让学生对下联，"源头活水，________________________"。这如此刁钻的作业竟引起了学生的兴趣，大多数学生舍去了"当导游"的机会，挑战自己填对联，竟有一生对答如流，"冒冒冒冒，冒出一串珍珠"。细细想来，也不奇怪，这"一串珍珠"不是小泉中的吗？学生已经将书面语文融为自己的语言了，活学活用。

事实证明，简单的课文无需老师问过来、问过去，嚼过来、嚼过去。我们需要策略地处理我们的文本，长文短教，深文浅教。当然，有时也需要短文细教，难文慢教。因文而异，因学定教。这样的教学是不是"多、快、好、省"呢？

同时，他们也指出了这节课存在的不足之处：一是课题的导入显得平淡了些，未能充分调动学生的"胃口"；二是没有及时追问对联对得好的那个学生，为什么能对这么精彩，并及时给予肯定；三是课件和书上的插图没能充分发挥其作用。

回顾这节课，自我感觉满意的地方有以下几个方面：

一是比较充分地展示了"质疑型"变式教学的一些做法。如交流预习时的问题前，让学生思考问题属于哪一类？是否是自己查工具书就可以解决的？是否有必要在课堂提出来解决？这使学生敢于质疑，且善于质疑，避免了"假"质疑，培养了学生的思维品质。此外，还有三个"冒"的质疑，基本达到了预期想法。

二是采取多种方法释疑。如关于"三大名胜"与"一半的美"的矛盾，引导学生自己读书体会，明白了这样说是为了强调其重要地位。而为什么用三个

“冒”字，则引导学生在读书中从不同角度体会，基本做到了读悟结合。

三是注意了对学生的评价。如：你是想问老舍先生吧？那他为什么不敢正眼看呢？课后我想，这里如果这样处理会更好：为什么呢？其实老舍先生已经回答了我们，答案就在课文之中，你用心读一读，一定会读懂老舍先生内心的秘密。这样学生可能就会从课文中找到“自然的伟大”“自然的力量”等词语，并说出自己的体会。

可见啊，精心的预设是多么重要！

当然，课后我也进行了深入的反思，主要问题有以下几点：

1. 开课要充分激发学生的欲望。由于顾忌时间不够，学生的资料介绍不充分，我也只把预设的资料补充了一点。

2. 及时追问，展现学生的思维过程。这其实也是教师与学生之间的有效、及时对话，是可以预设的，但我忽略了。

3. 学生说，如果我在泉池边，我想吟一首小诗。我说，什么诗呢？也许你正在思考吧。其实可以这样处理：什么诗呢？宋代文学家李清照曾在泉池边做了这样一首诗，我们欣赏一下；或者说，也许你用心学好了课文，到下课的时候，你的诗就做出来了，老师对你有信心哟！遗憾的是，机智地应对学生发言的能力还不够。

4. 课上背诵课文重点段的时间不够，且没有检查学生背得怎样。前面理解的时间还是稍多了一些，这正是备课时我所担心的。我想，课堂容量是否太大了些，一篇不长的课文，为什么会这么紧紧张张呢？

我知道，在课堂上融入质疑元素的老师很多，因此曾经感叹：山重水复“疑”无路。通过这一课的教学，我反思了自己教学中的问题，同时也坚定了信心：山重水复“疑”有路，曲径通幽到“罗马”。

《谁说没有规则》教学设计及反思

教学目标

1. 自读课文，认字1个，写字6个，继续练习写摘录笔记，积累“规则、快捷、满不在乎”等词语。

2. 调动学生已有的生活经验和情感体验，能抓住关键词句，理解诗歌内容，并学习劝告违反规则的人。

3. 仿照课文续写一节诗歌。

4. 通过学习，懂得自觉遵守规则的重要性、必要性，增强公德意识。

教学重难点

调动学生已有的生活经验和情感体验，能抓住关键词句，理解诗歌内容，并学习劝告违反规则的人。

教学准备

留心生活中的规则，积累关于规则的名言。

教学时间

1课时。

教学过程

一、交流规则，引出课题

1. 同学们，前面学习了《钓鱼的启示》一课后，还记得这篇课文主要讲的是什么事吗?（一生说）说得很好，课文讲的就是詹姆斯在父亲的督促下遵守规则，而终生难忘，引以为骄傲的故事。

2. 遗憾的是，在我们的现实生活中，常常有些人却以这样或那样的借口，违反规则。今天我们要学习的一首小诗，就刻画了这些人不光彩的一面。这首诗的题目就是——《谁说没有规则》。（板书课题，注意“规则”二字的写法，找找近义词，如秩序、纪律、法规等）

3. 齐读课题。你发现课文的题目有什么特点?（抽读，齐读，读出反问的语气）你读出了什么？（谁都说有规则，人人都说有规则，大家都说有规则……）

二、初读课文，整体感知

1. 既然谁都说有规则，那有些人是怎么做的呢？请大家自己读诗歌，可以大声朗读、小声地读，也可以默读，遇到生字词多读两遍，读正准、读通顺、记字形。

2. 指名读课文，随文检测学生掌握生字词的情况。重点是“喂”“搁”“序”等，引导学生说说记字方法。换词理解“搁”字的字义。（放、扔）

3. 课文中讲到哪些规则？请用横线画出。（指名说，追问：谁能用一句话说？为什么你们一下子就找出来了？写得明明白白）板书：明明白白。

4. 引导质疑。看到这个词，对照课文中人物的表现，你会产生什么疑问？（如学生不能提出问题，教师可让学生看课后问题，从而明确学习的重点）

（预设学生的质疑：既然写得规则明明白白，为什么有人不遵守呢？）板书：遵守？

三、精读课文，学会劝导

1. 既然规则明明白白，为什么他们不遵守呢？是他不知道这些规则吗？（再次抓“明明白白”，体会他们心中明明白白、心知肚明）是呀，真让人不理解，规则写得明明白白，他们心里也清清楚楚，为什么要违反呢？我们就围绕这个问题深入学习课文。

2. 指导学习第一小节。

（1）读一读，想想课文中的“问他为什么”应该怎么问？让我们根据课文的提示来问一问他。你是怎么问的？（生思考，师示范，再请生说）

（2）画一画，画出他为自己找的借口。生画出重点词句，抓住“回头一笑”和人物语言，体会人物错在哪里？（明知不对，却随大流的心理）

师补充资料：由于游人不遵守动物园管理规则乱投喂食物，致使动物死亡。某动物园为濒临死亡的熊猫做手术，在胃里发现了塑料袋、长钉子等。

（3）劝一劝：如果你就在现场，看见他这样一副神态，听到令人生气的回答，你怎么劝告他？

（先自己静静地想一想，再同桌互说，然后教师创设情境指名说，提示用上有关的名言或事例，以反问的语气，理直气壮，以增强劝说的力度，明白劝说的话语要得体，有礼貌）

3. 小结学法，板书自学要求（读、问、画、劝），学生从后三节中选择一节自学。

4. 选择汇报，逐节交流。（抓住人物神态和语言，体会人物错在哪里，重点是怎么问和怎么劝）

（1）你画的重点词句是哪些？从中体会到他错在哪里？（第二节教师补充一些数据）

（2）你怎样劝？比一比，看谁最会劝？（创设情境，适时评价激励，评选最佳劝导员，颁发喜报）

四、拓展仿写，表达感受

1. 你发现生活中有哪些不守规则的现象？根据观察到的不良现象，仿照诗歌写一节。

（交流作品，推荐佳作。评价激励：会观察，会模仿，有规则意识）

2. 这首诗列举了生活中的一些违反规则的现象，告诫我们要自觉遵守规则。（补充板书：自觉）我相信，你们学了课文后一定会有一些感受，请把你的感受用一句话表达出来。（学生思考，发言，有选择地让学生上台板书）

教师示范（展示台举例）：

> 用规则看守世界，让社会更加和谐。——语文老师　胡文东
> 没有规则不行，有了规则不遵守更不行。——未来的……

3. 你想给自己留点什么练习？（生说，老师提出建议）

板书设计

谁说没有规则

明明白白　自觉遵守

教学反思

教学设计与课堂实践的距离有多远

这次接待课，在不知上什么课为好的情况下，于是就选择了上“规则”这个单元的《谁说没有规则》一课。

之所以选这课，主要出于这样几点考虑：一是这是一首说理性的诗，不需

要很多感情朗读的成分，正好可以扬长避短；二是篇幅短小，适合在一节课内完成；三是内容浅显，一般人都觉得没什么好教的，但只要能找准几个语言训练点，也是可以有亮点的。同时，也觉得如果处理不当，以人文性代替了工具性，就会上成品德课。

思量再三，确定了教学目标、教学思路和几个语言训练点。

教学目标：自读课文，认字 1 个，写字 6 个；调动学生已有的生活经验和情感体验，能抓住关键词句，理解诗歌内容，并学习劝告违反规则的人；仿照课文续写一节诗歌；通过学习，懂得自觉遵守规则的重要性、必要性，增强公德意识。

教学思路：①交流规则，引出课题；②初读课文，整体感知；③精读课文，学会劝导；④拓展仿写，表达感受。

确立的几个语言训练点是：给课题换一种说法；学会抓住“明明白白”质疑；勾画重点词句，体会错在何处；选一个场面练习怎样用上积累的名言和故事劝说；仿写一节；用一句话表达自己的感受。

一节课下来，本来应该是轻松完成的内容，却略显紧张。除了语言训练点太多以外，主要是以下两处未预设好：体会错在何处与劝说，学生往往不能对症下药。预设时想到了，但对策考虑不够；劝说时学生不能用上规则名言和故事、事例等，语气不强烈，说服力不够；原以为仿写容易，但学生做起来比我想象的要难很多。

刚好，接下来还有一节语文课。我从以下几个方面进行教学：让学生把读了其中一句话的感受写下来，交流时有选择地让学生自己写到黑板上，学生兴趣大增。根据一个学生仿写时说到的一句规则——小草微微笑，请您绕一绕——让学生说说自己知道的类似的提示语，没想到学生说出了很多，如别给我拍照，我有点害羞。照上面的样子，让学生把课文中的四条规则改一种说法，效果也不错。

于是我想，这首诗的教学是否可以这样大胆的设计：

读——学习生字词；

仿——仿写一节诗；

劝——用上平时的积累；

疑——能否把课文中的规则换一种说法；

说——用一句话感受，自创或改编规则名言。

这又是另外一种设想，相比第一种传统、常规的教学设计，这一种设计显得更为大胆和创新。但不知“理想”与“现实”究竟有多远？也许，试一试会更好。

《小英雄雨来》教学设计

教材简析

本文是一篇中篇小说，通篇贯穿着爱国主义的主线，讲述了抗日战争时期，晋察冀边区的少年雨来为了掩护交通员李大叔，在日本强盗的诱惑和刺刀威逼下视死如归，最后又机智地逃离死亡魔掌的故事，歌颂了雨来热爱祖国、不畏强敌、机智勇敢的品质。课文语言简洁流畅、情节生动感人。

教学目标

1. 自读课文，体会雨来与敌人英勇顽强、机智地做斗争的英雄品质，理解他能这样做的思想基础，由此激发学生对祖国的热爱之情。

2. 把握课文叙述的顺序，练习画情节曲线，能给每一部分加小标题。

3. 品味课文如何进行环境描写，体会这样描写的作用。

教学重难点

1. 训练概括能力，能给每一部分加小标题。

2. 品味课文多处环境描写的作用。

教学准备

1. 学生自读课文，练习画情节曲线，并尝试讲述故事的大意。

2. 查阅和筛选资料，了解日本侵略者在中国土地上犯下的滔天罪行。

教学过程

一、质疑课题，聚焦核心问题

为什么说雨来是小英雄？

过渡：写人物，写英雄，离不开故事，离不开故事情节。如何很快地把握故事内容呢？（生：加小标题、画情节曲线……）

二、整体把握，初步感知英雄

1. 交流小标题。

出示要求：准确、简洁、整齐。

——同桌交流小标题。

——请一名学生展示小标题，其他学生评价、提问。

——出示几组小标题，学生选择一组批注在书上。（教师板书重点部分：掩护李大叔、与鬼子斗争。）

2. 交流情节曲线：请一名学生展示，其他学生评价或提问。

3. 练习用一句话概括课文主要内容。

二、重点品读，感悟英雄品质

分解问题——英雄的行为？英雄的语言？英雄的思想？英雄的品质？

1. 提出自学要求。

默读第四、五两部分，思考：

（1）鬼子对雨来使用了哪些卑劣手段？（哄骗、利诱、威胁、毒打、枪毙）是哪个自然段？你是怎样批注的？

（2）面对敌人的种种卑劣手段，雨来是怎么做的？用波浪线画出描写雨来言行的句子。

2. 重点体会雨来的三处语言，想想：他当时可能怎么想的？选择其中感受最深的 1 处批注雨来的心理活动，并交流体会。

3. 雨来还有哪些英雄的行为？

4. 评价人物。英雄的品质有哪些？据学生回答适时板书：

热爱祖国、爱憎分明、意志坚定、坚强不屈、勇敢机智……

三、前后联系，领悟表达方法

1. 思考：他小小年纪，为什么能够这样做？体会课文 1~2 部分的作用。

2. 体会三处景物描写的作用。（找一找，选一处体会其作用）

四、小结存疑，丰富英雄形象

1. 说说阅读小说的方法。（情节、人物、环境）

2. 你还有哪些问题？

3. 课外推荐欣赏：

影视作品：《小兵张嘎》《地道战》《地雷战》《鸡毛信》。

文学作品：《小兵张嘎》《小马倌和大皮靴叔叔》《烽火少年》《小武工队员》《刘胡兰小传》《杨靖宇的故事》《赵一曼》《神秘的猎人》。

《威尼斯的小艇》教学设计

教学目的

1. 认识小艇在威尼斯水城中的作用，欣赏威尼斯美丽、独特的风光。

2. 了解小艇的特点及它与威尼斯水城的关系，学习作者抓住事物特点的写法。

3. 学习本课生字词，正确、流利地朗读课文。

教学重点

了解小艇的特点，学习作者抓住事物特点的写法。

课前准备

1. 朗读课文，查工具书自学生字词语。

2. 思考"预习"和课后"思考练习"中的问题，记下自己不懂之处。

课时安排

两课时。

教学过程

第一课时

1. 揭示课题，简介威尼斯。欣赏威尼斯的风光录像。

2. 引导质疑，抓住重点。

(1) 启发学生从以下方面多角度质疑：①围绕课题，你能提出哪些问题？②看到题目，你认为课文可能会写些什么？③通过预习课文，你有哪些疑问？

(2) 引导学生围绕"预习"和课后"思考练习"，从上述多个问题中抓住重点问题。

3. 引导梳理，揭示学习目标。

(1) 学习生字，理解"操纵自如"。

(2) 威尼斯的小艇的特点有（　　　），作用是（　　　　）。

(3) 围绕"船夫的驾驶技术特别好"这句话，作者写了哪几个方面？

(4) 从课文哪些地方可以看出小艇和威尼斯水城的关系很密切?

(5) 作者为什么能把威尼斯的小艇写得那么具体、生动?

4. 围绕学习目标引导学生自学课文，圈点勾画问题答案。学生的自学以个体活动为主，教师巡回指导，特别关注学习能力欠佳的学生。

5. 交流汇报。

(1) 学生分为 4 人一组相互交流学习情况。

(2) 对照教学目标，请学生回答有关问题，并说出自己是怎样弄懂这个问题的。

(3) 指导朗读课文。

6. 学生提出自学中不懂的问题，可以是学习目标中的问题，也可是其他问题。

7. 教师小结学生的自学情况，表扬学习认真、敢于提问的学生。

第二课时

1. 教师整理归纳学生在自学中提出的问题，组织学生讨论，尝试解决问题。

2. 设计语言文字训练活动，有针对性点拨。

[活动一] 运用对比，抓住特点。出示：

读一读，比一比，想一想。

威尼斯的小艇很长，又窄又深，船头和船艄向上翘起，行动轻快灵活。

(1) 这段话和课文中的句子，都写出了小艇的哪些特点? 用波浪线画出来。

(2) 那段话好? 好在哪里?

[活动二] 体会船夫的驾驶技术特别好。出示：

读第 4 自然段，完成练习。

(1) 用波浪线画出中心句。

(2) 船夫的驾驶技术好表现在三个方面，请用简洁的语句回答：船多时（　　），拥挤时（　　　），遇到极窄的地方（　　　　）。

(3) 最能表明船夫的驾驶技术特别好的一个词语是（　　　）。

[活动三] 体会小艇的作用。出示：

(1) 从时间、人物、事件三个角度思考，小艇和威尼斯有什么关系?

(2)“古老的威尼斯又沉沉地入睡了”和小艇有什么关系?

(3) 填一填：

小艇与人们的关系多密切啊，人们不但（　　）需要小艇，而且（　　）也需要小艇；不但（　　）需要小艇，而且（　　）也需要小艇；不但（　　）需要小艇，而且（　　）也需要小艇。

3. 小结。围绕训练重点，以及学生的学习兴趣、学习习惯等方面做小结，也可以让学生从学习内容和学习方法等方面做自我小结。

4. 出示练习，学生独立完成，老师个别指导。

（1）听写生字词。

（2）解释加点的字。（可查工具书）

操纵自如（纵：　　　）　纵横交错（纵：　　　）　纵情歌唱（纵：　　　）

簇拥（拥：　　　）　拥挤（拥：　　　）

（3）缩句：

月亮的影子在水中摇晃。

威尼斯是世界闻名的水上城市。

（4）填空：

威尼斯的小艇像（　　），像（　　），仿佛（　　），等于（　　）。

（5）学当小导游，向游客介绍威尼斯的独特风光。学生先同桌互说，再到讲台上讲述，评选最佳小导游。

5. 交流、反馈学习情况。

6. 总结全课。

（1）引导学生学习作者抓住事物特点、多次细致观察的方法。

（2）围绕板书把握课文主要内容。

（3）学了课文，你还有哪些不懂的地方？你还想知道哪些与课文相关的内容？（生再次提出问题）

板书设计

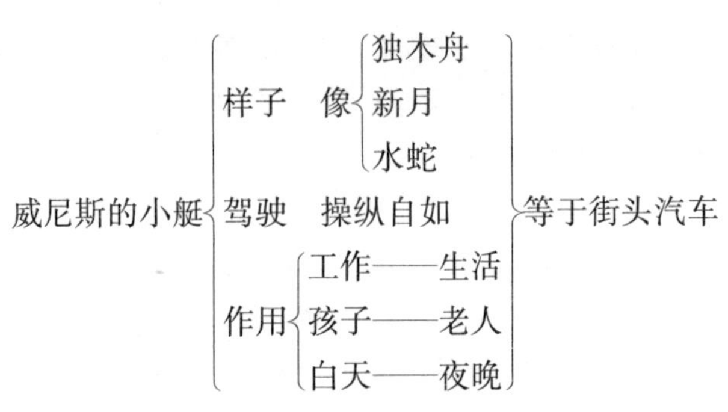

第三章　疑之悟

思中行，
行中悟，
悟中思。
悟名家，
他山之石，
攻玉为下，
攻心为上。
省吾身，
点点滴滴，
零零散散，
且悟且行。
捕灵感，
一个故事，
一句童言，
电光石火般，
瞬间即永恒。
我悟故我在。

我的教学语丝（三）

◆语文教学应该“五重”并举，即重情趣，让学生爱学；重方法，让学生会学；重过程，让学生真学；重积累，让学生博学；重差异，让不同程度的学生都得到发展。

◆如果说，一种教学模式是一把钥匙，那么，在各种教学模式之上还有一把总钥匙，这把钥匙的名字叫作“变通”。我们应根据教材、学生及自身的特点，在基本模式的基础上大胆发展创新，使教学模式精彩纷呈，永远充满活力。

◆语文教学中，如能抓住教材的对比之处，设计相应的学习活动，让学生在对比中阅读，在对比中发现，在对比中感悟，在对比中品味，可使语文教学删繁就简，收到事半功倍、言意兼得的效果。

◆语用教学要与内容理解相融合，与情感陶冶相融合，与学法指导相融合，不仅要指导学生读懂“写什么”，发展感受、理解、欣赏和评价的能力，更要指导学生读懂“怎么写”、迁移“怎么写”、实践“怎么写”，在阅读中学习语言文字运用。

◆语文教学中，我们要深入钻研、准确理解教材，恰当地挖掘出教材中的思想教育因素，并根据学生的实际，“循文悟道”，因人施教，在传授知识、培养能力、启迪思维的同时，培养学生正确的情感、态度和价值观，从而使工具性和人文性水乳交融。

第一节　他山之石

有感于“第一课”

开学前的一天，翻开新一期的《小学语文教师》，我很快被“备课室”一栏中取名为“第一课”的一组文章吸引住了。

这组文章是10多位教师精心准备的有关如何上好新学期“第一课”的教学设计。从《aoe声音魔法课》到《名字开始的识字课》，从《播下期盼的种子》到《感受语文的芬芳》……每一篇设计都是那么令人耳目一新。

其中管建刚老师的《我的开场白》一文更是让我一口气读完才罢休。管老师认为：新接一个班，开场白好不好，精彩不精彩，能不能吸引学生，这对“亲其师，信其道”影响很大。于是，他从别开生面的自我介绍开始，到让学生猜老师最喜欢（讨厌）什么样的学生，再到介绍老师的优点与缺点，以及老师的爱好等方面，以幽默风趣的语言，配以精心挑选的照片，几乎把学生迫切想知道新老师的方方面面都展现在学生面前。我想，学生在这一节课上肯定喜欢上了新老师，喜欢上了语文课，喜欢上了语文……

读了这组文章，我回想自己曾经新接班的经历。早些时候，根本没有想到开学还有这样的“第一课”；后来，我也意识到“第一课”的重要性了，但又从没有像管建刚等老师那样去精心设计新学期的“第一课”。也许自己是语文老师兼班主任的缘故，开学的第一课，往往是拉拉杂杂讲了许多自己认为很重要，但学生却感到腻烦的话，更不要说给他们新鲜感了。因此，学生没能很快地“认识、了解”老师，自然，教师也没有给学生一个好的第一印象。

在阅读和反思的同时，我也感到有些遗憾。浏览这“第一课”的10多篇文章，有第一堂拼音课、第一堂识字课、第一堂读书课……却没有第一堂“育人课”。

这学期的第一课，我是要求学生给我书面提建议：怎样上语文课，你们才觉得既有收获又感到有乐趣？仔细阅读学生的建议，我感受到他们的真诚，尽管有些想法很天真、幼稚，但我内心充满了感激。唉，我也不例外，只重视了教学而忽视了育人，有时功利性太强了。

其实，我的困惑也是很多教师的困惑，或者说，这也反映了国内外教育的截然不同。

据一篇文章介绍，我国小学的第一课，老师对学生说的话几乎都是同学们，你们要好好学习，天天向上，争取做第一名！而外国小学的第一课，老师对学生说的话是你们要做一个好学生，不要伤害周围同学。这种教育起点，注定了其未来走向，国内教育关注学生的学习成绩，而基本的文明修养毫不在意，以至于到了大学，才重新教育学生买饭不能插队、不要随地吐痰、不要骂人、不要打架、考试不要作弊、借钱要还；而国外的教育，却强调学生人格的健全发展，从小就把文明意识根植在学生脑海中。

什么时候才能让我们的学校教育少一些功利，多一些真正的"素质教育"呢?

为什么三年级要做五年级的作业?

——观张祖庆教学《和时间赛跑》遐想

前段时间，观摩特级教师张祖庆执教林清玄的散文《和时间赛跑》一课，给我留下了深刻的印象，同时也引起我的一些思考。

一、思考之一：一次大胆的尝试——"疑思"教学模式显活力

课堂上，张老师在让学生自读课文、有机渗透主要字词的学习之后，引导学生质疑问难，学生的踊跃发问令人鼓舞：

"为什么爸爸的一番话是等于给'我'设了一个谜?""这个谜到底是什么?""为什么这个'谜'会让我觉得可怕?""明明跑不过时间，为什么还要和时间赛跑?""为什么三年级要去做五年级的作业?""为什么时间过得飞快，使'我'从心眼里不只是着急，还有悲伤?"……

在教师的耐心启发帮助下，学生质疑的兴趣更浓了，提问的质量也越来越高。这些问题，燃起了学生学习的好奇心，从根本上强化了学生的问题意识。

接着，经教师适度归纳点化之后，抓住大多数问题都涉及的"谜"作为切入点，学生以对话互动、讨论探究的方式，在教师的引导下自己解决问题。

"学须有疑，小疑则小进，大疑则大进"是我国传统教学方法的精华。李政道博士曾经批评中国的课堂文化严重缺失质疑探究精神时曾指出，学问学问

是要学会问，而不是只学会答，并对课堂上只见老师问学生，而很少有学生问老师的怪现象提出了深刻的反思。

毫无疑问，这位老师执教的《与时间赛跑》是一次在“改课”前沿的成功探索，也是一次奋力争跑在时间前面的大胆尝试。他以相当典型的疑思策略，使课堂教学呈现出“以生为本”“以学为重”的新路向，令听课者耳目一新。

二、思考之二：一处可惜的忽视——“元芳，你怎么看?”

一堂成功的课并不排除有某些问题可资深入研究，因为从本质上讲，每一堂课都是上帝咬了一口的苹果。

在这节课的质疑环节，一位学生提问：“为什么三年级的学生要做五年级的作业?”可惜的是，老师对于这一问题从头到尾都未予回应。

不错，这个问题并非是本课学习的主干问题，也许并未在老师的预设之中。但是，课堂的精彩往往源于意想不到的生成。

对于这一问题，当然不必占用过多的课堂时间，但可以在解决了主要问题之后，利用一点儿时间，作为辩证思考的一个问题，引导学生讨论、争论，甚至辩论——“元芳，你怎么看?”若能这样处理，这也许会成为本节课的又一个亮点。

周一贯老师说：“对于《与时间赛跑》这篇散文来说，存在着解读的本体性和多元性问题。作为解读的本体性而言，是作者原本创作的初衷，也称‘内源性’，是本文意义生成的客观规定性，这是无法改变的。但是，从本文解读的多元性来说，即应当有读者认识向度上的多位延伸，包括可以反思、质疑和批判的一面，教师也应当尽可能引导学生去再思考。”

的确，从当代生态文明建设的角度看，和时间赛跑、贪多求快并非完全正确。以前我们会更多地倡导不顾一切地赶超时间，但现在，我们会更多地去关注生命的自然节奏，适度提倡慢生活，更重视整体和谐。我国的经济建设，也是要求“又好又快”，行稳致远，“好”是第一位的。2011 年温州动车事故，就让不少人质疑不应该以付出生命与鲜血为代价。当时网上有一条微博，广为传播，令人深思：“中国，请放慢你飞快的脚步，等一等你的人民，等一等你的灵魂，等一等你的道德，等一等你的良知！不要让列车脱轨，不要让桥梁倒塌，不要让道路成为陷阱，不要让房屋成为废墟。慢点走，让每个人都享受自由和尊严，每一个个体都不应该被这个时代抛弃。”

当然，我们不是说“和时间赛跑”就错了，但从另一个角度，辩证地看待“和时间赛跑”，显然是大有裨益的。

三、思考之三：一种理想的追求——教育啊，请慢些走！

美学大师朱光潜先生在《谈美》一书的序言中提到，阿尔卑斯山谷中一条风景极佳的大路上，有一条标语写着："慢慢走，欣赏啊！"对此，朱光潜先生感叹，许多人对待生活、对待世界的态度，恰如在阿尔卑斯山谷中乘汽车兜风，匆匆忙忙急驰而过，无暇回首流连风景。这是一件多么可惜的事情。

据说，印第安人有一个古老的部落，他们长期迁徙，居无定所，却有一个坚持不懈的习惯，每走两天就停下来休息一天，世代不变。有人不解，年迈的部落首领解释说，我们的脚步走得太快，灵魂都跟不上，走两天歇一天，就是为了等待我们的灵魂。

在《和时间赛跑》的课堂上，为什么老师备课时没有预设到学生会提出"为什么三年级的学生要做五年级的作业"这一问题？为什么老师在课堂上未能意识到这一问题的生成价值？对此，我们不妨静下心来多想一想。

据我所知，张祖庆老师是一位著名的特级教师，从他执教的这节课及其他执教的多个课例来看，显然，这不是因为老师钻研文本不够深入的问题，更不是老师课堂上缺乏教学机智的问题，而是这位老师认为这一问题没有讨论的必要，认为这是一个不是问题的问题。

有这样想法的老师不在少数，也许你我都在其中。

近几年，随着经济的快速发展，我们的思维模式和行为方式已经习惯了"快节奏"，使得教育也越来越急功近利，从"不要让孩子输在起跑线上"到"再苦不能苦孩子"，从"有效课堂"到"高效课堂"，从幼儿园的双语教学到基础教育的奥赛辅导，乃至名目繁多的所谓"小升初衔接班""初升高衔接班"……一列列"教育高铁"带病上路。其实谁都明白"欲速则不达"的道理，但谁都不愿停下过快的脚步，真可谓"树欲静而风不止"。

曾经听一位朋友讲，他在某地参加一个教学研讨会，会上有一些当今教育名家的课堂展示和讲学报告。从报告上看，有的名家显然是准备不足，往往只有靠朗读学生的作品来打发时间。"我不怀疑这些专家的学术水平，但是这种满天飞式的讲学，不认真准备的态度令人不解。"专家们，你参加的讲学活动能否精减些，准备能否充分些，能否不要刚刚下了飞机进了会场，就在思考下一场的报告能否赶得上？

这位朋友无可奈何而有深有感触的话不能不引人深思：我们当下的教育，是否"也走得太快，以至于灵魂都跟不上了？"我们的教育，是否也应该让学生"慢慢走，欣赏啊"？

日本学者佐藤学在《静悄悄的革命》中指出："它（教育）绝非是一场一蹴而就的革命。因为教育实践是一种文化，而文化变革越是缓慢，才越能得到确实的成果。"教育不是一场快捷的锦标赛，润泽生命需要一定的时间；教育不是一场速朽的时装秀，它要为文化的传承担当起责任。无论是教育管理者、学校、教师，还是家庭，都不要急于求成。

教育是"慢"的事业，它的特征最像农业和林业，不能依赖"硬件设备"，不能强调资金投入，不能指望加班加点，不能靠使用生长激素，以至于拔苗助长、本末倒置。

当然，慢，绝不是不求效率，而是尊重教育对象，尊重教育规律。慢些走，是慢慢欣赏；慢些走，是潜心修炼；慢些走，是精雕细刻；慢些走，是水到渠成。

慢些走，在今天这个快速发展的时代，似乎有些不合时宜。可是，与其走马观花，蜻蜓点水，倒不如心定气闲，埋头实干。

老师们、校长们，为了让每一粒种子都能落地生根，让每一个花蕾都开花结果，请少一些说教吧，让课堂因宁静而迷人；请少一些浮躁吧，让校园因书香而诱人；请少一些功利吧，让师生因纯真而动人。

要敢于说，更要敢于做

——观薛法根《三个小伙伴》随想

在陈曦名师工作室开展的"三主"创新课堂课例研究活动中，千里迢迢来成都的薛法根老师携一年级的《三个小伙伴》，带领我们在轻松、愉悦的氛围中，发起了对现行小学语文教学的《突围与重建》。下午，我们和各位专家观摩了 L 老师执教《我的名字》一课后，专家们先后作点评和引领。

此次活动感悟颇多，现摘其一二，和大家分享。

感悟之一：他应该不会上一年级的课吧

活动之前，早闻薛法根老师要来参加活动，并且要上一节示范课。我猜想，他应该是上中高年级的课，因为几年前在成都听过他的《爱如茉莉》，一个月前在杭州又听过他的《匆匆》，加上在教学杂志上看过他的课例大都是中高年级的课。男老师嘛，教学中高年级会更适应一些。教了 20 多年的小学语文，我都从未敢涉及一、二年级的语文教学。

但是，活动前两天，我得知他上的课题是《三个小伙伴》，一年级。浏览他的博客，发现，他曾经也有上一年级的课。我想象他上一年级的课会是什么情景？

然而，出乎意料，又在情理之中的，薛老师的课充分展现了他的组块教学的理念，并未出现我所想象的尴尬。他以自己风趣、幽默的语言和体态，精心设计的课堂活动，激发了学生的兴趣，搅动了学生的思维，课堂氛围轻松而不沉闷，语言训练实在而不浮华，与他的《匆匆》相比，真有异曲同工之妙。

前几年也有老师"煽动"我从一年级开始带班，我以"知难而退"、害怕误了学生为由推辞了，而这次，想到自己刚好教的是六年级，竟有了下学期想去教一年级的冲动。我想，不管教哪个年级，学生都喜欢幽默、风趣的老师；不管教高段还是低段，都需要教师精心设计语言训练活动。不管怎样，教师都应该遵循学生身心发展的特点和认知规律。

从薛老师身上，我有了大胆尝试教一年级的想法。

二、感悟之二：你是那沉默的大多数吗

下午的专家点评中，薛老师点评了L老师执教的《我的名字》一课，并做了《突围与重建》的专题讲座。

他说，低段语文识字、学词时，要出现词组、连词成句而不仅仅是单个的生字；"为什么叫这个名字？"由于思维的跳跃性，要让学生结合生活体验或想象来"演"（即语境还原），在此过程中，体会不同名字的来由，应避免单纯的理解；同时，语文课要注重语言的转换运用（指向语言智能、思维智能、情感、审美智能），比如让学生仿说一段等。

根据薛老师的点评，这节课的目标应调整为：①识记字词；②背诵课文；③创设情境，引导学生理解诗中四个不同名字的含义；④转换语言（仿说一节）。这与原目标（会认9个字，会写爷和奶两个字，学习新的笔画横折折折钩；渗透"长大"的含义，懂得关心他人、帮助他人；正确、流利、有感情地朗读课文）相比，显然更符合年段特点和课标精神。

其实，听了L老师的课，在薛老师点评之前，我和同行的两位老师交流，基本看法很是一致。比如：不要出现单个生字，而应出现短语；让学生在表演中理解名字的含义，可以先教师和学生演，再让学生自己选择演……

我这样说的目的不是说专家观点的都是对的，而是告诉大家：一要带着思想听课，要思考，不要让自己的脑袋成了别人的跑马场。二要敢于发表自己的观点，也许自己的想法并不完美，甚至还有缺陷，但不要做沉默的大多数，而要积极主动讲出来，和他人分享、碰撞、交流。在这个过程中，自己的认识和

能力才会得以提升。

三、感悟之三：你敢不敢这样教语文

多次听过杨东老师的评课，每次都受到冲击。这一次在点评环节，他送给语文教师六点建议，即六句话：

1. 丢掉教鞭，让不同的学生自由尽情绽放（真问题与假问题，教师对学生真问题的关注不够）；

2. 拆掉讲坛，把话语权还给学生；

3. 退出舞台，把展现的时空让给学生；

4. 舍掉太多目标，聚焦核心目标，多做语言训练（效率—效益）；

5. 忘掉教参，淡化理解，让学生自己理解，自由碰撞；（现在的教师高估理解的作用，低估学生的理解力，其实理解有正想理解与反向理解）

6. 扔掉练习册，自主设计练习题。

只要读过他的专著《旁门正道》一书，都会觉得他的观点比较犀利，且切中当前教学的弊端。包括我在内的大多数教师，都是很赞同他的观点的。

然而，你敢这样做吗？你会这么做吗？

事实上，杨东老师曾经讲过的一句话或许对你更有用，这句话大意是，只要你在“改”，就总比没有“改”好。他说的这个“改”，是说既要听取他人的观点，更要在教学中有所行动，哪怕只是那么一点小小的改变，都是可取而可贵的。

信手拈来，情趣横生

——感悟支玉恒的幽默艺术

前不久，有幸观摩了特级教师、小学语文大师支玉恒老师上的两节即兴现场综合作文训练课。年已古稀的支老师精神矍铄，课堂上挥洒自如，令人佩服，值得学习借鉴的地方比比皆是。结合自己的实际，我觉得最应该学习支老师课堂上所表现出来的幽默与风趣。粗略估计，两节课中的幽默不下十处，其中三处最值得回味。

一、师生“问好”的艺术

上课伊始，师生问好，是上课的必要环节。可是支老师却要求学生按照老师的相同句式回应老师的话。“同学们真精神！”“老师真精神！”“同学们真可

爱!""老师真可爱!"支老师抓住时机笑着说，今天给你们上课的是个老头，今年70岁了，还可爱啊?"同学们请坐下!""老师请……"学生一时语塞。在老师的暗示下，学生一起说："老师请上课!"没有刻意的自我介绍，没有做着的哗众取宠，在师生之间轻松的应对中，交流了感情，活跃了气氛，训练了语言，很自然转入了正题，真可谓"羚羊挂角，无迹可求，不着一字，尽得风流"。

二、三次"吹牛"的调侃

刚上课，支老师问学生怕不怕写作文，没想到大家异口同声："不怕!""真的不怕?""真的!""我教过的许多学生都怕作文，你们却说不怕，吹牛吧?"全场哑然失笑。接着，支老师又问："你们有没有觉得自己不会写的作文？或者最难写的题目?""没有!"学生一本正经地回答。"看来你们还在继续吹牛！那我们请现场的老师来出题目，看能不能难住你们。"于是这节课很自然地进入了听课教师现场出题的环节。在对黑板上的一个个题目进行审题、选材、立意、构思时，学生都认为《和谐社会》这个题目难写。"当然难写，这个题目应该谁写呢?"支老师说顿了顿说："这个题目应该由国家主席来写。"全场都哄笑起来。经过较长时间的指导后，支老师又问学生："开始你们觉得最难写的《和谐社会》能写了吗?"学生都说能写，支老师不失时机地说："现在你们又敢吹牛了。"逗得学生笑起来。

三、软硬兼施的"揭发"

课堂上，支老师要求学生20分钟写一篇400字以上的作文，时间很快就到了。支老师一共叫了两个学生当场朗读自己的作品。第一个主动举手的学生读完并点评后，就再也没有学生敢举手了。这不会难住支老师："再不举手，我就要请同学检举揭发了。"可还是没人举手，支老师只好请一名学生推荐一位同学来读自己的作品。那位被"检举揭发"的男生尽管到了讲台，可并不愿意，支老师并不轻言放弃："如果你敢承认自己是小狗，我就让你下去！你承认吗?"那个学生支吾着说："有一点点!""也就是说，如果你有100斤，只有1斤是小狗，99斤都不是，你还得读!"哪知学生就是不愿意读。支老师又说："你们知道什么是愁眉苦脸吗？他就是!"又一次笑声。支老师还不急于让他读作文："你叫什么名字?""我叫万俊言，英俊的俊，语言的言。"支老师一听名字，顿时乐了："看来今天请你读作文是请对人了。你看，俊言，从你口里发出的全都是美丽的语言呢。"在支老师的软硬兼施下，那个学生终于充满激情地读了起来。

此外，关于“回扣”的处理也令人回味。现场老师出的有一个题目是《向奥巴马推销茶叶》，要求每二两茶叶用50美元的价钱推销给他。支老师请学生口述时，一个学生说为了能推销出去，要给奥巴马回扣。支老师煞有介事地说：“哼，不怕你是总统，看你在回扣面前动不动心?”引得现场哄堂大笑。

小学生也能读《上下五千年》?

——观韩兴娥教学《上下五千年》随想

这周，第二次参加课改联盟小学语文《学本》开发团队研讨会，“韩兴娥”的名字再次被提及。加上之前也听说过她的海量阅读实验，于是并特别关注了这个近年来被人们津津乐道的她和她的海量阅读。

韩老师的海量阅读，即高速大量阅读，使学生在低（一年级）、中年级（二、三年级）的阅读量分别达到了50万字和300万字。在实验班学生（五年级上学期）读书量调查中，读过上百本乃至几百本中外名著的学生已大有人在。

一本现行教材教学一个学期，这是全国绝大多数学校撼之不动的定律。可是，韩兴娥只用两个星期，就将一册语文教材教授完毕，而且不再布置任何与课文相关的作业。对照韩老师的做法，反思自己的语文教学，真的不仅仅是“惭愧”二字能概括得了的。《上下五千年》，不知真正阅读过的老师有多少，实话实说，我是没有完整地阅读的。韩老师教学生读《上下五千年》的做法，希望对教师阅读和自己的语文教学有一些启示。

《中华上下五千年》分为上、中、下篇，共271个故事，每个故事前面附有一段引文，多是选自《史记》《资治通鉴》中的一小段文言文。尽管韩老师课前参阅了大量的资料，但真正直面原文时，她还是陷入了为人师者最难堪的尴尬之境：她所选用的《中华上下五千年》中的文言文没有译文，而且存在不少印刷错误，书中许多文言词句的意思、字音无从查证。韩老师对学生坦陈自己对文言知识知之甚少。因此，她们师徒见到文中的“拦路虎”，略微一“过招”，一看难以“取胜”——读不懂，立即绕道而过。五年级上学期重点读白话故事，文言文只能粗略地、不求甚解地学习，读的速度较快，半年时间，他们粗略地学完了整本书。再回头去复读时，师生发现，当时弄不懂的地方竟都能“无师自通”了——给学生一篇陌生的文言文，全班每个学生都能比较流利地读出来，能解释大体意思。于是下学期有了“深钻”文言文的能力，又学习了第二遍。

这次经历，让韩老师悟出了一个道理：书读百遍，其义自见。有些内容起先可以囫囵吞枣，再反刍时就会轻车熟路。"让学生自己读懂文字"后来就成了韩兴娥惯用的手法、自觉的行动。有些问题即使她知道答案，也不急着告诉学生，让他们自己去读、去找，随着阅读和思考的深入，总有豁然开朗的那一天。

这才是学习，离开了老师也能进行的学习。作为老师，要做的就是把大量的文质兼美的文章放在学生面前，为他们"吞食"提供条件，"反刍"是他们的本能行为。那种把每一句话都挖地三尺，把每一个词语都挖得冒出火星的精雕细刻式的备课、讲课都和韩兴娥不沾边。她让学生的眼睛浸泡在铅字中，让耳朵浸泡在书声中，让心灵和大脑震荡在感动和思维中，使学生在高品质的海量文字中畅游，终于实现了海量阅读进课堂的目标。

考试命题，别让学生"雾里看花"

在某地举行的一次六年级语文期末考试中，有这样一道作文试题：

作文部分（40 分）

《雪花飘呀飘》同《荔枝》一样，是一篇饱含深情的文章，体会文章表达的思想感情，联系实际，写一篇读后感。要求：(1) 题目自定；(2) 围绕自己感受最深的一点或几点，联系实际写出真情实感；(3) 注意条理清楚，不写错别字；(4) 字数不少于 400 字。

《雪花飘呀飘》是本次考试题中"阅读部分"的短文，《荔枝》是小学语文第十一册课本中的一篇精读课文。乍一看，作文题目的要求似乎很清楚，即让学生写一篇读了《雪花飘呀飘》后的感受的文章。

其实不然。据考试后的试卷抽样调查显示，约 46%的学生审题出现错误，其中有相当一部分学生是平时作文写得较好的。有的学生看到作文题中的《荔枝》，写成了读《荔枝》后的感受；有的学生看到"题目自定"几个字，写成了读某一篇课文或课外读物后的感受，如读《一夜的工作》有感、读《小抄写员》有感、读《红岩》有感等，真可谓是"下笔千言，离题万里"。满分为 40 分的作文，当然是大打折扣。难怪学生在考试后议论纷纷，有的甚至流下了伤心的眼泪。

由此，我不禁想到了国外某些学校作文命题的一些例子：

国家	作文题目举例	命题特点
美国	①怎样计划一次活动；②怎样才能成为一个照看孩子的保姆。	注重社会实践，适用性强，着重培养学生动手动脑和收集资料的能力。
英国	①城市自来水加工；②你在几个月前买了一块表，但忘了拿保修单，表坏了，请你给商店写一封请求修理的信。	重视学生从生产实践和生活实践中去学习和认识生活，培养学生解决问题的能力，特别重视学生的亲身体验。
德国	①我怎样经历了一次有趣的意外事件；②用下列两组词语各写一个故事：祖父、孙子、雪橇，彼得、足球。	注重开拓学生的思路，启发学生思维，开发学生的智力。
加拿大	读书报告（自己查找，阅读、分析、综合资料，必须有封面、目录、导言、正文等）。	重视锻炼学生的动脑、动手能力，对学生的逻辑性、条理性、完整性和科学性也大有好处。
法国	①看电视的利与弊；②以见证人的身份就某一件是写一篇文章。	生活气息浓厚，针对性、实用性强，便于学生联系实际，达到学以致用的目的。

与我国的作文考试相比，上面这几个国家的作文命题的优点是显而易见的，那就是作文已经成为一种生活的需要，而且要求也是非常清楚明白的，至少学生不会在审题上出现什么失误。

当然，造成学生作文审题不准的原因可能是多方面的。也许是学生自己读题不仔细、理解不准确，也许是语文教师平时忽视了作文的审题训练。但是，作为命题者在表述作文题目的要求时，也有一些值得反思和改进的地方。

我们也明白命题者的初衷，无非是让学生读了考试卷上的短文后写一篇读后感，避免有的学生在考试之前背范文、考试时“以不变应万变”的不良现象，从而考查学生作文的真实水平和能力。但是，命题者为什么不可以把作文的题目——读《雪花飘呀飘》有感或《雪花飘呀飘》读后感——清清楚楚、真真切切、明明白白地告诉学生呢？与其让学生在审题上煞费苦心，不如让学生把时间和精力用在如何谋篇布局、遣词造句、表达真情实感上。

值得说明的是，笔者并非认为审题在作文时是无足重轻的。只是从上述命题以考查学生写读后感的能力的角度看，对于小学生而言，作为指挥棒的考试命题，还是别让学生“雾里看花”为好。

诊断·反思·成长

——杨东谈语文课改的启示

第四周五下午第一节课，在学校举行的课堂教学大比武活动中，我执教了十二册《爷爷的毡靴》一课。第五周星期二下午的语文教研活动时间，又听取了杨东老师就全校语文教师教学大比武所做的诊断报告。杨老师对我校语文教师较高的整体水平、语文教学的团队特色和一些有效教学方法给予了肯定，同时也提出了值得重视的一些问题，还指出了一些具体的改进建议，使我从教学理论、教学思想，以至实践方法上，都受益匪浅。

结合自己所上的《爷爷的毡靴》一课和平时的课堂教学，听了杨老师的报告，我最受启发的主要有以下三个方面：

第一，对语文学科"人文性"的内涵的认识更加明确。

工具性要与人文性统一，是人人皆知的一句话，以前也听有的专家说：不要把工具性搞得太模糊，也不要把人文性弄得太含糊。但在教学实践中究竟如何实现二者的统一，仍然难以把握。

杨老师在报告中说：

人文性的实现主要体现在：其一，对文本所表达的思想与感情的理解；其二，在理解的过程中生成自我的思想与感情。语文的核心价值在于：通过语文学习，促进学生发展成为"思想更深邃，感情更丰富"的人。

反思自己的语文教学，第一点做得较好，而第二点因为认识的原因，落实得十分肤浅，往往以作者的思想与感情代替了学生的思想与感情。于是，语文课堂的鲜活没有了，语文课堂上令人心动的学生发言没有了，我们挂在嘴边的生命课堂也没有了。

这，也许就是许多学生学习语文感到枯燥的原因吧？

第二，对教学活动的设计有了更加深入的理解。

我们的教学设计，更多的是教师如何"教"的设计，虽然其中也有学生"学"的活动，但那仅仅是作为教师活动的附属品罢了，如同在教师活动的大海中点缀着几朵小小的浪花。于是，教师的主体（而非主导）作用发挥得淋漓尽致，表现在教师讲得多，师生对话多，而学生的主体作用则不够提出，特别是生生对话更是凤毛麟角。

于是，杨老师给出对策：

一是要通过抓"核心问题"的讨论交流，来统领对全文的理解；

二是要重视自主性的学生学习活动的设计，以学生活动作为教学设计的基本线索。

第三，对教师的自我生存状态有了更加清醒的认识。

针对目前教师的教学以考试为目的、活得太“窝囊”的现状，杨老师客观地指出，考试是不可避免的，而且也是必需的，但作为语文教师完全可以“自我”一点，简单教学，快乐生活，大胆对教材进行取舍、重组、拓展、补充，尝试“长文短学”“简文简学”“美文品学”；运用一些方法，让学生自己去学习，做“轻松”“潇洒”的语文教师。

这一点，我是有感受的。在几年前写的一篇题为《也谈教师的幸福和自由》的随笔中，我曾说过类似的话。然而，在这几年的教学实践中，有许多做法却与自己的初衷产生了一些偏离。

的确，人不可能脱离社会而生存，但完全可以在教育教学要求的范围之内，在有利于学生发展的前提下，对教学的内容、侧重点等做出灵活的调整。毕竟，学生要成长，教师也要成长，教师和学生都要在语文教学活动中享受生命的成长。我想，这也就是“生命课堂”在语文学科中的生动体现吧。

如何引导学生理解词语

——由孙双金《拉萨的天空》词语教学想到的

在阅读教学中，我们对于如何让学生理解课文中的重点词语常常把握不好尺度。对于中年级学生，当学生对某个词语不理解时，如果把词典上的解释告诉给学生，肯定不合适；如果以读的形式囫囵吞枣，学生往往没有真正理解这些词的意思。这个问题常常困扰着我。

听了全国著名特级教师孙双金执教的《拉萨的天空》一课，对于如何引导学生理解词语颇受启发。归纳起来，他引导学生理解词语的主要方法有以下几种：

一、看字形，猜字词意思

如在理解“湛蓝”一词时，孙老师说：“蓝”字好理解，猜猜“湛”字是什么意思？第一个学生猜得不着边际，他继续让学生猜，第二个学生说：这个字有三点水，是透明的意思。老师接着说：对的，这个词的意思就是形容像水一样透明。

再如，理解“河畔”一词，他也是引导学生从“畔”的字形入手。一个学生说：“畔”字表示一半是田，“河畔”就是河的一半是田。老师继续引导：河的一半是田，另一半是水，河的旁边是田，田的旁边是水，“河畔”的意思就是河的旁边，河边。

从一年级开始，学生习惯于通过看字形识记，进入中年级，看字形理解词语符合孩子的认知水平。

二、创设情境，体会词意

比如，“神往”一词，孙老师说：同学们，告诉你们一个好消息，刚才下课的时候，我和你们的班主任商量了一下，明天我带你们坐飞机去拉萨，去观赏拉萨的天空，好不好？有学生说：听说要坐飞机到拉萨，我真想快点到那儿去。顺着这个学生的回答，他说：我们现在虽然还没有到拉萨，但是我们的心已经到了那儿，这就叫“神往”，明白了吗？学生点了点头。老师笑着说：刚才我跟大家开了个玩笑，目的是要大家理解“神往”这个词语的意思，我们来读一读这段文字，读出“神往”。（学生齐读）

三、找近、反义词，理解词语

第二节课开始，孙老师一边板书词语，一边要求学生听写，不会写的词可以看黑板。接着是同桌互相检查并订正错字。在请一名学生教大家读刚才听写的词语后，他要学生找一找其中的近义词。当学生说出“映衬”的近义词是“对照”后，孙老师说：同学们的校服是蓝色的，红领巾在校服的映衬下显得更加鲜艳了。这里，他其实是在引导学生运用“映衬”一词，在运用中理解。

当然，引导学生理解词语的方法还有很多，如联想和想象、结合上下文、对比、查字典词典等。这就需要我们在教学中视情况而选择合适的方法。比如，教学六年级《我的伯父鲁迅先生》一文中的重点词“张冠李戴”时，我曾经是这样做的：

第一步——理解。首先，抓重点字“冠”对整个词作一般理解：“冠”是帽子，“张冠李戴”是指把姓张的帽子戴在姓李的头上，比喻把事情搞混了。然后联系上下文理解：课文中哪句话说出了这个词的意思？（“把这个人做的事情安在那个人身上”）

第二步——运用。先让学生从学习、生活实际中举出“张冠李戴”的事例，结合课文引导学生找出事物间的联系：她为什么“张冠李戴”？为什么会“囫囵吞枣”？随后，根据“张冠李戴”和“囫囵吞枣”的联系，用这两个词说一句话。同时，还延伸提问：如果你是鲁迅先生，可能会对侄女怎么批评？

第三步———深化。鲁迅先生是怎么批评侄女的？为什么不像你那样批评？这件事与临走时鲁迅先生送给作者的两本书有什么联系？

可以看出，这是围绕“张冠李戴”一词进行的一次综合训练，不仅用多种方法理解词语，而且结合课文、联系实际，引导学生在阅读、运用、把握整体联系中提高了理解和应用语言文字的能力，收到了较好的效果。

也谈教师的自由与幸福

——由陈大伟观课议课想到的

寒假的一天，我闲得无聊，买了一份《成都商报》，发现上面的招聘信息占了很大的篇幅。虽然我并没有想去应聘求职的意思，可凭着好奇心，我还是把这张报纸上大版大版的招聘信息浏览了一遍又一遍。令我忐忑不安的是，其中竟然没有一个职位适合于当了二十年教师但并没有其他专长的我。也就是说，假如失去现在当教师这份工作，我将很难甚至根本找不到适合自己的第二份工作。我暗自庆幸，自己对现在拥有的这份教师工作是非常珍惜的。虽然收入不高，比上不足，但比下有余，再加上工作相对固定，作息有规律，每年有较长时间的节假日供自己自由支配，很多人羡慕都还来不及。这样一想，当教师的自由与幸福感油然而生，刚才的失落感顿时烟消云散。

然而，回想起前几天聆听成都大学陈大伟教授以《怎样观课议课》为题的讲座后，我对教师的自由与幸福有了更多的思考。

据陈教授讲，他昨天刚刚辞去了教育学院的“处长”一职，重新回到“课堂”，有同事开玩笑说他是到课堂“享受幸福”去了。在物欲横流现象较为严重的今天，这位专家能“弃官从教”，我除了有些敬佩之外，更对他所说的“享受幸福”产生了兴趣。

听了他讲的一些观点后，我才对他所说的“享受幸福”恍然大悟。他说，观课议课不同于以前经常说的听课评课，观课议课是为了议出教学方法的多种可能性，以供我们选择运用有效的教学方法；人们的追求有许多，但都可以概括为“追求自由”，因为自由的人才是幸福的；通过议课，我们讨论出可供自由选择的多种可能的教学方法，这本身就是当教师的一种幸福。

是的，能换一种工作，特别是换一种令自己喜欢、能发挥自己专长的工作，无疑是幸福的。可事情并非如此简单，那位专家之所以回到课堂，是因为这样更有利于自己的教育教学研究，在研究中更能享受到从事教育事业的幸福。正如苏霍姆林斯基说的那样：“如果你想让教师的劳动能够给你一些乐趣，使天天上课不致变成一种单调乏味的义务，那就应当走上从事一些研究的这条幸福的道路上来。"

我想，陈教授可以在当处长与回到课堂这二者之间，根据自己的需要做出选择，他从事的工作有了选择的可能性，怪不得他对同事们"享受幸福"的议论欣然接受且津津乐道。原来，他是发现并践行了苏霍姆林斯基的如何才能享受教育幸福的真谛。

然而，由于职业特点的限制，大多数教师并没有这样的自由，我就是其中的一个。但是，凭着教师的专业技能和教育智慧，一名普通的教师也照样可以在一些"小确幸"中享受到当教师的自由与幸福。比如，同一篇课文，我可以有多种教学方法，自己在教学实践中可以选择运用，我就比别人幸福；同一个问题，我能想出比别人更多更好的解决方法，我比别人幸福；一名顽皮的学生，我有多种教育感化他的方法，我比别人幸福……正如魏书生所说的那样："每一件事情都有 100 种做法。"大概就是因为他凭着自己的教育智慧，体会到了从事教师职业的自由与幸福吧。

当然，教师凭着自己的一片爱心，天天和孩子们打交道，生活在天真活泼的孩子们中间，这本身就是当教师的一种不折不扣的自由与幸福。

靠近我，成就你

——"生成"写给老师们的心里话

各位老师，我叫"生成"。对于我，你们并不陌生，因为自从新课程标准颁布、实施以来，我便开始频频抛头露面：在各种教学报刊和网络媒体上，随处可见我的名字；在各种场合的教学研讨活动中，我经常成为一些教师和专家发言、评课以及做报告的口头禅。人们常常把我和我的搭档"预设"相提并论，并以我们为标准之一，去评价一节课的优劣。比如，下面的话或许你并不陌生：

——"这个环节的预设中闪烁着教师智慧的光芒，生成中绽放了学生智慧的火花。"

——"这节课教师课前预设充分，但课堂上几乎是老师牵着学生走，按部就班，没有一点儿生成的东西！"

——"这节课教师准备得很充分，只是如果教师能抓住学生的发言顺势引导，课堂就更精彩了！"

——"教育的技巧并不在于能预见到课堂的所有细节，而是在于根据当时的具体情况，巧妙地在学生不知不觉中做出相应的变动。”

——“课堂应是向未来方向挺进的旅程，随时都可能出现现有通道以外的通道和美丽的图景，而不是一切都必须遵循固定线路而没有激情的行程。”

……

虽然大家对我这么“宠爱”，但还是有许多教师并不真正了解我，甚至远离了我。鉴于此，请允许我诉说出我的心里话，愿我们能成为真正的“知己”。

一、我常常不请自到，但我并不完全等同于“意外”

由于我掌握着许多老师课堂教学成与败的“生杀”大权，令很多教师谈“生成”而色变。其实，我的资历短浅，在有的《现代汉语词典》中都没有我的身影，也没有我的搭档“预设”一词。然而，这并不能难住那些专家、学者，他们早就给我下了定义。但由于很多人没有真正了解我，常常把我等同于“意外”，使我遭到误解，真让我苦恼不已。为此，我有正名的必要，名正才能言顺嘛。

【案例 1】“生成”不等于“意外”

何为“意外”？意外是指意料之外或意外的不幸事件。

何谓“生成”？生成即课堂教学实实在在的过程。因为教师是带着预设走进课堂，与一群并不知道你教学设计的学生共同完成教学的。这个过程中的一切都是生成的，学生的参与充满变数，并且是推动课堂教学展开的重要因素。所以，我们的课堂教学从一开始就变成了师生共同推开的课堂教学，生成便开始了。实时生成表现为即时性、随机性，而非刻意，具有生成价值。

二、我的出现需要合适的土壤和足够的空间

我知道，有的人不希望我出现，可我常常不期而遇；有的人希望我光临，可我又偏偏姗姗来迟。其实，我的出现离不开我的搭档——“预设”，否则，我就成了空中楼阁。当然，我的出现是需要合适的土壤和足够的空间的。

首先，当学生有活跃的思维时，我会出现。如果学生在课堂上唯老师是从，缺乏质疑的意识，没有养成积极主动思考问题的习惯，课堂就只能按照老师的一厢情愿按部就班进行。此时，我会知趣地隐退山林。

其次，当教师重视学情的预设时，我会出现。还是听听专家的话吧。

【案例 2】别忽视了预设学情

凡事预则立，不预则废。预设能确保教学的理性和有效性。只有充分的“预设”才能为学生搭建生成的支点，才能灵活调控“生成”！但这种预设是一

种以学生为本的预设，是有弹性、有留白的预设。这种预设空间具有更大的包容性和自由度，真正做到以学生为主体。

新课标指出："学生是学习和发展的主体。""教师要遵循学生的身心发展规律和语文学习规律，选择教学策略。"因此对课堂教学的预设首先要从学生入手。教师心中始终要有学生，关注学生的学习状态（已有的语文知识、学习能力、情感、态度、价值观等），关注学生的个性解读。以"蹲下来"的心态去研究学生的学习活动。细细揣摩学生喜欢学什么？喜欢怎样学？在学习中会遇到哪些困难？怎样的学习路径才利于激发学习兴趣？怎样的实践平台才利于学生个性的发展？……从学生的需要出发，从学生学习语文的规律出发，进行科学灵活的预设，让学生真正成为课堂的主人。

第三，当教师的预设有弹性、呈开放状态时，我会出现。

在教学中，我的搭档——预设是必需的，因为教学首先是一个有目标、有计划的活动，教师必须在课前对自己的教学任务有一个清晰、理性的思考与安排，但同时这种安排是有弹性的、有留白的预设。否则，如果教师早就预设好了解决问题的方法，我哪有立足之地？如下面《螳螂捕蝉》的教学片段就是一个教训。

【案例 3】生成，需要空间

（出示：此三者皆务欲得其前利，而不顾其后之患也。）

师：读了这句话，大家有什么疑问？

生：蝉、螳螂、黄雀它们眼前的利益是什么？身后隐伏着什么祸患？

师：同学们提的问题很好，下面请同学们认真读书、思考，填写下面的表格：

	眼前的利益	隐伏的祸患
蝉		
螳螂		
黄雀		

生：（读书、思考、填表、汇报）……

师：（相机引导，顺利完成表格）

第四，当师生之间有平等对话的氛围时，我也会出现。课堂上的亮点，源于学生精彩的发言，倾听能及时发现我，能使学生感受到关注。课堂上一次无意识的倾听，往往能使教学得以升华，使教师真正意识到课堂上生机勃勃的一面应该是真正发挥学生的主体能动性，教师的备课应该随着学生的状态而调整、改进，这样的课堂才会有生命的活力。

【案例 4】生成，需要倾听与尊重

一位老师教学《林海》一课时，学生把课文中说大兴安岭的岭与秦岭的岭“大不一样”错读成“不大一样”。这仅仅是一字之差，但没有被老师的倾听疏忽。于是，课堂生成了一个教学新环节：

师：课文中写的是“不大一样”吗？

生齐答：是“大不一样。”

师：“大不一样”与“不大一样”有什么不一样？

生：“不大一样”是只有一点儿不一样，“大不一样”是非常不一样。这里的区别可大了！

师：说得好。“大不一样”是十分不一样。那么大兴安岭的“岭”与秦岭的“岭”大不一样表现在哪些方面？请大家从课文中找出具体的根据，再说说自己的体会。

当然，有了这些土壤和空间，也不要奢望我一定会出现。但是，如果不具备这些土壤和空间，我则一定不会出现。瞧，我是不是挺神秘呢？

三、我不一定都是有价值的

这绝不是我谦虚。你看，专家们都这么说，他们的有些观点总还是可以记取的。

【案例 5】有价值的课堂生成应该具备的条件

课堂生成是必然的。预设和生成是一对孪生兄弟，共同存在于课堂教学中。然而课堂生成是不是有价值，却需要教师在课堂教学中，随时做出判断。有价值的课堂生成应该具备两个条件：一是生成资源的过程是一个学生自主学习的过程，也就是说，课堂上即时生成的文字、思考过程以及相应的方法策略等，均是在一个较为开放的背景下，是在学生积极参与活动进程中自主产生的，而不是一个封闭环境中机械操练的简单成果；二是课堂上即时生成的材料能为达成一节课的核心教学目标（或一个环节的核心目标）起到推进作用，在丰富学生的学习背景、拓宽学生的思维空间的同时，没有偏离课堂教学的核心目标。

四、我带给你的是否是精彩，完全取决于你的学养和智慧

我很神秘。有时，我的出现带给你尴尬，使你功败垂成；但有时，我会给你增光添彩，让你惊喜。不信？请你读读下面两个小故事吧。

【案例6】傻瓜事件

这是特级教师王崧舟上课的故事。一次，他借班执教《我的战友邱少云》，在学到"为了整个班，为了整个潜伏部队，为了这次战斗的胜利……这位伟大的战士，直到最后一息也梅挪动一寸地方、没发出一声呻吟"时，教师做了这样一个预设：

播放《打击侵略者》中"邱少云被烈火烧身"的视频剪辑，随着画面的呈现和音乐的响起，教师充满深情地为视频配着旁白："同学们，看呐！这就是邱少云，这就是烈火烧身的邱少云，这就是纹丝不动的邱少云，这就是千斤巨石一般的邱少云，这就是趴在火堆里一动不动的邱少云，这就是直到最后一息也没挪动一寸地方、没发出一声呻吟的邱少云。你们看他的眼睛，你们看他的嘴唇，你们看他抠着泥土的双手。你们，谁也无法想象、无法体会此时此刻他所承受的巨大痛苦、巨大煎熬、巨大折磨。面对这样一位战士，你有什么话想对他说吗?"

应该说，这是一个开放的、富有弹性的教学预设。对于这个预设，无疑是值得期待的。连续三位学生发言，个个精彩。正当教师期待新的精彩进一步到来之际，一个学生站起来发言了，他的原话是：

"邱少云，你真是个傻瓜。"

教师愕然！学生愕然！全场一片愕然！气氛顿时凝固，所有的目光齐刷刷地聚焦到这位特级教师身上。教师必须做出反应，这是课堂生成的硬尺度。出乎意料的是，教师瞬间反应后的回应是：

"傻瓜？你才是傻瓜！坐下！"

教师的这一瞬间反应，使本已推向高潮的课堂进程突然一落千丈、一蹶不振。这节课只得草草收场。

【案例7】十秒钟的沉默

还是这位特级教师王崧舟，还是上《我的战友邱少云》一课。他对此课的流程预设未做任何调整和修改，可以来一番"故伎重演"。教学进展得出奇的顺利，正一步一步向着"傻瓜事件"的那个拐点逼近。然而，学生完美的表现没有给这位老师一丝施展课堂机智的空隙。正当他有些失落之时，一个男生站了起来，面对《打击侵略者》的视频剪辑，铿锵有力地说："邱少云，假如我是你，我就打几个滚先将火灭了，说不定这个时候山上的敌人正在睡觉呢。"

全场一片愕然！气氛顿时凝固，所有目光齐刷刷地聚焦到教师身上。此时此刻，这位有些激动的教师沉默了足足十秒钟后，开始了和学生之间的对话：

"孩子，你不希望邱少云死，是吗?"教师的声音缓慢而深沉，但字字贯注着他的全部声气。男孩郑重其事地点了点头。

“我理解你的心情，将心比心，谁想死啊？谁不希望自己能好好地活，是吧？”男孩再次点头，脸上泛起被人理解的幸福和得意。

“这样的希望，不光你有，大家也有；不光大家有，我相信，在邱少云的内心深处也一定有——我要活下去。”男孩目光对视着老师，他的情感之门正在敞开。

然而此时，老师话锋一转，说：

“但是，作为一名军人，一名以服从命令为天职的军人，此时此刻，面对残酷的战斗形势，面对自己的危险处境，我相信，一定还有另一种声音在他的内心深处想起，大家听，另一种更加强烈、更加坚定的声音在对他说……”

一次短暂而又漫长的等待后，学生陆续举起手来，三个，五个，九个，顿时形成了小手如林的局面：

“我听到有声音这样对邱少云说，邱少云，你不能动啊！你一动，你身后的整个潜伏部队……”

“我听到有声音这样说，邱少云，战友们在望着你，朝鲜人民和祖国人民在望着你……”

……

随着学生精彩的发言，全场响起阵阵掌声，热烈而持久。

面对学生几乎同样的表现，王崧舟老师为什么能转败为胜、扭转乾坤呢？原因是多方面的，但肯定与这位教师在第一次教学失败后进行深刻反思、寻找对策有着密切的联系。尽管他第二次教学此课的流程预设没做任何调整和修改，目的是要做一番“故伎重演”，但毋庸置疑的是，课前他一定对如何化解尴尬、应对学生意外的回答做好了较为充分的准备。用他自己的话来说，那十秒钟的沉默，绝不是用来思考所谓的化解之道的，而是用来掌控课堂情绪的节奏，同时也是借以调整自己行将出招的精神状态的。

由此可见，王崧舟老师的教育智慧，实际上是充分预设的智慧。

五、我的忠告

最后，为了减少我给大家带来的烦恼，更多地给大家带来惊喜，特给大家提出三条忠告。

——别为了自己的课堂“滴水不漏”，追求完美，努力地完成自己的预设而忽视了我。课堂教学具有生成性，面对我出现的时候，教师要善于倾听、及时捕捉、准确辨别、巧妙引导，把我由生成资源变为教学资源，使你的课堂闪烁智慧，富有生命活力！

——不要拼命地为了体现"以生为本"，为了体现自己的"尊重学生"的理念，于是把我当作脚下的西瓜皮，滑到哪儿算哪儿，而忘了自己身为教师应起的"组织引领"作用！

——虽然我很重要，但我只有与预设和谐共创，才能为你演绎精彩。我和预设是辩证的对立统一体，两者相辅相成。因此在教学中，教师们既要弹性预设，又要在课堂上对我进行巧妙引导，让我和"预设"相互促进，共同提高课堂的实效！

请记住：只有靠近我，才能成就你。

如此创设情境，还是不要为好！

——由孙双金老师教学"神往"一词想到的

前段时间，我有幸观摩了特级教师孙双金来成都执教的《拉萨的天空》一课。这是苏教版三年级语文教材的一篇精读课文。孙老师在引导学生进行大量的语言积累、以多种形式理解重点词语以及巧妙地让学生进行语言文字的训练等方面，都非常值得借鉴。但是，孙老师在引导学生体会"神往"一词时创设情境的做法，我却不敢苟同。

在第二课时的教学中，孙老师要求学生根据1～4自然段完成填空：

拉萨的天空蓝得（　　　　　　　　）。

学生很快抓住了"透亮""纯净""明洁""神往"等重点词语。孙老师在板书了"神往"一词后，问学生："神往"什么意思？一生回答："神往"就是神仙都向往。孙老师并不满足：还有别的意见吗？没有学生举手。也许学生是真的不理解这个词语。

这时，孙老师提高语调，郑重其事地说：同学们，告诉你们一个好消息，刚才下课的时候，我和你们的班主任老师商量了一下，明天我带你们坐飞机去拉萨，去观赏拉萨的天空，好不好？也许是学生被这突如其来的"好消息"搞蒙了，或者是不敢相信"天上会掉馅饼"，反正学生并未表现出兴奋和激动，只是静静地看着孙老师。

面对学生的沉默，孙老师继续开导：同学们，当你听到这个消息时，你心里在想些什么？过了好一会儿，才有学生举手说：听说要坐飞机到拉萨，我真想快点到那儿去。

顺着这个学生的回答，孙老师说：同学们，我们现在虽然还没有到拉萨，但是我们的心已经到了那儿，这就叫“神往”，明白了吗？学生点了点头。

面对似懂非懂的学生，孙老师笑着说：刚才我跟大家开了个玩笑，目的是要大家理解“神往”这个词语的意思，我们来读一读这段文字，读出“神往”。（学生齐读）

课堂上，面对孙老师善意的玩笑，面对孙老师创设的教学情境，学生当时会想些什么，听课的其他老师会做何感想，我不得而知。但是，我心里很不是滋味。难道我们为了理解一个词语，就要在学生面前撒谎，以欺骗学生感情为代价吗？面对老师带来的“好消息”，学生却“无动于衷”，是不是学生面对老师们的招数，已经“见惯不惊”了呢？也许，学生的沉默就是最好的回答。如果孙老师换一种说法，如：同学们，假如明天我要带你们坐飞机去拉萨，去观赏拉萨的天空，你们想不想去？我想，这样也可以达到理解“神往”一词的目的；或者，顺着那个学生的回答进行引导，也是容易理解这个词语的意思的。

孙老师的这一情境创设，让我想起了几年前看到的一个教学情境：

那是在一节作文课上，老师先让学生观察讲桌上的金鱼缸里的小金鱼，学生饶有兴趣地看着那些颜色鲜艳的小金鱼自由地游来游去。老师想让后面的学生看得更清楚，双手捧起金鱼缸，突然，金鱼缸掉在地上摔了粉碎，水洒了一地，小金鱼在地上蹦来蹦去，可老师并未惊慌失措，也并未组织学生去救小金鱼，而是任由学生离开座位观看掉在地上的金鱼。过了好几分钟，教师才让学生捡起已经奄奄一息的金鱼，然后，让学生以《金鱼缸打碎以后》为题，即兴写一个片段，要求写出自己当时的心理活动。

课后议课时，大家都为这位老师能及时抓住课堂上发生的突发事件引导学生写出一篇篇具有“真情实感”的作文而赞叹不已。可这位老师却说：“课堂上我是故意打碎金鱼缸，故意不让学生立即去救那些金鱼，目的是要创设一个教学情景，让学生充分去观察、感受，写好作文，我在备课时就是这么设计的。”

上课教师的这番话，让人愕然。我相信，那位教师的课肯定算得上是成功的，学生写出的作文也许也是精彩不断的。但是，这样的成功和精彩却是以欺骗学生的感情为代价的。眼看活蹦乱跳的金鱼即将死去，教师却只是让学生去观察、体验，而不是及时救起金鱼，这是多么残忍的做法啊！要是学生知道老师是故意打碎金鱼缸的，不知会想些什么，说些什么。

遗憾的是，好几年过去了，在全面实施新课改的今天，在一些名师的观摩课上，这样类似的做法还上屡见不鲜：有的教师在借班试讲时，为了调动学生的积极性，先说如果大家表现得好，上完课后老师给大家讲一个有趣的故事，可上完课后，老师一走了之，一去不复返。还有的教师先说要送学生一个礼物（其实这礼物是这节课要用的学具，并非要真的送给学生），学生当然是兴奋不已。可到了下课时，老师却又要原班的教师把这些小礼物收回，说是到别的班试讲时还要用这些礼物。我想，这位老师每试讲一次，也就欺骗几十个孩子一次，这样的"成本"不能说不高吧。

《狼来了》的故事，早已家喻户晓，可我们却是怎么做的呢？我们往往只重视了"知识和能力"的学习，忽视了"情感、态度和价值观"的培养和引导，我们往往心怀善意而"不择手段"地创设所谓的教学情境，不惜向学生撒谎，不惜欺骗学生的感情，不惜自食其言……我们"精心"设计的这些教学环节，实则一个个骗局，对于学生而言是得不偿失的。尽管我们的这些做法，学生并不一定知道真相，但"为人师"的我们不应该感到惭愧吗？我们的教学方法不应该改进吗？我想：这些善意的谎言，这些"扣人心弦"的情境创设，这些"言而无信"的承诺，还是不要为好。

"千教万教，教人求真；千学万学，学做真人。"让我们记住陶行知先生曾说过的这句话，别再拿学生不当回事了，别再欺骗学生的感情了。

教做真人，从我们教师自身的一言一行做起。

摒弃以假乱真，回归教育本质

听过大大小小、级别不同的公开课，在与同行的交流中，大家感叹最多的是现行教学离"真语文"还有相当大的距离。一些课堂一味去追求深度解读、技术展示下的浮华，以致对"怎么教"的追求超过对"教什么"的追求，对"教师怎么教"的追求超过对"学生怎么学"的追求。尤为严重的是，这种声情并茂、近乎完美呈现的公开课还倍受某些评委或听课教师的青睐与热捧，导致许多教师背离了课堂教学真实、朴实、扎实的作风，教学脱离学生实际，甚至出现了一些"以假乱真"的现象。

一、现象之一：学生质疑，实为应景配合

"学起于思，思源于疑。""学贵有疑，小疑则小进，大疑则大进。"可见，学生学习的本质在于"疑"和"思"。课堂上让学生提出问题是很重要的，是对传统的"老师问，学生答"的做法的突破。可是，由于小学生的年龄特点，往往很难提出有价值的问题。在一些公开课上，老师为了充分体现"问题由学生提出"的理念，让学生提出课前准备好的问题，这其实是虚假的提问。

一位老师教学《捞铁牛》，揭示课题后问学生：你们想知道哪些问题？学生争先恐后举手提出了以下问题：谁捞铁牛？为什么捞铁牛？怎样捞铁牛？结果怎样？老师十分满意地说：这节课我们就围绕这几个问题来深入学习课文。

在这节公开课之前，老师已经上了一个课时。事实上，是学生把知道的内容变成了几个问题。为什么会这样？这是经过老师多年训练的学生变得不乏"世故"，他们已经懂得课堂上的师生配合，尤其是在公开课上，老师在什么时候，需要什么样的支持。这些假问题之危害不仅限于课堂效率的低下，更在于把学生教"假"了。

解决这一问题的方法其实很简单。一方面，我们不应该一下子就要求每一个学生都能提出有价值的问题，这必然有一个从模仿提问到学会提问的循序渐进的过程；另一方面，我们提倡学生发现并提出问题，也并不否认老师可以在适当的时候把问题抛给学生，比如，当学生不能提出关键性的问题时，教师完全可以这样说：我有一个问题……

二、现象之二：合作自主，流于形式主义

小组合作学习是新课标提出的学习方式中最容易模仿的。现在的公开课几乎少不了小组合作学习的活动。可是，只要留心观察，不难发现很多课堂上的小组合作学习活动完全是浅尝辄止，甚至"走过场"，并无实际价值。

有一位教师教学《琥珀》，让学生分四人小组合作探究一个问题："琥珀是怎样形成的？"

应该说，这个问题是很具有探究价值的。但这位老师提出问题后，在学生还没有独立阅读与思考时，就请学生针对问题直接分组开始"交流"。虽然小组交流的时间占用了近10分钟，但这种没有独立思考的合作，没有分工的合作，没有汇报要求的合作，其价值何在？效果何在？

新课程强调学生是学习的主体，在教学中要充分发挥学生的主体作用。实际在教学中，教师要求学生根据问题回答，但是，不管学生回答得怎样，哪怕有的还有自己的见解，教师就是要求学生好好思考再回答，不断地提示、追问，直到最后让教师满意才罢休。原来教师的引导就是让学生一步步回到自己原来预设的答案中来。

三、现象之三：对话交流，满足过度铺垫

"阅读教学是学生、教师、教科书编者、文本之间对话的过程。"课堂教学中的对话、交流、分享成为老师们备受关注的话题。交流要能触发思维的碰

撞，让思维在交流中走向深入，就必须留足时间。

但是，在一些公开课上，有的老师提出问题后，当学生刚刚进入思考状态时，老师马上说，请分组交流或全班交流。这时，会出现两种情况：一种情况是学生的交流有形式、有过程，但只是停留在表面上的虚假交流，其结果，学生之间的交流不可能全体都参与。

另一种更为严重的情况是，教师提前布置课堂上要展示的内容，学生准备后在课堂上呈现"结果"。一次，听一位老师执教《我看见了大海》一课。第一课时，教师引导学生把握课文内容，体会课文表达的思想感情；第二课时，教师让学生交流自己读了本文后的体会。整节课，教师除了开场白以外，几乎未说什么话，学生侃侃而谈，妙语连珠，让听课的专家和老师叹为观止。

后来得知，这位老师是在上公开课前，提前把第二课时需要学生做的准备告知了学生，多数学生有了思考和准备，有的学生甚至还写了心得体会。这位老师的做法也许能够展示本班学生对课文有个性化的理解和良好的表达能力。但是，这样的课堂也不免让人生疑：为什么课堂上只见学生的精彩而不见老师的引导、指导和激励呢？这样的课堂真实吗？这样的公开课到底要传达给听课教师一种什么样的理念呢？

举实例？打比方？做比较？

——浅谈说明方法的判定兼与教材编者商榷

北师大版语文教材从四年级下学期开始，编排了一定数量的说明文。教学这类课文，需要让学生明白课文说明的对象是什么、事物有什么特点、用了什么说明方法把事物的特点说得清楚明白，以及说明的顺序、说明文的语言特点等。

其中，正确判定说明方法，是说明文教学的重点之一。

一、举实例还是打比方？

北师大版四年级语文下册《太阳》一课，是一篇典型的说明文。在引导学生理解其中的说明方法时，以下两个句子引起了我的注意：

句子1：到太阳上去，如果步行，日夜不停，差不多要走三千五百年；就是坐飞机，也要飞二十几年。这么远，箭哪能射得到呢？

句子2：太阳温度很高，表面温度有六千摄氏度，就是钢铁碰到它，也会变成汽；中心温度估计是表面温度的三千倍。

北师大版《教师教学用书》（简称“旧版”）对这两个句子所使用的说明方法的阅读提示，与上一轮教学这篇课文时的《教师教学用书》（简称“新版”）有明显的不同。具体情况列表如下：

句子	《教师用书》	阅读提示	说明方法
句 1	旧版	到太阳上去，人走路需要多少年，飞机要多少年，是运用了举实例的说明方法，用具体明白的实例来说明不容易理解的事物——太阳与地球的距离。为什么不是做比较呢？因为同一属性的事物才能做比较，1.5 亿千米是距离长度，3500 年、20 年是时间长度，二者不能做比较。	举实例
句 2		“就是钢铁碰到它，也会变成气”用具体的实例说明太阳热到什么程度。	
句 1	新版	到太阳上去，人走路需要多少年，飞机要多少年，则是打比方的说明方法，用具体的实例来说明不容易理解的事物——太阳与地球的距离。	打比方
句 2		“就是钢铁碰到它，也会变成气”则是打了个比方说明太阳热到什么程度。	

显然，“新版”《教师用书》的编者对之前认为这两个句子所使用的说明方法进行了纠正，认为这两个句子运用了打比方的说明方法，而非举实例。

为什么是打比方的说明方法呢？新版《教师用书》用了比较多的篇幅予以解释：

有的事物很难说明白，即使说了读着也很难想象体会具体是怎么样的，这时我们常常换个容易说明的事物“比方”一下。地球到太阳距离太远了，远得难以想象，于是打个比方来说明，人们熟悉走路与飞机飞行，就用这两样事物来说明地球到太阳的距离有多远。

打比方总得举例子，但打比方与举实例的说明方法不同。举实例总要举事物本身的例子，比如要说明中国石拱桥的特点，可以以赵州桥、卢沟桥为例，它们都属于中国石拱桥；要说明什么是复眼，可以举蜻蜓的例子，蜻蜓是复眼的昆虫；要说明如何运用统筹方法，可以以沏茶为例……总之，用举实例的方法来说明事物甲，举的例子必须在事物甲的范围内。

而打比方则是用事物乙来说明事物甲，事物乙不在事物甲范围内，但二者具有相似点。人走，飞机飞，都不是测量地球到太阳之间距离的方法，这只是个比方。人并没有真走到太阳上去，飞机也没有真要飞到太阳上去，这不是举实例，只是打了个比方。

打比方和比喻都使用事物B来说明事物A，但比喻是修辞手法，修饰文字使其鲜明生动有力，是语言表达方面的事；而打比方是说明方法，用浅显的事物来解释复杂难懂的事物，是如何表述一个事物的事。二者有互通的地方，但也有区别。

应该说，编者对什么是打比方的说明方法、打比方与举实例区别何在，表述是很清楚的，编者对打比方与比喻区别的表述，也有其合理的地方。但是，编者从修辞手法与说明方法的角度，认为那两个并非是比喻的句子是打比方的说明方法，却令人费解。

二、打比方还是做比较？

正在疑惑之际，恰好拿到了订阅的2015年第5期《小学语文教师》。该期杂志P67的“问讯处”刊登的《如何区分“作比较”与“打比方”》一文深深地吸引了我。

在这篇短小精悍的文章中，杜永道老师认为：

人教版四年级下册《记金华的双龙洞》中的“洞口像桥洞似的，很宽”与“走进去，仿佛到了个大会堂，周围是石壁，头上是高高的石顶，在那里聚集一千或是八百人开个会，一定不觉得拥挤”，以及《长城》一文中的“城墙顶上铺着方砖，十分平整，像很宽的马路，五六匹马可以并行”是运用了做比较的说明方法，而不是打比方。

打比方就是比喻，用来打比方的事物往往跟被比喻的事物不同类，而实际进行比较时，往往在某方面是同类的。

可见，杜远道老师的观点与北师大版《教师用书》把《太阳》一文中的两个句子说成是打比方的说明方法是完全相反的。他认为这三个句子不是比喻句，没有运用打比方的说明方法，而是运用了做比较的方法来说明事物。

三、做比较还是举实例？

我认为，杜老师的答复是可以让人信服的，而北师大版《教师用书》中的阅读提示则非常值得商榷。

我们知道，打比方是小学一、二年级语文阅读与写话教学中的重要知识点之一，常常要求学生说出句子是用什么来打比方的，即把什么比作什么，还要求写简单的打比方的句子，即比喻句。

《太阳》一文中的那两个句子，从修辞的角度看，显然不是比喻句，可是又要让学生从说明方法的角度判定为打比方，似有把简单问题复杂化之嫌，极容易让学生和部分老师对比喻句的判断陷入混乱。

因此，我认为，《太阳》一文中的那两个句子，不是比喻句，其说明方法显然不是打比方；所列事实并未真实发生，其说明方法也不应该是举实例。

那么，这两个句子究竟是用了什么说明方法呢？是做比较吗？

北师大版四年级下册新旧版本的《教师用书》都指出：为什么不是做比较呢？因为同一属性的事物才能比较，1.5 亿千米是距离的长度，3500 年、20 年是时间的长短，长度与时间不能做比较。

如果仅仅从三个数字看，这样说似乎有道理。可实际上，课文中用步行需要“3500 年”与坐飞机需要“20 年”，都间接说明太阳与地球的距离非常遥远，用来做比较没有什么不妥。

另外，编者认为类别不同的事物不能做比较的观点也是有待探究的。有资料认为，做比较就是将两种类别相同或不同的事物、现象加以比较来说明事物特征的说明方法。如：

（1）太平洋所占的面积差不多等于其他三个大洋的总和，比最小的北冰洋大十四倍。

（2）大礼堂顶上藏着比北京新扩建的长安街路面还要宽的十二榀钢屋架。

句（1）将太平洋的面积和其他三大洋面积相比，与北冰洋面积相比，这是同类比较。句（2）将十二榀钢屋架与长安街的路面宽度相比，这是异类比较。

因此，我认为，像《太阳》一文中那两个句子其说明方法应该是做比较，用一般熟悉、容易理解的事例做比较，让读者更好地理解事物的特点。

斯人已去，大爱长存

——走近陶行知

2011 年 7 月，我有幸到南京参加“第七届中国班主任大会”。利用会议最后一个下午的空闲，我们一行三人打车从市区直奔位于南京市北郊的晓庄，慕名参观陶行知纪念馆。

晓庄，晓庄师范；陶行知，人民教育家，多么熟悉的字眼！然而，展现在我们面前的却是偏僻的郊外、杂乱的小镇。很难相信，而又不得不相信，在我们脚下这片土地，曾是中国教育的一块圣地。

陶行知学贯中西，一生致力于乡村教育和生活教育，被称为“伟大的人民教育家”“万世师表”。甚至有人说，“两千年前孔仲尼，两千年后陶行知”。

怀着敬仰之心，我们走进纪念馆。大厅中央，先生的塑像巍然屹立，两侧墙上是两位领袖的题词。展厅里，一幅幅珍贵的图片，一句句醍醐灌顶的话语，一次次生动的教育实践……深深地吸引着我们。我们为陶行知那“捧着一颗心来，不带半棵草去”的奉献精神而肃然起敬，为陶先生的坎坷经历、过早离开人世而感叹不已，更为这里的冷清与破败，为人们对先生的淡忘而万分诧异。

走出纪念馆，我们还瞻仰了离纪念馆不远的陶先知先生墓。墓前的对联引人注目。上联：千教万教，教人求真；下联：千学万学，学做真人；横批：爱满天下。这是陶先生给我们留下的遗训，也正是他毕生致力于教育救国的真实写照。

这次经历，让我对伟大的人民教育家陶行知的教育人生有了比较全面的了解。有了这次经历，当我再次品读《陶行知教育名篇》这本书时，便感觉有如一位长者穿越时空，语重心长娓娓道来，令人崇敬又深感汗颜。有了这次经历，反观现实的教育，他的“生活教育”思想，在今天看来仍有极强的现实意义。可以说，很多学校提出的“生命教育”的办学思想，既源于陶行知的“生活教育”思想，又高于“生活教育”思想。有了这次经历，回味那“四颗糖果的故事”等教育案例，当面对班上一些习惯、学业暂时还比较落后的学生时，就更多了几分耐心和理解……

有人说：“一个没有读过陶行知的人，怎么可以在中国做教师呢?”感谢学校给我这次学习培训、开阔眼界的机会，让我有幸在陶行知 120 周年诞辰之际，参观陶行知纪念馆，瞻仰陶行知墓，走近陶行知，学习陶行知。

斯人已去，大爱长存。我知道，自己作为一名教师，在陶先生面前显得是那么渺小。然而，这并不妨碍我们学习、实践他的教育思想，“高山仰止，景行行止，虽不能至，然心向往之”。

第二节　三省吾身

我为什么不会备课？

当我写下这个题目时，我自己都有些吃惊与怀疑：教了二十多年语文的我，怎么会不会备课呢？事情还得从头说起。

前几天晚上，一个外地的朋友在电话中说要参加一个阅读教学比赛，希望我能帮着备课。虽然我开玩笑说这是舍近求远，可是在“你钻研教材较深、思路清晰”等一番赞美话语的“怂恿”下，我觉得却之不恭，就答应了这事。

灯下，我浏览了这篇我不曾教过的课文两三遍，便迫不及待地翻起书柜里的一些教学参考书来，然后又打开电脑，在网上查找有关的教学资料。好几天了，我收集的来自书上、网上的资料还真不少，但课文究竟该怎么上，我感到一片茫然。我猛然想到这样一个问题——如果我面前只有一本语文书，如果没有了那些有关教材的解读，如果没有了别人的一些教学设计，我会备课吗？

我蓦然发现：我已经有些不会备课了。我的确变得已经不会备课了。这绝不是谦辞，更不是危言耸听。

我是怎么变得不会备课的呢？很长一段时间以来，我几乎都是匆匆忙忙地读一读课文，在自己对课文的内容、情感及表达方式还不曾深入领会时，就急切地阅读教学参考书中别人对课文的解读；在自己对怎样教这篇课文还几乎“没有一点想法时”，便急切地看他人是怎样设计教学环节的。于是，犹如“温水煮青蛙”一般，那些资料成了我备课必不可少的依靠；于是，自己解读文本的习惯与能力、自己设计教学程序的能力渐渐地丧失；于是我自己的头脑变成了别人的跑马场。就这样，一天天，一年年，我变成了一名名副其实的不会备课的教师了。

难道是参考资料害了我吗？

显然，并非是参考资料让我变得不会备课，而是我没有运用好这些参考资料。我并不主张教师备课要把参考资料“拒之门外”。相反，我所强调的是，教师要在自己对文本有了比较深入细致的解读之后，对课文应如何教学有了初步的设想后，再去阅读相关的参考资料，从而对自己的教学设计进行适当的调整。这样做的好处是不言而喻的：一是能提高教师钻研教材、解读文本的能力，把日常备课与提高教师文学素养有机结合起来；二是可以提高教师把握教学目标和教学重难点、独立设计教学环节的能力，把平时的教学工作与促进教师的专业化发展结合起来；三是可以避免照办搬他人教案缺乏针对性的问题，把学习他人经验与本班学生的学习实际结合起来……

也许，每篇课文都这样做是不实际的想法，但考虑到如果我们提前备课的时间更长一些，每个单元选 1～2 篇课文这样做也不是不可能的。

让我们记住这样几句话吧：

"慢慢读，欣赏啊！"

"对每一个词，每一句话，甚至每一个标点符号，都必须抱着林黛玉第一次进贾府时的那种警觉。"

"先把课文背下来了再备课！"

引导学生学会自主提问

如何让学生在语文课堂中学会思考、学会提问、学会探究，是我们一直在思考的问题。

本学期，北师大版语文第八册教材，刚好在前三个单元的"金钥匙"中，把练习提问放到了十分重要的位置。这为教师训练学生学会提问、从不同角度提问提供了很好的凭借。教学中，我按照"领悟提问方法→模仿提出问题→自主提出问题"的思路，在这几个单元中不断强化练习，从而让学生在阅读中掌握了自主提问的方法，逐渐养成了提问的习惯。

一、领悟提问方法

教材在课后的小"金钥匙"与语文天地中的"金钥匙"中，序列化地呈现了如何围绕"是什么、怎么样、为什么"来学习提问。教师要充分理解编者的意图，并在学习课文的过程中一步步让学生领悟提问的方法。

《秉笔直书》一课是写人记事的文章，编者要求学生学习针对人物提问，以此引导学生更好地理解人物。课后提出了这样的问题：他们的职责是什么？他们是怎样做的？他们为什么这样做？

《春潮》一课是写景的文章，编者要求训练学生针对课文的表达顺序提问，以此引导学生更好地把握课文的条理。课后提出了这样的问题：课文描写的是什么？课文是按怎样的顺序描写春潮的？课文为什么先写春潮的形成，后写春潮的气势？

《种一片太阳花》一课是状物的文章，编者则重点训练学生针对课文的重点词句提问，以此更好地引导学生理解课文的语言。课后提出了这样的问题："兴旺发达"是什么意思？太阳花的事业怎么样兴旺发达？太阳花的事业为什么能兴旺发达？

在第三单元的语文天地中的"金钥匙"中，则对这一提问方法做了回顾与总结。教学中，我重点引导学生明白两点：一是提问的角度可以是课文内容，也可以是课文的人物，或层次结构，或重点语句（一个词语、一个句子、一个段落、一个情节）等；二是问题的表达方式可以灵活一些，如"是什么"也可以说成"什么是、是谁"等，一般用于针对课文内容，如词义、句意、段意、人物身份等；"怎么样"可以说成"什么样"，一般是探究具体内容，或人物的具体表现，或写法，或条理等；"为什么"一般是深入挖掘人物内心，或作者的写作意图，或作品的主题等。

这样，学生就对如何提问有了有从零散到系统的认识。

二、模仿提出问题

在主体课文的教学中，主要是引导学生按照"金钥匙"提出的问题去解决问题，拓展阅读课文则主要训练学生提出三个序列化的问题。

教学《秉笔直书》时，学生提出的问题常常是零散的。于是，我提示学生看课文后面的"金钥匙"，要求他们按照"金钥匙"的问题去学习课文，并多次强化"金钥匙"的提问方法。这样，学生在阅读课文、解决这三个问题的过程中，很快地掌握了提问方法。

在学习本单元"开卷有益"的《难忘的一句话》时，我侧重训练学生针对文中的"我"与伦纳德老师分别提出"是什么、怎么样、为什么"三个问题，把问题的解答放在次要地位（因为回答这些问题并不难）。

三、自主提出问题

学生掌握了提问方法，并不一定就会运用这些方法，这就需要教师在课堂上反复强化方法，给学生提问的时间和机会。

《朱德与兰花》是本单元的拓展课文，我把教学目标确定为以下两点：一是综合运用前面的提问方法，二是学习表达方法。

教学中，我先提出“是什么”的问题：“课文写的是什么？”再让学生提出“怎么样和为什么”的问题。有的学生针对课文人物提问，如：朱德怎样喜欢兰花的？他为什么喜欢兰花？有的针对课文条理提问：课文按什么顺序写朱德喜欢兰花的？为什么要按这样的顺序写？学生思考回答，我归纳，并板书问题的关键词。

这时，我提示学生看四单元的“金钥匙”，即如何解答自己提出的问题。于是，在学生的自主学习中，这些本身并不难的问题就迎刃而解了。

随后，我提出了以下两个问题：（1）如果要从课文中选择一个词语来提出三个问题，你选哪个词语？准备怎样提问？（2）本文对我们写花的习作有何启示？

对于第一个问题，学生经过思考、交流、争论，认为选择“一往情深”比较好，并提出了三个问题：“一往情深”是什么意思？朱德对兰花是怎样一往情深的？为什么一往情深？学生发现，这些问题在阅读与提问的过程中，其实早已回答。

第二个问题，有的学生说，可以学习课文“借花喻人”的写法，联想到与这种花有关的某一个人；有的说，可以学习课文的表达顺序，先写花的特点，再写自己怎样喜欢花，最后写喜欢的原因；有的说，可以学习课文引用别人的诗句……

总之，经过前三个单元的提问训练，学生比较系统地学会了提问的方法，在接下来的学习，一方面是巩固这些提问方法，另一方面则是重点引导学生如何探究、解决重点问题，让学生学会自主学习。

是奇遇，还是必然？

自从看到关于“苹果为什么落地”的奇思妙想后，就很想上一节关于“苹果为什么落地”的作文课。这不，刚好学习了“幻想和想象”这一主题单元，周四的选修课就是最好的时机。

围绕激发学生的学习兴趣和想象力的目的，在准备本周四的选修课时，我预设了两个内容：一是以牛顿与苹果的故事引入，让学生从不同角度设想：苹果为什么会落地？旨在开启学生的多角度思维，同时也调动了学生的兴趣，训练的重点在说；二是出示蜜蜂、蝴蝶、蜻蜓、鲜花等几个词语，让学生编写一个故事，训练的重点在写。

可实际上课下来，只涉及第一个问题。

教学的大致过程是这样的：

师：同学们，你们知道牛顿与苹果的故事吗？（大家都说知道）

师：哪位同学来讲讲这个故事？（一学生讲故事）

师：你们知道苹果为什么会落地？（学生都说是因为地球的吸引力）

师：还有别的原因吗？（学生沉默）

师：可是，老师知道苹果落地的原因是因为苹果太想念大地妈妈了，它要投进妈妈温暖的怀抱了。（学生听老师这么一说，顿时来了兴趣，纷纷举起了手，说出了许多想法，但内容显得较单一）

师：你们想得很不错，这时的苹果不再是一个苹果，而是和我们人一样，有人的思想感情，和人一样会说话，和人一样有喜怒哀乐。请大家再展开想象，也许树下有一片草地，也许有一条小河，也许有一丛鲜花，也许有许多可爱的小动物，还可能有小朋友在做游戏、画画、唱歌……这样一来，你们再想想，苹果为什么会落地呢？

生：也许是因为苹果想看到大海，于是它落在小船里，想随着小船到大海……

生：也许是苹果看到树下有一个小朋友画的画少了点什么，于是就落在画纸上，成了画的一部分……

生：也许是苹果看到树下坐着有一位老奶奶，口渴得厉害，于是就落到了老奶奶的怀里……

生：……

师：当年，苹果落在牛顿的头上，使牛顿发现了万有引力定律，成为科学家，牛顿真是个爱思考的人；今天，苹果落在你们的头上，你们想象出了这么多有趣的故事，你们真是会想象的孩子。如果，你们把这些故事写下来，你们就是小作家。读过《木偶奇遇记》吧，今天我们就以《苹果奇遇记》为题，把自己想到的故事写下来。（学生兴致勃勃，跃跃欲试）

学生一边写，我一边走动看他们编写的故事。有的按照“第一天、第二天、第三天”来写，有的加了小标题。这都是出乎我的预料的。

时间过得真快，还有五分钟下课了，有的学生写完了一个故事，有的学生还没有写完。为了让学生课后继续编写故事，我说：

你们可以利用课余时间，把苹果的奇遇接二连三地写下去，每天写一个故事，最后合起来就是一本故事书了。当然，你还可以给自己的故事画上插图，做到图文并茂，那就更好了。

学生想写的热情被我调动起来了。有个学生说，他要争取写成一本书，今天晚上要写到十二点钟。我鼓励他，老师肯定相信他能写成一本书，但不用熬夜，只要坚持每天写一个故事，周末可适当多写点，这样坚持下去就能成功。课间，在走廊，竟有几个学生给我说："胡老师，我已经画好插图了！""胡老师，我已经写了五个故事了！"

这次作文课，带给了学生成功感和快乐感，也带给我一丝满足感。

这本节课给我如下启示：

第一，三年级学生起步作文的关键在于调动学生的兴趣。本节课内容的选择就是学生很感兴趣的

第二，备课时，不要把教学内容预设得太多太满，比如这节课的第二个内容在课上就完全没有涉及，只有放在下次课上进行。

第三，教学内容不要预设得太多太满，但又要让学生在课上有事做，得到实实在在的训练，如本节课的说和写的训练都有了。

第四，教师的基本功决定了上课的质量，也决定了学生在课堂上学到了什么，学到了多少。本节课，只有老师说的"苹果落地的原因是因为苹果太想念大地妈妈了，它要投进妈妈混暖的怀抱了"这句话是我在预设时想到的，后面的一步步启发，学习《木偶奇遇记》的思路和方法写《苹果奇遇记》等，都是我在课堂上临时想到的。如果按照预设，第一个问题说一说，第二个问题写一写，给学生的印象不会这么深刻，学生多角度思维能力的训练不会这么实在，学生的写作热情不会这么高涨。

由此看来，语文老师的知识面、阅读量决定了在课堂预设的基础上，是否有生成和生成的质量高低。我想起了窦桂梅老师曾这样说：

一定要回到经典阅读，在"沙中拣金"的推荐阅读书目中，择取契合当前问题困扰和深度反思的"同题共构"书目，读开去，读进去，读下去。尤其要精读几本经典，反复地读，来回地品。老师们不妨反复阅读同一部经典，深度阅读，深层对话，"向青草更青处漫溯"！

原来，只有多进行专业阅读，才可能让我们每天的教育生活由"奇遇"变成必然。

这个错别字，究竟该不该指出来

《尊敬普通人》是六年级上册"高尚"单元的一篇拓展阅读课文，是一篇内容浅显但引人思考的很有意思的好文章。

教学即将结束时，我按照惯例问学生：你还有什么问题吗？几乎没人举

手，教室几乎一片沉默。我重复问了一遍：你还有什么问题吗？一只小手举了起来，是宇。在我的印象中，他是个善于逆向思维的孩子，或者说是个有些特别的孩子。三年级时，身体一直不好，但课堂上常常提出令人意想不到的问题，有时发言也有“惊人”之语。

只有他一人举手。得到我的允许，他说出了自己的问题：

“课文中说：领导题词，大家盛赞不绝，他却傻乎乎地当场指出有一个字是错别字。我认为这样的人不值得敬佩，因为他这样做会让领导下不了台。”

我眼前一亮，顿时感觉这是一个很有意思的问题，便面向全班学生：

“你们认为是这样吗？这个错别字该不该指出？这个人是否值得尊敬？”

一时间，学生中间活跃起来。有的说，不应该当场指出，但可以事后给领导指出；有的说，事后指出不能让领导产生震动，没有当场指出的效果好；有的抓住“盛赞不绝”一词说，领导当时正在兴头上，此时指出肯定会让他扫兴；有的还说，这个人比较老实；还有的学生说，就是因为他敢于当场指出错别字，所以作者才说他值得尊敬……

一边听着学生的发言，我一边思考两个问题：一是“老实”的问题，有一句名言说，真实与朴实是天生的宝贵品质，我们也提倡人要有诚实的品质，可事实上，在现实生活中，诚实、老实的人常常会吃亏，这是心照不宣的事实，或者说是我们这个社会的“潜规则”；二是我为学生能提出这个问题感到高兴，学生能从他人（领导）的角度考虑问题，也明显感觉到，学生受到社会风气的影响之多，以至于他们成熟得早了些。

教研活动时，围绕从上学期开始研究的“疑思—辩读”阅读教学模式，我把上述教学案例和大家分享，抛砖引玉，希望能以此为例，把这一教学模式不断深化。

春夏之争的启示

——《四时田园杂兴》教学一得

本周三，教学南宋诗人范成大的《四时田园杂兴》第一首诗时，我在学生面前出了一次丑。

这首诗是这样的：“昼出耘田夜绩麻，村庄儿女各当家。童孙未解供耕织，也傍桑阴学种瓜。”

课堂上，由于学生预习充分，教学进行得很很顺利。理解诗句意思时，第一句“昼出耘田夜绩麻”的意思本是“白天出去除草，到了夜晚，还要把麻搓成绳或线"，可有的学生故意说成是"白天出去除草，到了夜晚，还要搓麻将"，不时引来一阵阵笑声。第四句是讲小孩子们还不会耕田纺织，也靠近桑树的树荫学做种瓜的游戏。我启发学生想象自己小时候仿照大人的劳动做过哪些游戏，学生有的说当小老师、当医生，用玩具、餐具做过家家的游戏……课堂氛围轻松而融洽。

为了让学生从整体上把握全诗的内容，我问："这首诗主要写什么？"这个问题我当然是有备而来的，在教师用书上，清清楚楚地写着，而且我也在书上做了批注，这首诗主要写春日农民劳动的情景。可学生的回答与我不尽相同，有的说是写初夏农民劳动的情景，有的说是写夏天农民劳动的情景，就没有一个学生说是"春天"的。

对于处理这种师生意见不一致的事情，我还是有经验的。

我问："这首诗写的究竟是夏天还是春天？"

"是夏天！"学生异口同声，毫不含糊。

"你们是从哪些地方看出是写的夏天里农民劳动的情景的？"

一个学生说，诗中的"耘田"是除草的意思，只有夏天才会除草。另一个学生说，诗中写道有桑树的树荫，也看出应该是夏天。

学生说得很有道理，我暗暗佩服。可是，我不服气地反问："诗中写到种瓜，应该是春天呀！春种夏收嘛。"

我和学生僵持不下，我也不敢肯定是学生错了，还是我错了。为了不占用太多的时间，于是，我在黑板上写下了这样一句话：

这首诗写的是（ ）天农民劳动的情景。

并留下一句话："这首诗写的究竟是春天还是夏天，我们课后都去查查资料。"

晚上，我查阅了《宋诗鉴赏辞典》，发现，这首诗是范成大的"夏日田园杂兴十二首"中的第七首，从题目一眼便知，应该写的是夏天农民劳动的情景。原来，学生是对的。

第二天，在教学完第二首诗，对两首诗进行比较时，我不失时机地纠正了昨天的错误，学生似乎很宽容，并未有特别的反应，但是，他们会怎么想，我不得而知。

然而，这件事还是引起了我深深的反思。

第一，备课时深入思考不够。就说这次的"春夏之争"吧，如果我能像学生那样多想想，也不至于完全按照教师用书而出现错误。而且这类似的差错以前也发生过。就拿这首诗来说，第三句中的"供耕织"的"供"，我在课堂上给学生说应该读“gōng”，可是，课后我查资料才发现应该读“gòng”。这些都提醒我在备课时应该更精细一些，不能粗枝大叶。

第二，学生的宽容让我不安。记得有好几次，学生把课文中的“瞥(piē)”字读成“piě”，我狠狠地批评了那个学生预习不认真，批评他这样一读反而让老师以为自己弄错了。总之，对于学生的错误，老师常常不能容忍。

唯一让我安慰的是，在课堂上面对学生的意见和自己的意见不一致时，我没有把自己的意见强加给学生，而是让他们发表意见，并给问题的解决留有余地。

学生需要更多的激励与个别指导

上周五进行单元考试，因只有一节课，没时间写作文，只好把作文当作家庭作业来布置，但又担心学生不重视，于是宣布：下周一老师将给每个同学的作文打分，作为单元考试的成绩。大多数学生表现得很兴奋。

本次作文要求写自己身边的一个普通而又高尚的人。批改学生的作文时，我发现，学生选材丰富，有写父母等家人的，有写老师的，有写清洁工的，有写学校的工人师傅的，还有写小区保安的。但是，学生的作文质量普遍不高，其主要问题是有：一是没把人物的外貌、动作、语言、神态及心理活动写具体，更不要说生动、感人了；二是篇幅不够，有的学生虽然写了两件事情，但也只有300字左右；三是作文中的错别字较多，语句不通顺的现象比较严重……

怎么办？不给打分吧，我可以告诉学生，这次作文普遍写得差，不算成绩了，但临近家长会，拿什么给家长看？打分吧，分数的确是“见不得人”。为了不失信于“生”，我想了想，我们平时不是要求学生学会评改作文吗？我何不先给作文打个分数，再让学生自己修改，根据修改的情况进行加分呢？

周二中午，我告诉学生，凡是利用中午时间认真修改的，可以加1~4分，特别认真的可以加5分以上。

当我再次收看学生作文时，绝大多数学生都修改了，有的还重新写了作文。但是，也有几个学生没怎么修改，当然是不能“享受加分政策”的。

赐是一直没交作文的唯一的一个学生，如果作文30分一分不得，考试肯定不及格。我找到他说：“本次作文写身边高尚的人，你可以写自己的爷爷，写爷爷平时是怎样关心他人的一两件事情。如果你在明天早晨能交给我，我可以把作文分数加上去。”他点了点头，算是答应了。

周三早晨，赐把作文交给我。作文的题目是《我的爷爷》，整整写了一页多，有些超乎我的预料。虽然字迹是歪歪倒倒的，但凭着我多年的经验，我还是顺利地读明白了作文写了爷爷的两件事，尽管有错别字，尽管语句不通顺，但意思是表达清楚了。"作文 21 分！"我迅速做出了判断。这样，本次单元考试，他得了 64 分。我完全能够想象，他看到这个分数时的高兴劲儿。

我想：适当利用分数的激励作用，可以让学生把作业完成得更好一些，而对于那些作文困难的学生，只要老师耐心地给予细心的个别指导，启发他们以身边的真人真事作为作文的材料，他们完全是可以写好作文的。

激励与个别指导，正是我们容易忽视的地方。此时，印度诗人泰戈尔的话在耳边回荡："不是锤的敲打，而是水的载歌载舞，使鹅卵石臻于完美。"

习作指导，我为什么还是"老调重弹"？

三年级上册第六单元的"笔下生花"围绕单元主题"鸟儿"，要求学生"写一写我和鸟儿的故事"。为了写好作文，我做了以下准备。

一是调整课文的教学顺序，按照《惊弓之鸟》《翠鸟》《一只小鸟》《鹰》的顺序进行教学，并把《翠鸟》作为教学重点。

二是提前两天布置学生做鸟的观察记录：我熟悉的鸟的名字，它的外形（眼睛、嘴、羽毛、爪子、尾巴），生活习性（吃食、活动、休息、鸣声），我和它的故事。汲取上次写照片作文的教训，我特别告诉学生，如果以前没有仔细观察过鸟，也可以在电脑里观察鸟的图片。第二天，我发现有的学生真带来了鸟的图片，有的还下载了关于鸟的文字资料。

三是阅读了一些小学生同步作文书上的作文，发现完全模仿《翠鸟》，按照由先写外形，到写生活习性的作文很少。

周五两节语文课，当然是上作文，我打算让学生在课内完成。

	笔下生花：我熟悉的鸟
仔细观察	外形（眼睛、嘴、羽毛、爪子、尾巴）
抓住特点	
按一定顺序	生活习性（吃食、活动、休息、鸣声）
分段写	
用上积累的好词佳句	故事（有趣的、高兴的、伤心的）

然而，从第二节课学生的习作看出，效果让我大失所望，有的学生不知道如何模仿《翠鸟》《孔雀》来写自己熟悉的鸟，有的把收集的资料照搬到作文

中，有的一节课没写多少内容……

从第二节课看到学生写作文的情况开始，我就不断反思其原因，主要有以下几个方面：

1. 教师忽视了教材习作的要求——“写一写我和鸟儿的故事”，重点是写故事，学生和鸟儿之间的一些小事，在记事中写鸟儿的外形和习性，而不是完全模仿《翠鸟》的写法，先写外形，再写生活习性，充其量是模仿课文写鸟的外形。即教师定位不准，还是按原来的要求去教学，对教材的变化思考不深。这是本次作文效果不佳的主要原因。

2. 课堂指导时，过分要求学生在写外形和生活习性时要用上中心句，难住了一部分学生。

3. 学生口述作文时间不多，积极性不高，主要是教师调动激发不够。

4. 教师对外形和生活习性的指导层次不清，重复指导，交叉指导，花了时间，挤占了学生说的时间。

5. 教师要求多，语言示范少，学生练说少，写起来就感到困难。

熟悉的地方也有“新风景”

又一次教孩子们学习《珍贵的教科书》这篇课文。可这次我发现，在北师大版的教师用书上，有这样一段文字：

第 1、2 自然段交代背景……四个“没有”写出了当时学习条件“非常艰苦”。三个“就”写出了我们“顽强地坚持学习”。这部分的中心句不是“我们的学习条件非常艰苦”，而是“在那炮火连天的战争环境中，我们仍然坚持学习”。

让我们先看第 1、2 自然段的原文：

1947 年春天，我们延安小学转移到一个小山村里。在那炮火连天的战争环境中，我们仍然顽强地坚持学习。

当时，我们的学习条件非常艰苦。没有桌椅，就坐在地上，把小板凳当桌子；没有黑板，就用锅烟灰在墙上刷一块；没有粉笔，就拿黄土块代替。最困难的是没有书，我们只能抄一课学一课。我们多么渴望每人都能有一本教科书啊！

在过去的教学中，我们大概都是这样教学的：

读第 1 自然段，找出时间、地点、人物、事件。学生很容易完成。

读第 2 自然段，先找出这段的中心句，画上双横线，然后说说是怎样说具体的。

仿写：现在，我们的学习条件非常优越。

应该说，这样的处理也是不错的，但关键问题是，教师把学生的关注点引向了"非常艰苦"一词上，而仔细研读这两个自然段，"顽强地坚持学习"才是关键词，即教师用书上所说的：三个"就"写出了我们是怎样"顽强地坚持学习"的。于是，教学的策略就发生了变化：

读第1自然段，找出时间、地点、人物、事件。提问：这段写谁在什么情况下干什么？（学生练说）

读第2自然段，说说从哪些地方可以具体地看出他们"顽强地坚持学习"？（勾画、朗读，认识排比句）

再读一读，思考：这两个自然段是围绕哪一句话写的？（学生勾画、交流，引导学生讨论，取得共识）

一篇教了多次的课文，这次有了不同的教法。这提醒我们，越是"轻车熟路"的地方越要善于发现"新的风景"。

精心设问·巧妙导问·适时追问

——课堂教学中"问"的三重境界

问题，是学生学习的驱动器，以问题为主线的学习活动，应该把基于学生学习的问题作为课堂教学活动设计与实施的逻辑起点，把"问题意识"与"问题促学"贯穿在整个教学活动中。

问题从哪儿来？我认为，课堂教学中的问题来自三个方面，即教师课前精心预设问题、课中巧妙引导学生提出问题、交流活动中教师适时追问。

一、精心设问

提问，是课堂教学的主要形式，它直接关系到学习效率的提高，教师在课堂教学时的提问不可太随意，何时问、何处问、如何问，以及学生回答可能出现的状况，都需要在课前做明确而全盘的考虑，方能达到教学的最佳效果。

教学《和时间赛跑》时，我预设了以下几个主要问题：爸爸的话到底要表达要表达什么意思？段中那些重复出现的三个"永远"、三个"了"能否去掉？为什么？我是否听懂了爸爸的话？你从哪儿看出来的？

这些问题，是本节课必须要解决的重点问题，它直接关系到教学目标的达成，也是设计学生学习活动的核心。一个好的问题可以激发课堂气氛，培养学生学习语文的兴趣，促使学生养成良好的课堂思维习惯。精心预设好问题是教师的必备基本功之一。

有效的阅读教学，都十分注重问题的设计，善于抓住问题之间的关联度，通过关键线索设计牵一发而动全身的线索问题，由易到难，环环相扣，贯穿一体，可帮助学生实现对文本的整体把握。

教学中，教师可以围绕课题线索、关键词句线索、文路线索、情感线索等，设计阅读教学中的关键问题。

二、巧妙导问

问题，可以是教师提出来的，也要培养学生自己学会提出问题。学生可能一开始没有产生疑惑，教师就要创设问题情境，引发学生提出问题。如果学生有了疑惑却提不出问题，或者提出的问题价值不大，教师就要采取一些措施，或示范，或引导学生提出问题，引发学生思考，鼓励学生提出疑问，将“问”的主动权还给学生。

由于在前几个单元对如何提问进行过专门的训练，学生很容易提出“是什么”“怎么样”“为什么”等问题。例如教学《和时间赛跑》时，我引导学生根据课题提出了以下问题：谁和时间赛跑？他为什么要和时间赛跑？他是怎样和时间赛跑的？他跑赢时间了吗？作者为什么要写这篇文章？……

结合第一个问题，引入对作者林清玄的了解；第二个问题，是本节课要重点解决的；其余几个问题，则在第二课时解决。

当然，除了根据课题提问，教学中还可以引导学生抓住重点词语、句段提问。如教学《朱德与兰花》时，我引导学生围绕“一往情深”提出了“这个词语什么意思?”“朱德对兰花是怎样一往情深的?”“他为什么对兰花这样一往情深?”教学《渴望读书的“大眼睛”》时，我引导学生围绕第一自然段提问：“这段写什么?”“小姑娘是怎样读书的?”“记者为什么要拍下这幅照片?”

三、适时追问

追问，一般指的是追根究底地查问，多次地问。课堂教学中的追问，是对前次提问后学生回答的补充和深化，旨在拓展学生思维的深度和广度，以期能够更好地帮助学生理解某个问题，从而达成目标。

在具体的学习情境中，教师要善于追问。主要策略有两个：一是“挖坑”，即引起学生产生“认知冲突”与“思维断裂”，将学生的认知引向深入。它指向的是学生的思维过程，不仅要知其然，还要知其所以然。这样的追问着眼于学生思维过程的还原和外化，有利于教师关注学生的学习过程和方法。二是“铺路”，针对学生的学习反馈进行追问，层层“剥笋”，将学生的思维引向深入。这样的追问作为前次提问的补充和深化，指向学生的思维深度，要求不仅知其一，还要能知其二。

教学《和时间赛跑》时，在学生交流汇报的过程中，我注意了不失时机地追问。

当学生回答爸爸说的一段话的中心句是第一句时，我是这样追问的：

1. 去掉后面几句话行不行？为什么？这一追问，让学生明白了因为“我”当时年龄小，爸爸是用举例的方式告诉“我”时间一去不复返的道理。

2. 爸爸说的这几句话能否交换顺序？为什么？学生经过思考，发现中心句可以放在段末，但其他几句是按照“昨天、童年、青春、生命”的时间长短顺序来写的，不能交换，从而体会到组句成段的顺序性和严密性。

在具体的教学情境中，教师可采取以下的策略追问：

——“是否多余?”“能否调换顺序?”以此追问出文本的写作意图。

——“真是这样吗?”“××在课文中出现了三次，意思一样吗?”以此追问出文本的潜藏信息。

——“可以这样写吗?”“作者这样写是有意还是巧合?”追问出文本的巧妙布局。

——“前后矛盾吗?”“他这样做傻吗?”以此追问出文本中人物的特点。

一节习作评改课

前段时间学习“遗迹”单元，我了解到，大部分学生未去过杜甫草堂、武侯祠、金沙遗址等本地名胜古迹。于是，我连续两个周末布置学生完成本单元综合活动——走进遗迹。

第一次，我要求学生在家长的带领下实地考察附近的某一个遗迹，并查找有关的资料，做好记录。周一检查，学生中出现三种情况：一是有的学生按照要求，去了杜甫草堂、武侯祠、金沙遗址、人民公园纪念碑等，还在网上收集了资料；二是由于上校外培训班没时间，有的学生选择了以前去过的外地景点，如乐山大佛、兵马俑等；三是未进行实地考察，只是在网上搜集了一些资料；四是本地、外地的名胜古迹都未去过，也未搜集资料。

第二次，我要求学生以《游……》《……的故事》《我站在……》等为题，写一篇名胜古迹的游记。预料之中，凡是上一次认真准备的学生，习作完成得不错，如东的《游文殊院》，希、恬的《杜甫草堂的故事》，获的《游武侯祠》等，做到了游览顺序清楚，把看和想结合起来写，有自己的真实感受。当然，也有跑题的，如写某一次春游，虽写黄龙溪古镇，但未写出古镇的古建筑、古木、故事等。

最大的问题是，学生不知道如何在描写的过程中加入有关的故事，甚至连古迹中的对联、诗词都未在习作中引用。

我打算做一次习作评讲。

首先，我针对学生本次习作中普遍的问题，让学生根据自己的习作，简单画出自己的游览路线图并标明详略。我告诉学生，若能很快画出路线，说明你的线索很清楚，反之，则说明你的习作需要调整记叙的顺序。同时引导学生，一篇作文不可能什么都写，要学会选择，学会取舍，突出重点。

接着，我明确指出，这类文章要做到“边走边看，边看边想”。走，就是写作的先后顺序；看，就是要抓住古建筑和花草树木的特点及有关的文字（对联、诗词等）；想，则是联想到有关的人和故事及自己的感受等。这样三者结合，其实就是把记叙、描写、抒情有机结合起来了。

然后，我用 PPT 展示了一篇文章，一个学生读完，我问大家觉得怎样，学生说好，还想鼓掌。我说，不要以为老师展示的文章都好，其实这篇文章有很多问题，你发现了哪些问题可以说一说。当然，学生的评价能力不错，文中的毛病被他们一一列举。随后，我还引导学生回忆上学期学过的《梅香正浓》，让他们说出哪些值得学习，哪些还不够好。我想，这样更能让学生学会思考，知道书上的文章和老师展示的习作并非都是十全十美的。这正是我这段时间着力引导的——要大胆学习借鉴，但不迷信，不盲从，敢于提出自己的观点。

最后，学生修改习作，我对个别学生选材的问题进行了指导。其中一个学生实在没写的，我只好让她以游记的形式写一写校园，目的是让她学会这类文章的方法。

我期待，学生修改后的文章有更多的精彩之笔。

备课，请把课文多读几遍

今天教学《在学校的最后一天》这篇课文。作者通过自己的语言和心理，描绘师生之间在学校的最后一天离别的感人场面，表达了作者的留恋之情。

对于即将毕业的孩子们来说，这篇课文安排得再合适不过了，因为再过一个多月，他们也都将离开母校。我猜想，孩子在预习时是认真地读过这篇文章的。我也读过许多篇，感觉很容易读懂，但怎么组织教学，虽然也参考了一些资料，但头脑中并未形成较为理想的教学思路。反正今天是第一课时，按照常规的教学就行了。

课堂上，我先引导学生回忆了上一课《学步》的内容，在朗诵了几句古人写离别的诗句，并引入了课题；然后是让学生朗读课题后，针对课题质疑；接着是请学生朗读课文，纠正易错字读音，理解了课文中的几个重点词语；紧接着本来是要让学生说说课文主要讲什么，可我想到每次都这样问学生是否已没有新鲜感。于是，临时提问：

同学们，你们都预习了课文，刚才又读了课文，那你们自己读懂了些什么？

顿时，教室更加安静了，很多学生都认真地再次默读起课文来。

“我从题目读懂了课文主要是写作者和他的学生们在毕业时分别的情景，这一天既是学生们在学校的最后一天，也是老师在学校的最后一天。”

“我从第九自然段读懂了老师对学生们的期望。”

“我读懂了课文处处都表现了老师对学生的爱。”

我下意识地发现，第三个学生是看了课后问题的回答，而这个问题，正是课文的重点之一，因为课文并未直接写老师对学生的爱，而是间接写出来的。于是。我追问：

“你是从哪儿看出老师爱学生的？”

“我是从最后一个自然段读出老师对学生的爱的。”随后，这个学生把最后一段读了一遍，还简单说了说自己的体会，这已经值得表扬了，但还需要对全班学生进行深入引导。

我顺势面向全班学生问：

“这一段为什么就表现了老师爱学生？”“课文中还有哪些地方表现了老师对学生的爱？请仔细默读课文，勾画句子，并做简单的批注。”

接下来，在学生充分阅读的基础上，组织学生进行了交流，从而体会了老师对学生的爱。

下一节课还需要解决的问题是：从哪些地方看出学生爱老师？从哪些地方看出师生之间的依依不舍？

如果说成功的教学需要充分的预设，我这节课预设是不够充分的。我只是把课文多读了几遍，对课文的内容理解得比较深而已，至于怎么教学，设想的也并不多，所以显得有些随意，甚至有些处理是我在备课时根本未想到的。这或许就是课堂教学中的顺势而为吧。而这种顺势而为是需要一定的前提条件的，如教师要有一定的教学经验，教师要把课文读得比较深入等。

让每一个学生都成为主角

“真诚”单元的“初显身手”，教材上是这样要求的：用你的笔真诚地赞美别人，真诚地感激别人，真诚地劝告别人。

教学中，我先结合“畅所欲言”让学生讨论发言：承认错误时，赞美别人时，感谢别人时，劝告别人时，真诚表现在哪里？也许是在当今社会，要做到真诚并不是一件容易的事情，学生讨论发言的效果并不理想。接着，我念了两段文字，让学生比较哪一段文字让人感受到真诚，学生几乎都觉得说大实话、替对方着想的那段文字显得很真诚，而说套话、堆砌优美词句的那段文字感到是在敷衍。

有了这样的铺垫，我让学生从中选择一个方面（赞美、感谢、劝告）写一段文字，比一比，看谁最真诚。

怎么写呢？以往也做过类似的练习，结果大家几乎都集中去写班上的那几个同学，内容也是大同小异。于是，这次我以大组为单位，先从后到前，再从前到后，依次写给自己前面（或后面）的同学。这样一来，班上的 49 个同学写的对象都不重复，49 个人都有人写。当时有学生觉得没什么可写的，我及时提醒：今后一定要多关注身边的人。从课堂交流的情况看，学生不论是写赞美、感谢，还是劝告，都能从日常学习、活动中的一些小事说起，有的赞美中有劝告，有的劝告中有感谢……

课上，有很多同学未能交流，我要求同学之间利用课余时间把自己写的文字与同学分享。

我想，要是给全班 49 个学生每人 48 张纸，每张纸写一个同学，这样每个同学就能收到其他 48 个同学写给自己的文字，或赞美，或感激，或劝告，装订成册，这是一件多么有意义的事情啊！

将循环日记进行到底

开学初，我就想组织学生写循环日记。几周前，我终于把这个想法付诸了行动。

我把全班 55 名同学，不分性别、成绩，基本按照座位分成 11 个小组，每组 5 个学生，指定一人当组长，由组长安排写日记的先后顺序，刚好每个学生每1周轮流写1次。

我给每个小组准备了一个作文本，封面上贴上"第几小组循环日记"几个字，扉页上贴上关于写作的名言和激励学生观察生活、捕捉生活小镜头的一段文字。下面就是第六小组循环日记本扉页上的名言和一段文字：

没有什么比沉浸在创作的欢乐与激情中挥笔疾书更美，更令人心醉的事了。——海塞

生活就像是电影，一个个电影从我的生活中走去，一个个电影又从我的生活中走来。万花筒是五颜六色的，就像是我的生活，五彩缤纷、丰富多彩。一个个的小镜头，让我们的生活充满了激情，充满了欢笑，现在就随着我的小镜头，和我一起体味我的生活吧！

一节语文课上，我进行了循环日记的简单的启动仪式。首先我提出了要求大家写循环日记的意义。有什么意义呢？我找了几点理由，如培养大家观察生活、记录生活的能力和习惯，为作文积累素材，可以给学校广播站投稿，互相学习、欣赏。内容上，要求写发生在班级、学校、社区及家中、上学、放学路上的真人真事；自己的所见、所闻、所思、所感；酸甜苦辣、喜怒哀乐，皆可入文；表扬好人好事，批评不良现象等。篇幅上，不要求字数，有话则长，无话则短。随后，我还当众朗读了每个小组作文本前的名言和那段文字。

然而，在我意料之中，有些学生还是不情愿，以为天天都要写日记。待我宣布了全班分成11个小组写循环日记，每个学生一周只写一篇日记后，全班学生基本能乐意写循环日记了。

在这个过程中，发生了一些小小的风波。从以下学生的话语中可见一斑。

"胡老师，每天要写一篇日记呀？"这是还没有明白循环日记要求的学生的疑问。

"胡老师，我们这组有同学不愿意写！"

"胡老师，我们这组有个同学把循环日记本放在家里，好几天都没有拿到学校来了！"

"胡老师，我们这组的循环日记本写完了！"这是第六组的组长亚向我报告的。

翻开她们这组的循环日记本，一个个鲜活的题目出现在眼前：《我的舅舅》《成绩出来了》《课间十分钟》《借书》《胡老师，生日快乐》《我出丑了》《午饭》《换发奇事》……读读那些发生在学校、班级鲜为"我"知的真实而生动的故事，窥探那些隐藏在他们内心深处不足为人道的天真想法，品味他们那幽默风趣的语言，令人捧腹大笑而后快。

看着大多数学生对循环日记的喜欢劲儿，我打消了让部分学生停止写循环日记的念头，决心把循环日记进行到底。但还有许多要改进的地方，比如：分组要更合理，注意男女生搭配，优中差生搭配；定期展示、评价、鼓励，激发学生的积极性；做好个别学生的启发、引导工作，使他们有内容可写。

选材·构思·表达

——写实作文教学策略 ABC

北师大教材“笔下生花”大多数采用的是话题作文的形式，而且其话题与单元主题一致，有利于使听、说、读、写多方面的实践能够围绕单元文化主题整合起来。教材中的话题作文主要有两类：一类是写真实的人和事，另一类是写想象的内容。在作文教学实践中，我发现学生写想象的事物较容易，也乐意写想象作文，而写真实的人、事、景、物则感到有些困难。

根据教学计划的安排，四年级学生应该开始练习写真实的生活，开始练习时不必要求过高，可长，可短；可以成文，可以只是片段。

那么，怎样进行写实作文的教学才能收到较好的效果呢？

一、选材——学会“三选一”

选材，即让学生在众多杂乱无章的生活现象中，围绕本次习作的范围和要求，挑选出较为有价值的题材。

比如，“成长的经历”这一单元的习作要求是“写一写自己成长经历中最难忘的一件事”，我就引导学生回忆自己生活中亲身经历的三件事，并写在草稿本上，再从中筛选出最值得写的一件事。

二、构思——学会“放电影”

这就是古人说的“打腹稿”，即让学生在动笔之前，回忆与本次习作有关的场景，也即我们所说的“列提纲”，但比列提纲更实用、更省事。比如写自己成长经历中最难忘的一件事，我就让学生想一想这件事是怎样发生的，又是怎样一步步发展的，结果怎样。在“放电影”的过程中，人物的语言、动作、神态等就会一幕幕浮现在你的眼前。

（一）抓“特写镜头”

摄影家醉心于寻觅富有意味的生活图景，用手中的相机进行瞬间抓拍，定格成永恒；新闻记者热衷于搜罗五花八门的消息，通过客观的描摹与真实的报道，使新闻永远保持正在进行时。无数精彩的特写镜头串联起了多姿多彩的生活。引导学生抓住这些特写镜头，静静观察，细细描述，学生的作文就会灵动起来。

很多学生都到学校图书室借过书，但不一定都认真观察过管理图书的老师。这是三年级时一个学生的习作《借书》中的一段文字：

记得有一次下课了，我和班里的几个同学一起去借书。我一来到图书室门口，首先就看见了图书管理员W老师，她看上去年龄有点大，身体长得不胖也不瘦，脸上总是带着和蔼的微笑，好像我的奶奶一样；虽然长着一双不大的眼睛，可是她的眼神却很像妈妈看我的眼神。我从她面前经过，尊敬地叫了一声："W老师好！"W老师也会回敬给我一个甜甜的微笑……（博）

把这些特写镜头搬进习作中，习作怎会不精彩？抓住"特写镜头"，就是要教会学生从平凡中去发现美、挖掘美、表达美。

（二）抓"慢镜头"

写人写事的文章，无非是人物语言、动作、神态、表情等的组合。要把人写活，动作描写极为重要。但是，人的动作发生很快，若不注意观察，很容易忽略。电视台在转播体育节目时，常常把精彩的瞬间用"慢镜头"的形式重播一遍，以便让观众看个清楚。写作文的过程，其实也是慢镜头重现的过程。因此，学生在平时的生活中，就要注意观察人物的动作，然后在心中把这一过程分解，再用文字记录下来。下面是学生习作《我为妈妈洗脚》的一个片段：

到老时间了，我看见妈妈拖着疲惫的身子，习惯地端起脸盆向卫生间走去。我一看，再不行动就没机会了，便一把拦在妈妈跟前。妈妈被我的举动吓了一跳："干什么？有事吗？"我红着脸，低声说："妈妈，今…今天，我帮你洗脚！"妈妈一听，更是丈二和尚摸不着头脑了，疑惑地说："孩子，今天你没发烧吧？""妈妈，今天你就让我为你洗一次吧，因为……因为这是老师布置的回家作业。"（佳）

寥寥数语，使读者如见其人，如临其境。

（三）模仿表演再现

我们的生活常常是没有提纲，也没有彩排的，它不给你任何准备的时间，也没有任何提示。感动、喜悦、着急、恐惧的瞬间往往是应境而生，境过而逝。过去发生的事情，在经过一段时间后，不可能再清晰地记得当时人物的一言一行。作文中，为了使人物形象自然逼真，就可以通过模仿来再现。

如"购物"这一单元要求写自己买东西的一次经历，要让学生写好买卖的过程，以买卖中的讨价还价为例，不妨让学生找个同伴模仿一下。在模拟情境中体验生活，以此引起学生回忆过去的人、事、景、物，唤起他们的情感体验，这也不失为一种真实。这与凭空臆造相比，显然更能令人接受。

三、表达——“我在故我思”

有很多学生在写作文时，往往“舍己为人”，即只注意了写别人的动作、语言、神态，而忽视了写自己。其实，要想写出真情实感，必须把“我”融入习作之中。比如，指导学生写生活中的真人真事，就要把事情的经过写具体，最好还要写写自己的感受——在这件事情的整个过程中，你自己的感受如何，是怎样变化的，想清楚了再动笔。

一次，我在指导几个学生写《我为妈妈洗脚》这篇作文时，是这样引导学生把具体地叙事与写自己的感受结合起来的：

(1)“我”为什么要给妈妈洗脚？

(2) 当“我”准备给妈妈洗脚，把妈妈拦在跟前时，妈妈的神态、语言是怎样的？“我”的语言和感受又是怎样的？

(3) 妈妈知道“我”要给她洗脚时，说了哪些话？表情、神态又怎样？此时，“我”的感受是什么？

(4) 给妈妈洗脚时，“我”发现了什么？此时此刻，“我”心里难受极了，如果不用“我难受极”之类的话，该怎样写？

(5)“我”从为妈妈洗脚这件事上，受到什么启发？

下面是学生习作《我为妈妈洗脚》中的片段，就很好地把妈妈的语言、神态与“我”的语言、动作和感受较好地结合在一起了：

妈妈经我这么说，就坐下来了。我端着脸盆，去放了些温水，然后，放在地上。这时，我觉得浑身燥热，犹豫着，慢慢地伸出手。妈妈好像看出了我的心思，说：“我自己来洗！”“不，妈妈，今天我一定要为你洗一次。”我猛地把手伸进水里，我发现妈妈的两个脚趾有些烂的。妈妈似乎也发现了，说：“妈妈的脚一直这样，没事的。”“妈妈！”我心里有种说不出的味道，眼睛里涩涩的，有种想哭的冲动，想和妈妈说几句话，却怎么也说不上来。妈妈的脚已经没有了记忆中那么柔软了。我轻轻地按摩着妈妈的双脚，从脚尖一直到脚后跟，硬硬的，我知道那是妈妈的脚底的老茧，是岁月给我们留下的礼物。当洗好脚的时候，泪水已经在我眼睛里打转。(皓)

通过实施以上的作文教学策略，学生的作文整体水平得以提高：原来那些作文比较困难的学生，现在也觉得有话可写，而且写得更具体了；以前本来作文就写得不错的学生，现在的作文写得更加生动、感人了。一名作文水平有很大进步的学生给对我说：“胡老师，你说写作文的时候，只有写真实的内容，才能把作文写具体、生动，我觉得你这句话是真的。”

拒绝麻木

坐在电脑前，准备写本周的反思，似乎有很多要写，但又不知从何下手。

我想写语文教学中的得与失。本周，教学了古诗二首（《绝句》与《村居》）《理想的翅膀》《春天的雨点》，可仔细一想，每节课都是那么按部就班，平淡无味，没有什么要反思的。

我想写班级管理中的点点滴滴。本周收到一位家长来信，我理解家长的处境和心情，并给这位家长回了一封短信。本周当值周教师，早晨站在校门口迎接学生，课间穿梭在走廊与学生之间，听话的、调皮的，都很可爱。还有，在班主任会上，听了两位班主任老师介绍的创新工作，以及科技活动、运动会、少先队活动的安排，都很有感触。可是，要真正把其中一两点写下来，却不知写什么了。

有人说，生活中不是缺少美，而是缺少发现。我现在忽然感受到：教育教学中不是没有可以反思成文的，而是我缺少从看似平淡无奇、司空见惯的现象中探寻教育教学真谛的睿智。

继续搜寻。

周四下午，还听了一位老师试讲《小小的书橱》，课后交流、讨论，反思自己的教学，让我想到，上好一节课时那么不容易。

德育课的时候，看见有的班级的学生拿着自己做的风筝去操场，在明媚放的春光中，学生快乐地放飞，不仅学生羡慕，我也羡慕：我怎么就没想到呢？

那节教学生积累春天的成语的课好像还行吧？

课上，首先当然是学书上的8个成语，朗读，简单说说意思；接着是拓展更多的春天成语，学生交流，老师补充；最后是引导学生运用。我结合刚学过的古诗，问学生：当读到“迟日江山丽，春风花草香”这句时，你会想到哪几个成语？当你读到“泥融飞燕子”一句会想到哪些成语？当读到“草长莺飞二月天，拂提杨柳醉春烟”，你又会想到哪些成语？周末的时候，你和家人来到花园里，你会用哪几个成语来形容当时的景色？这些问题一提出，学生跃跃欲试，争先恐后地回答。见难不住学生，我又问：春天早已来到人间，可前几天天气却那么寒冷，你想到了什么成语？学生答道：乍暖还寒、春寒料峭。没有让学生说成语词典上的解释，但学生分明已经理解了这些成语的意思。

还有，最近阅读了一组怀念著名教育家霍懋征的文章，甚是敬佩感动……

教育教学中，暂时没有感受到成功不可怕，最可怕的是你连失败的感觉也没有。没有成功的感受，缺少的是磨炼与机缘，缺少的是那份成功的快乐；但如果失败的感受也没有，缺少的则是一颗敏锐的心，这几乎等于麻木。

拒绝麻木，刻不容缓。

第三节　低吟浅悟

重读贺卡，感受幸福

放假了，在收拾、整理办公桌上那一堆乱七八糟的东西时，我意外地发现了厚厚的一叠贺卡，那是已经毕业的学生在圣诞节或元旦节期间送给我的小礼物。

我记得，当时已经打开贺卡读过一遍，终归是舍不得扔掉，把它们视若珍宝，便又把这些贺卡放在了抽屉。而现在，再翻开这些样式不同、包装各异的贺卡，看着上面熟悉的笔迹、熟悉的名字，竟然发现，一张贺卡其实就是一个故事、一幅画面、一个回忆……

我不会怀疑普希金曾说过的那句话：“一切都如云烟，一切都会过去，而那过去了的，又会使你感到美好”。然而，贺卡上这故事、这画面、这回忆，给人的感觉不尽相同：有的甜蜜，有的苦涩，有的温馨，有的酸楚，有的令人骄傲，有的让人遗憾……

一张贺卡上，短短的一句话，却有两个明显的错别字：“万事如竟（意），工作顺力（利）”，多让我这个语文老师脸红！这我是最让我不安的祝福。

有一个孩子，在歪歪斜斜的字迹中，写错了称呼，显然是把送给数学老师的贺卡送给了我，真是个小马虎！也许，这算不得什么大的错误，但单从这两个孩子对待学习的态度上看，的确让人担忧。这是最让我感到遗憾的祝福。

当然，读着这些贺卡，也有许多让人欣慰的地方。

——最让我感到温馨的祝福：

转眼之间与您相处的时间过去了，我们已升入初中，我却没有来看您，我一定会安排时间来看您，不过听说您不像以前那样瘦了。您的学生听话吗？像我们那样不听话吗？在此我要感谢您对我们的栽培，今天是圣诞节，祝您圣诞快乐！（晴）

——最有成就感的祝福：

感谢您三年来对我的教育，我现在是我们班的中队长了，是您培养我的管理能力。在这次检测中，我语文考了年级第三名，总成绩年级第六，我现在是一名入团候选人了。（艺）

——最让人高兴的祝福：

我是怀着一种愉快的心情给您写这封贺卡的，字写得不好别怪我。我现在是中学生，我的语文成绩有很大的提高，您应该会开心吧！我也非常开心。谢谢您对我的栽培，我现在所拥有的一切都是您的功劳。我已多久没叫过您了，我真想再叫一声：胡老师！（杰）

——最令人放心的祝福：

金秋九月，度过了快乐又充实的暑假，背上沉重的书包真正地踏上进了中学的大门。暑假中，我穿梭在几个补习班中间。想起以往的暑假就是一个劲儿的疯玩，可现在不是了。进了中学以后感觉氛围都与小学校园有明显的不同，中学校园里充满了一丝成熟，而小学校园无时无刻都充满了孩童的稚气与天真无邪。我很怀念以前的班级，那个没有压力与负担的时代。以前还不能理解，为什么冰心说："童年啊，是梦中的真，是真中的梦，是回忆时含泪的微笑"。而现在，想起这句话，眼眶有时真的会泛起几滴泪珠。（亚）

——最令人骄傲的祝福：

敬爱的胡老师：

您好！好久不见了，您身体好吗？工作顺利吗？

我走了以后不知道您有没有想起过我呢？我可是时刻都想着您的。您知道吗？自从我进入了中学，我就知道，中学的学习方法与小学是不一样的。因此，我刚开始还有些不适应呢。现在要好多了。我可是我们学校的"名人"了。在校园艺术节上，我把我的才华都展示了出来，很多老师和同学见到了我，都会说："这不是那个跳拉丁舞的那个小妹吗？真棒！"所以，现在一有活动，我们班主任老师就会让我露一手。

希望今天，所有的老师都会从心里微笑，为自己自豪吧，因为您是老师！希望今天，所有的老师都会从心里微笑，为了桃李满天下！只要老师快乐，我就快乐！

谢谢您，胡老师，谢谢您教会了我那么多的知识！

祝您身体健康，万事如意，工作顺利，天天开心，圣诞快乐！（佳）

……

我边读这些贺卡，边想：如果要问我，贺卡和鲜花这两样礼物哪种更好，我会选择贺卡。诚然，二者都承载着学生对老师的祝福，但是那一束束鲜花，多了一份热烈，多了一份张扬，多了一份隆重，但同时，却少了些许厚重，少了些许个性。

如果，当时学生送的是鲜花，肯定早已不知去向；可这些贺卡，却好好地躺在我的书桌上。我把它们重新放回了抽屉，我要珍藏学生的这一份份美好的祝福。

鸽子飞进教室了

经过精心预设的课堂教学中，如果半路杀出个“程咬金”来，教师面对那突如其来的、一瞬间占据了学生心田、牵动着学生情感的偶发事件应该如何处理呢？是放弃预设的教学方案，及时调整教学策略，将这从天而降的资源转变成培养学生观察、体验生活的活教材，还是置这些偶发事件于不顾呢？

事情还得从一只鸽子说起。

记得那节语文课上，学生都津津有味地读着课文，教室里气氛十分融洽，一切都按照课前预定的教学环节进行着。要知道，这节课虽然只是一节随堂课，说不上精心设计，但从钻研教材、搜集资料、了解学生，到选择教法、学法，我都认为自己一定会在40分钟里顺利地完成教学任务。

但是，到那节课进行了10多分钟的时候，半路却突然杀出个“程咬金”来。只听“啪”的一声，一只鸽子不知怎的飞进了教室。顿时，教室里一片哗然，学生都抬头望着那只在教室里飞来飞去的鸽子，有的惊奇地喊叫，有的放下语文书拍着课桌，有的干脆站起来挥舞着一双双小手……我无可奈何地停止了讲课，只好和学生一起看着那只鸽子在教室里飞来飞去。忽然，那只鸽子飞到了我的头顶上空，竟拉下了几粒鸟粪。学生哄堂大笑起来。我只好无奈地站着。这时，大概那只鸽子发现自己飞错了地方，想离开这不宜久留之地，只听“怦”的一声，它重重地撞在了窗玻璃上，停落在窗台上。教室里沸腾了，有的学生嚷着要我捉住鸽子，有的学生指着放在讲桌上的直尺要我打鸽子。面对学生天真幼稚的想法，我严肃地说：“鸽子是和平的使者，你们忍心让我打它吗？”随即便推开了上面的窗玻璃。那只误入教室的鸽子扇动着翅膀，很快就飞走了。

这样一折腾，好端端的一节课被耽搁了十多分钟。时光流逝，我担心完成不了教学任务，于是大声吼了几句，教室里才终于安静了下来。那节课是否完成了预定的教学任务，我记不清了，但效果是可想而知的。

事情到这里，也许应该画上句号了，但没隔几天的一次单元习作，却让我陷入了深深的沉思之中。那次习作要求写一个自己敬佩的人，批改习作时，我发现，一个学生的作文写的是我，而且写的竟是那节语文课上鸽子飞进教室的事。再仔细一读，作文中把当时的场面，把老师和同学们的动作、语言、神态，以及自己当时的心理活动一一道来。虽然也有错别字，虽然也有读不通的地方，但选材真实、新颖，流露出对老师的敬佩之情，这无疑是值得肯定的。最令我吃惊不小的是，这篇习作竟出自一个平时作文较差的学生之手。我一口气又读了两遍，并在作文本上用红笔写下了大大的“优”字。

或许，我应该高兴，因为一个平时作文并较差的学生写出了这样一篇有真情实感的作文。但我心里却不是个滋味，总感觉有些怅然若失。

在深入学习了《语文课程标准》之后，这种感受越来越强烈。

《语文课程标准》强调：“语文教师应高度重视课程资源的开发和利用。”从语文学习的角度来看，这一资源既潜藏于课堂，也潜藏在课外；既潜藏于学校，也潜藏在家庭、社会与大自然中；这一资源既来源于对相对静止的文本的挖掘，也来自对师生之间、生生之间对话、合作、交流过程中迸发出来的有价值信息的觉察与把握。在语文课堂上，有些资源的利用我们可以在课前预设，但更多的、灵动的资源是无法预测的。因此，课堂要根据动态生成的有效性和学生的需要对教学做即兴的调整，以利于更有趣味、更有成效地促进学生语文素养的提升。

可我是怎么做的呢？面对那突如其来的、一瞬间占据了学生的心田，牵动着学生的情感，象征着和平友好使者的不速之客，面对着乐此不疲、如痴如醉、充满着一双双求知若渴眼睛的学生，我为什么不及时调整教学策略，调整预设的教学方案，将这从天而降的资源引进课堂呢？平时，我们总是苦于学生不会写作文，学生也怕写作文，苦于无话可写，我当时为什么没想到，这半路杀出的“程咬金”恰好创造了一次训练学生口语交际或习作的机会呢？我为什么不以鸽子为主题，调动学生的感官，组织课堂教学，让学生或思考，或惊叹，或想象，或倾吐，把课堂上出现的偶发事件转变成培养学生观察、体验生活的活教材呢？我越想越觉得不能原谅自己。

聆听花开的声音

布鲁姆曾说：“人们无法预料教学所产生的成果的全部范围。没有预料不到的成果，教学也就不成为一种艺术了。”——题记

《田忌赛马》这篇课文虽然我已经教过好多遍了，可面对新一轮课程改革，

当再次教学这篇课文时，无论是备课还是上课，我都丝毫不敢懈怠。

课堂上，学生通过自己读书、思考、交流，很顺利地把握了课文的主要内容。接着，我引导学生说说学了课文后受到的启发，他们分别从田忌、孙膑和齐威王等不同的角度发表了自己的意见。这些答案几乎都在我预料之中，我感到十分满意。

可是，当我正准备让学生分角色朗读课文时，一个学生站起来说："老师，我觉得孙膑不应该去帮助田忌，这样会得罪齐威王的。"顿时，教室里一片哄堂大笑。说实话，面对这"半路杀出的程咬金"，我当时的确有些不知所措，但同时又有些吃惊和佩服。要知道，这是一个涉及怎样处理人际交往关系的问题，也是一个具有时代意义的话题，不但我以前的学生从来都没有提出过，就连我自己，虽然自认为"轻车熟路"，可压根儿也没想过这样的问题。我很快意识到，回避这一问题不是明智之举。我决定调整预设的教学过程。在对那个学生进行一番大力表扬后，我问道："同学们，孙膑究竟该不该帮助田忌呢？请大家讨论讨论，说说自己的看法。"

一石激起千层浪。经过一番讨论后，有的学生说："孙膑应该帮助田忌，因为他们是好朋友嘛！"有的学生说："齐威王是一国之王，田忌只是一名大将，孙膑的做法会让齐威王很没有面子。"有的学生说："要是现在，孙膑肯定会遭下岗！"也有的学生说："我想齐威王也许并不是那种心胸狭窄的人，说不定他知道后会更加佩服孙膑，可能还要重用他。"还有的学生说："假如齐威王真的是一个心胸狭窄的人，足智多谋的孙膑肯定会想办法说服齐威王。"有的学生还为孙膑想出了对策："大王，我之所以帮助田忌转败为胜，目的是让他摆脱失败的心理，好让他在战场上为大王您多打胜仗呀！"……

此时的课堂，讨论声、争辩声此起彼伏。我没有评判他们说得正确与否，而是表扬了他们能联系现实生活，大胆发表自己的看法。学生的脸上绽开了笑容。我也感到一丝快慰。

以前，我都是按照预定的程序组织教学，绝不允许学生"越雷池一步"，生怕因为"节外生枝"而耽误了宝贵的40分钟，虽然有时也挤出一点儿时间给学生，可那也只是敷衍和搪塞罢了。

庆幸的是，新课程理念犹如一缕春风，驱散了我心中的团团迷雾。于是，面对课堂上突如其来的问题，我才没有居高临下地批评学生的"胡思乱想"，更没有浇灭能激起学生创新思维的火花，而是因势利导，营造出平等和谐的学习氛围，把学习的时间和空间还给学生，让他们各抒己见，畅所欲言。这节课虽然没有完成预定的教学任务，但让我听到了难得的"花开的声音"。这种声音，不正是新一轮课程改革所期盼的吗？

新的课程理念认为，课堂教学不是按部就班的知识学习过程，而是师生共同成长的生命历程，要着眼于动态生成的观念。其实，课堂教学也应具备“市场经济”的特点，即依据学生学习的实际情况，根据学生的心理、情感和知识的需要，随时做出有创意的调整，不但允许“程咬金们”从半路杀出来，而且还应该把它们看作一种新的可以“再生”的教学资源。

我相信，有了动态生成的观念，我们的课堂才可能鲜活生动，活力无限；有了动态生成的观念，我们的课堂才有可能呈现出不期而遇的精彩；有了动态生成的观念，我们才可能在课堂上听到更多的“花开的声音”。

一场风雨雷电的故事

平时，语文教师总是苦于学生不会写作文，学生也苦于无话可写，逐渐变得怕写作文。究其原因，当然有多种因素，但作为语文教师，你是否有一双慧眼，有意识地把学校生活中的一件件小事当作培养学生观察、体验生活的活教材，从而指导学生写出具有真情实感的作文来呢？这是值得每个语文教师思考的。

几周前的一天下午，几个学生慌慌张张跑来向我报告：“胡老师，教室后门的玻璃打碎了。”学生见我一愣，随即补充道：“是被风吹过来撞破的，差点儿把同学打伤了！”此时，屋外正是风雨交加，电闪雷鸣，风声、雨声、霹雳声交织在一起，真令人有点心惊胆寒。

我赶忙来到教室，组织学生打扫地上的碎玻璃片，并叮嘱学生关好门窗。“还好，没有伤到学生！”看着教室内外或惊叫，或欢呼，或做着游戏的天真活泼的学生，我暗自庆幸。

上课铃声响了，我本来打算让学生写作业，可他们的心随风雨起伏，他们的注意力已被这大自然赐予的杰作——风雷雨电所震撼、所吸引。我想，我何不让学生们趁机“风言风雨”一番？

于是，我便用彩色粉笔在黑板上写下了“风言风雨”几个大字，并自言自语地背诵起与“风雨”有关的成语来：风狂雨骤、风雨同舟、风尘仆仆、风吹草动、风华正茂、风云人物、满城风雨、风马牛不相及……渐渐地，多数学生也跟着我说起成语来上。于是，我提高嗓门说：“今天这场狂风暴雨是很少见的，向往风调雨顺的人说这是一场是灾难，但也有人说暴风雨之后空气更清新，大地更洁净，还有人说不经历风雨，怎么见彩虹？真是‘不识风雨真面目，只缘身在风雨中’。你们怎么看这场狂风暴雨呢？我们来一次快速小练笔，与风雨进行一次对话！”话音刚落，学生就动了笔。看来，他们是乐于迎接挑战的。

十多分钟后，学生陆续举起了小手。“刚才是与风雨进行无声的竞赛，现在有声的挑战开始！”紧接着，学生接二连三地读起自己的作文来。这是他们作文的一些题目——《风来了》《玻璃碎了》《雨中情》《伞的世界》《校门口的风景》《风雨中的人们》《暴风雨自述》《教室内外》《我感受到了父母的爱》《暴风雨，我想对你说》《风儿，你不要这么狂》《感谢风，感谢雨》……

窗外，狂风大作，大雨倾盆；室内，学生“呼风唤雨”，谈天说地。这是怎样的一个场面啊！学生在快乐中学习语文，在生活中学习作文，同时也在学习中感受到了生活的乐趣。

“问渠哪得清如许，为有源头活水来。”生活，作文的源泉；生活，是多么广阔。不要熟视无睹，也别来去匆匆，别让一切都随风，因为，风中有朵雨做的云。

第二天，风停了，雨住了，雷声消失了。我没有见到彩虹，但我收到了学生们誊抄好的一篇篇作文——《风儿，你不要这么狂》《老天爷，你为啥这么伤心？》《感谢风，感谢雨》……

两份特殊的“用稿通知”

元旦节前的一天下午，我发现办公桌放着一张贺卡。打开一看，几行小字映入我的眼帘：

敬爱的胡老师：

感谢您对我的教育和鼓励，感谢您给我的那两份珍贵的“用稿通知”，我已经把它放进了成长袋里，让它永远伴随着我成长！祝您新年快乐！

你的学生　昊

2004 年 12 月 31 日

虽然这只是一份普通的贺卡，但却让我心里感到热乎乎的，上面的“用稿通知”几个字让我想起了一年前的那件事。

记得那是一节作文讲评课后，一个学生拿着一本作文本来到讲台前，大声地说：“胡老师，昊的这篇作文是从优秀作文书上抄袭的！”我愣了一下，迅速浏览了那篇题为《我发现了蜘蛛的秘密》的作文。看着那个我亲手评定的又大又红的“优”字，我有些不相信：“这篇作为真的是抄别人的吗？”“胡老师，你看，昊这篇作文就是从这本优秀作文书上抄下来的，只是他少抄了其中一段！”另一个学生扬了扬手中的优秀作文书，很自信地拿出了“证据”。

我不得不静下心来认真比较起这两篇作文，果然如学生们说的那样，昊的作文正是从作文书上“克隆”下来的。我有些生气了：“昊啊昊，你那么聪明的人，怎么干这种糊涂的事呢？”此时，学生们有的挤眉弄眼，有的议论纷纷，我似乎觉得学生们的一双双眼睛都在盯着我，看我怎么处理这件事。

是啊，我该怎么处理这件事呢？是把昊叫来，批评他一通了事，让他背上一个“抄袭”的“罪名”，还是置之不理，不了了之？看着讲桌上的那两篇作文，我灵机一动，笑着对学生们说：“昊的这篇作为文已经在一本书上发表了！”趁学生们还感到莫名其妙之际，我迅速在昊的作文后面的空白处一本正经地写下了一则“用稿通知”：

昊同学：

祝贺你写的这篇题为《我发现了蜘蛛的秘密》的作文在《小学生优秀作文》一书中“发表”，编辑部的老师还给你的作文增添了一段文字。请你速与编辑部联系，你将获得一笔“稿费”。

你的大朋友　胡老师

2003 年 9 月 27 日

我一边写，围观的学生就一边念，我刚写完，学生们就你争我抢地传阅，教室里嘻嘻哈哈笑声一片。我发现，不知是什么时候，昊已经呆呆地坐在座位上，显得不知所措。此时，我已不再生气了，只是眯着眼睛笑着对学生们说：“快把作文本给昊自己看看！”说完，我便走出了教室。听着身后传来的一串串笑声，我很满意自己刚才以一种幽默、风趣的方式取代了对学生的严厉批评。

从那以后，我一直都在关注着昊，他写的每篇作文、每篇日记，我都认真阅读、批改，并提出修改意见，同时也忘不了对他的肯定与鼓励。一段时间以后，我发现他的作文进步了许多。一次作文讲评课上，我当着全班学生的面读了昊写的一篇题为《给杨利伟叔叔的一封信》的作文。读完作文，我亮开嗓门说：“昊同学将要收到第二份用稿通知，他的这篇作文已经在学校的《绿野》校报上发表！”在同学们热烈的掌声中，我宣读了那份以“喜报”形式写的“用稿通知”：

昊同学：

祝贺你写的作文《给杨利伟叔叔的一封信》在《绿野》校报上发表，你将获得由老师奖给你的一本鲁迅先生的散文集《朝花夕拾》。希望你做生活的有心人，写出更好的作文！

你的大朋友　胡老师

2003 年 12 月 9 日

随后，我郑重其事地向他颁发了“喜报”，并奖给他一本我事先准备好的《朝花夕拾》。顿时，同学们忘记了是在上课，都争先恐后地翻越那本《朝花夕拾》，似乎在分享成功的喜悦，不时流露出羡慕的眼神。我发现，此时的彭昊，脸上露出了自信的微笑。

“胡老师，祝您新年快乐!”几个学生的话语打断了我的沉思。回过头来，我看到桌上又多了几张贺卡。此时的我，有一种说不出的欣慰。

学生给我取名字

昨天晚上，进入班上最近建立的 QQ 群，发现这个叫“时尚后代”的群里，加上我自己，一共只有 7 个成员。人虽少，可名字不同凡响，什么谢小妹、陈世美、王保长、陈秘书、邮递员、李沈阳，当然还有我的名字“胡老师”。想到反正已经期末考试了，就和学生聊了起来。

“我觉得你们的名字怎么怪怪的?”我发起了话题。

“这些名字都是谢小妹取的。”谢小妹就是谢梦荻，QQ 群的创建人。

凭名字，我知道王保长是班长王宇翌，邮递员是游海洋，李沈阳是李舒婷，其他几个问了问，才知道，陈世美是陈浩东，陈秘书是陈洁玉。

“好个谢小妹，真会取名字。”引来大家一阵大笑。

“给我取个名字吧。”我发出了请求。

很快，名字接二连三：

“诸葛亮”，这是陈浩东取的。可我觉得不敢当。

“难得糊涂”，陈洁玉取的。我暗自佩服，这个孩子还知道得不少。

“胡一刀”，王宇翌取的，可有人马上说过时了。

“七色花总经理”，陈浩东又取了一个，因为我们班就叫“七色花中队”。

“胡有才”，这是谢小妹取的。她被称为班上的才女，可这名字好俗气。

还有什么“七色花的主人”……

“暂时就叫难得糊涂吧。”我拿定了主意。可有人又取了个“胡图图”，他们说“胡图图”是一个动画片的角色。真是好笑，原来我成了动画片角色了。

最终，我在群组里的名字被改成了“胡图图难得糊涂”。好长一串名字。

想到他们明天要去塔子山鸟语林玩，就即兴出了个上联要他们对一对：

鸟语林鸟语花香。

说实话，对于三年级的孩子而言，这有点难。可是，陈浩东马上就对了一个：

塔子山高山流水。

听了我的评价，他又对了一个：

莺燕园莺歌燕舞。

谁实话，这不错了，可第四、五两个字要和第一、二两个字相同。不急，让他们去抠脑壳吧。第一次，我感受到“群”的魅力，感受到学生带来的快乐。我想，可以让更多的学生加入这个群里来，每个人都取一个有意思的名字，下学期，开设对联课，教这群可爱、聪明的孩子对对联，或者在假期讨论一些有意思的话题，那会多么美好。

引人深思的“池塘”

前几天，在整理办公桌上的资料时，我偶然发现已经小学毕业的一个学生写给我的留言条，其中有几句话是这样写的：

在许多礼物之中，有一个我不知是否算不算得上礼物，是胡老师送给我的。他隔了七张课桌椅送来了那个礼物——微笑，还有竖在我面前的大拇指。我知道他是什么意思，但我似乎没有接纳他的礼物。

回想这三个多月来，我和胡老师的事儿，心里闷闷不乐，我流泪了，泪花布满了眼眶，泪珠儿裹在了眼里，鼻子酸透了。我怎么了？我该从阴霾中走出来，露出“天边的彩虹”。

……

读着留言条上熟悉的字迹，这个学生的点点滴滴浮现在我的脑海里。写这篇习作的是班上一个学习成绩不错的男生，他是一个比较有“个性”的孩子。以前，他一般不参加学校开展的校外实践活动；上课总喜欢是把背靠在椅子后背上；他举手了没叫到他发言会着急得想哭；老师用眼神关注他时，他竟对着老师瞪眼睛……后来，他能主动参加学校的集体活动了；上课基本能坐端正，对于举手发言的心态平和些了；老师找他谈心，他能主动问自己还有哪些不足；老师用眼神关注他时，不再小眼瞪大眼了……

这个一直既让我欣赏，有时又有点头疼的学生，为什么会有这样的变化？我想起了当时班上发生的两件与他有关的“大事情”。

事件一：会“做生意”的他

听同学说，我出差的那几天，他在班上买文具，从中赚了还几十元钱，大家很佩服他有"经济头脑"。我从学生的作文中得知这件事后，问了他一些情况，看得出，他有些反省。但是，他在同学们心中的形象也因此大打折扣了，有不少同学说他很会"做生意"。之前，我担心其他同学会"学习、模仿"他的逆反行为，事实上，学生心中是有一杆秤的，投票也许就是最好的证明。

事件二：淡定的"5 票"

就在他在教室"做生意"这件事发生不久，迎来了本学年度的"区三好、区优干"的评选。初选时，要从六个同学选一个人和另外的几个同学一起作为班级候选人报给学校，按程序，我在班上采取无记名投票的方式，全班 49 个同学，结果他只得了 5 票。虽然我预料他得票不会太高，但这屈指可数的 5 票还是出乎我的意料之外。这件事要是搁在以前，他一定会情绪激动得哭起来，但这次，他显得坦然了些。也许，这次评优让他看到了自己的问题所在。

这个学生的进步与变化，引起了我的思考，给我以启示。

美国思想家梭罗在《种子的信仰》里有一段著名的话：

如果你在地里挖一方池塘，很快就会有水鸟、两栖动物及各种鱼类，还有常见的水生植物，如百合等等。你一旦挖好池塘，自然就开始往里面填东西。尽管你也许没有看见种子是如何、何时落到那里的，自然看着它呢……这样种子开始到来了。

有人说，这里的"池塘"就好比我们的学校，学生可以是"水鸟"，可以是"两栖动物"，也可以是"植物"，不需要你看见种子是如何、何时落地，种子开始到来了。这就是"自然"的力量。而我认为，也可以把班集体看着"池塘"。好的班集体就是一方池塘。这方池塘里，有新鲜的空气、柔和的阳光、肥沃的土壤……相应的，一个好的班集体中，应该有良好的集体氛围，有好的班风。在好的集体氛围中，好人好事才能得以发扬，一些"坏人坏事"自然就没有藏身之处了。

一个班集体犹如一个大家庭，要使每位成员都相互信任、相互关心、相互帮助、和谐相处、共同进步，那就要营造一个良好的班级气氛。

首先，教师要努力营造班级学习文化氛围，使学生由"要我学到我要学、我会学"。良好的学习氛围，能使学生心情愉快，同时能激励学生不断进取，主动、健康地成长。

其次，要从行为习惯抓起，搞好班级常规管理。俗话说："细节影响成败，态度决定高度。"从学生进校起，就要特别注意从细小处抓好常规管理，如清洁卫生、早读、交作业、两操等，让学生一开始就形成良好的习惯。

最后，要培养学生的自我管理能力。要想方设法构建学生自我管理体制，为学生设置多种岗位，让每个学生都有机会上岗“施政”，有服务同学、锻炼自己、表现自己、提高自己的机会。只有把学生的积极因素调动起来了，才能形成合力，共同构筑学生自我管理机制。

但愿，在教师的共同努力之下，营造好学校这方“大池塘”，经营好班级这方“小池塘”，让更多的学生在得以健康、快乐地成长。

孩子，我拿什么感动你？

周四早晨第一节课刚下课，有学生报告：“胡老师，涛在走廊上玩拉炮。”我不假思索地对那个学生说：“喊他进来！”然而，过了好一会儿，都没有看见涛的影子。

想到玩拉炮的严重性，我走出教室，有学生说他往厕所方向去了。我快步向厕所走去，刚迈进厕所门口，“啪”的一声响，原来是玩得高兴的涛正拉响手里的拉炮。同在厕所里的几个同学见我站在涛的身后，都捧腹大笑起来。

“你在干什么？”我下意识提高了嗓门。

“没干什么！”涛一副桀骜不驯的样子，一边说，一边想溜走。

看着眼前这个做了错事，可一点儿也不在乎的孩子，我拉住了他，十分生气地问：“你明明知道这样做不对，可为什么不接受教育呢？”他任是甩出一句话：“为什么别人玩拉炮你不管，我玩你就要管呢？”很明显，他心理是很不平衡的。

原来，今天早晨在学校门外的小店里买拉炮的同学除了他，还有别人。“玩拉炮是违反学校校规的，这大家都知道，你难道能把其他同学有拉炮作为自己玩拉炮的借口吗？再说，你怎么知道我不管呢？”还是反问句有说服力，刚才还不停为自己辩解的他，终于低下了他那“高昂”的头。

中午，我把他请到办公室。

“请你先反思事情的经过，当时你怎么做、怎么说、怎么想的？现在又是怎么做、怎么说、怎么想的？想 10 分钟，想好了再心平气和地说。”我提出要求后，便忙着批改作业了。

10 分钟后，涛自然是迫不得已“听话”地说了一遍，随后是我苦口婆心、老生常谈地晓之以理、动之以情。理，他是知晓的；情，他可丝毫未动。怎么办？就这样让他离开办公室？就这样让他表面服服帖帖，却“怀恨在心”地回到教室？

孩子，我拿什么才能打动你？

想起三年级时，他宁愿留在办公室写作业，也不愿跟着妈妈回家，可见他对老师的依赖；想起他原来一听批评就瞪大眼睛到后来能并非"虚心"地接受教育，可见他还是有难能可贵的一点儿进步；想起他课间和我说的那些显然有些成熟但充满幽默、风趣的语言，想起班上那几个一听批评就"愤怒"的孩子……想着想着，我微笑着说：

"涛，我知道你是个懂事的孩子，我在家校联系本上和班上多次表扬你，是不是?"他点了点头。

"你知道吗？你做的有一件事，让我很感动，会让记住一辈子。"他疑惑地看着我。

"今年教师节那天早晨，当我看见你抱着两大束鲜花来到教室，并把其中一束送给我的时候，我是多么高兴，多么激动啊！你知道那一刻，我在想什么吗？我在想，这个涛终于长大了，懂事了。"我边说，边看着他，只见他两眼噙满了泪水，一脸的茫然，呆呆地地站在那里。我完全有理由相信，这时的涛是真情流露，尽管这样的情景常常在他做错了事被老师批评时才会出现，而且也许会是昙花一现、转瞬即逝。但是，这又何妨呢？一个桀骜不驯的孩子，想起自己怎么对待老师和老师怎么对待他自己的点点滴滴，毕竟有了一丝一毫的感动。这来之不易的感动，是多么的宝贵啊！

"好了，涛，我希望你做个真正懂事的孩子。"我把"真正"二字说得很重，并递给他一张面巾纸，"擦干眼泪，去教室上课吧。"

他说了声"再见"，转身离开了办公室。看着离去的涛，我陷入沉思：他被我的话语打动已不是第一次了，可为什么"好景不长"，事后他把什么都忘得一干二净呢？

令我头疼的涛，我拿什么感动你？你什么时候才不会让我"长相思"呢？

晚上，浏览自己喜欢的博客，一篇题为《我拿什么感动你，我至真的朋友》的文章吸引了我：

在我们生命的旅程中，有一种爱，她天长地久，那就是浓浓的友情。朋友，唯有心灵相撞，才有诚挚的火花迸发。无论新朋还是老友，今生有幸结识你们，真好！我们的相识、相知，不在乎彼此的地位、财富、相貌。我们可能近在咫尺，可能远在天涯，但无论何时何地，我们的友情，我会用真诚去播种，用热情去浇灌，用原则去培养，用谅解去呵护。我们的交往，无须花言巧语，无须刻意掩饰。朋友，就是另一个自己，我会像爱自己一样热爱你们，默默的祝福你们，一路上陪伴在你们左右！当你口渴时，我会为你送上一杯水；当你孤单时，我会为你唱起一首歌；当你远行时，我会为你饯行；当你归来时，我会为你洗尘；当你无助时，我会放你的手在我手心；当你事业有成时，我会为你高兴。当然，当你意气用事时，我会让你冷静；当你有错误时，我不会一味迁就；当许久没有你消息时，我会深深的挂念……许多的心事我们互相诉说，许多的欢乐我们一起分享，许多的往事我们共同回忆。“海内存知己，天涯若比邻”，在我心中，我会永远把你们珍藏。

说得多好啊！我想把这段很煽情的文字读给学生听，而我现在要做的，是先读给自己听。因为，知道“教师要和学生交朋友”这一理念的人不少，但能践行这一理念的人真不多；或者说，愿意和学生交朋友的人很多，但真正把学生当朋友的人却很少。

也许，这就是那些文字吸引我的真正原因吧。

“老师，你给你的妈妈洗过脚吗？”

“三八”节的前一天下午，我给学生布置了一道特殊的作业——给妈妈（或奶奶、婆婆）洗一次脚。顿时，教师里轰动起来，很多学生表现出很不情愿的样子，甚至还有几个学生怪声怪气地说：“好臭呀！”见此情景，我提高嗓门说：“从小到大，都是妈妈给我们洗脚，在妈妈们的节日到来之时，给妈妈洗一次脚，以此来表达我们对妈妈的感激之情，怎么不可以呢？”听我这么一说，学生们安静了下来。接着，我随口把教室后面的黑板上写的一句冰心的名言读了一遍：

“如果世界上缺少了女人，就缺少了十分之五的真，十分之六的善，十分之七的美。”

此时此刻，教室里静悄悄的，看得出，学生们已经心悦诚服，已经明白了我布置这项作业的目的所在。

这时，坐在第一排的浩没等我允许就大声说：“老师，你让我们给妈妈洗脚，你给你自己的妈妈洗过脚吗？”他的话让我尴尬，我竟一时不知如何回答是好。

是的，平时我们只是要求学生读书、写作业，要学生做这做那，可有多少事情是我们老师亲自“下水”的呢？又有多少时候我们是从学生的角度去为他们着想呢？也许，我们可以用不知是哪位教育家说过的一句话——“懒教师教出勤学生”——来自我安慰，但在这个学生的一句“老师，你给妈妈洗过脚吗？”的质问声中，显得是那么苍白无力。

的确，“说教”是我们教育中常用到的一种沟通方式，其目的是向学生阐明道理，引导学生辨别是非、提高认识水平、养成良好行为习惯。用得恰当，可收到良好的育人效果。但在实际工作中的有些"说教"只是生硬呆板的训话，甚至往往以居高临下的架势向学生发出单向命令。金玉良言屡次重复就会变成陈词滥调，让人感到乏味。

因此，我们在对学生进行教育时，要了解学生的精神发展特征和性格特征，在讲明道理的同时更应注重无言之教，以身作则。教师本身就是一部活的教科书，以自己的行为为学生做出好的榜样，不仅可以捍卫言教的严肃性和权威性，而且能够证明言教的真实性与可行性。

这样想着想着，关于浩的一些情况又一次浮现在我的脑海中。记得在上学期的家访中，我了解到，还在他很小的时候，父母就离婚了，他的父亲工作太忙，很少有时间和孩子进行交流，导致他的学习惯比较差，学习也比较吃力，尽管我为他操了不少心，但还是时常做一些令人生气的事情，不时受到批评。然而，就是他的一句质疑，让我了解到了一个调皮学生的所思所想。

也许，我教的很多学生都会淡忘，但是，浩却不会。因为，我惭愧，我真的没有为自己年迈的母亲洗过一次脚；因为，如果学生知道老师自己都没有做过的事却要他们去做，学生们会怎么想呢？

"己所不欲，勿施于人。"大教育家孔子的话还在耳畔回响。

一瓶矿泉水

5月12日下午2点28分，一场突如其来的地震发生了。当时我正在办公室批改作业，完全可以自己一个人快速跑向操场。可是，我想到班上的58名学生，想到身体肥胖、行动迟缓的学生涛，想到左脚受伤、走路不便的学生东……于是，我向教室跑去。果然，当我跑到三楼楼梯口时，看见有几个学生围着同学坐在地上的东。也许是疼痛难忍，也许是那几个学生被吓住了使不上劲儿，东坐在地上，呜呜地哭，就是挪不动脚步。见此情景，我一把抱起他，带领另外两个学生快速跑向操场。

由于学生受到惊吓，再加上当时和家长电话联系不上，学生为父母担心，有许多学生都哭了，特别是东同学，更是惊魂未定，号啕大哭。面对这种情况，我安慰所有学生："虽然电话信号中断，你们的家人肯定没事的，他们会到学校来接你们的，请大家放心。"时间一分一秒过去，孩子们的情况逐渐稳定下来，一部分孩子也陆续被自己的家长接走。可是，东、涛等十多个家长一直没有家长来接的学生又着急了："胡老师，要是我的家长今天不来接怎么办?”我认真地说:“如果和你们的家长电话联系，家长不能来接你们，今晚胡老师到什么地方，你们就到什么地方。”我的话音刚落，刚才还无精打采的学生顿时兴奋起来，一直坐在我旁边的东的情绪稳定了许多，他对我说:

“胡老师，等会儿我要给您一个惊喜。”

“什么惊喜?”

“等一会儿您就知道了。”他十分肯定地回答。

此刻，我并未把东的话放在心上，倒是他的点点滴滴浮现在我眼前:他很有表演才能，在全年级迎元旦联欢会上，他和同学表演的相声把老师和同学们逗得捧腹大笑;但他性格特别急躁，甚至喜怒无常，常常为一点小事和同学发生争执，做出让人无法理解的举动;同时他的逆反心理特别强，对于老师和同学的批评很难接受，有时当面和老师顶撞，和老师大吼大叫，说出一些过激的话来……

“胡老师，请您喝水。”东的声音打断了我的沉思。顿时，我恍然大悟，原来他所说的“惊喜”就是眼前的这瓶矿泉水呀。

我感到有些意外，但我更多的是感到惊喜。对于已经在操场站了两个多小时且滴水未沾的我来说，这简直就是雪中送炭呀!看着一脸认真的东，我想:也许是我刚才的行为感动了他。

向东说声“谢谢”后，我接过矿泉水，不禁大胆猜想起来:在那瓶平常的矿泉水里，是否有他想起自己平时不听话的悔恨的泪水呢?不，眼前的这瓶矿泉水一定是代表来了他那一颗十分难得的感恩的心啊!

记得李镇西曾说过:如果一个学生把一个煮熟的鸡蛋递给老师，那可是他捧出自己的一颗心给老师啊!是的，对于一个逆反心理较强、桀骜不驯的学生来说，我只不过是在他需要帮助的时候给予了帮助，对于老师而言，这完全是我们应有的行为，但对于学生而言，他会切身感受到老师对他的关心和爱护。

尽管整整一个下午滴水未沾，我还是顺手把这瓶饮料递给了旁边的另一个学生，但是，我心中是那样的快乐，这种快乐绝不亚于一瓶矿泉水给人带来的短暂的滋润。那瓶矿泉水，那瓶我不曾喝过的矿泉水，将永远铭记在我心中，时时暗示我:教师只要真诚地关爱每一个学生，在他们急需帮助的时候给予帮助，即使是那些“令人头疼”的学生，也会明白老师的良苦用心的。

从那以后，东与老师的关系融洽了许多，也能接受老师和同学的善意的批评和建议了。于是，我更加注意与他的家长经常联系，交流教育的方法;在平时的学习生活中，我还注意给他创设成功的机会，并巧妙地运用一些激励、赞赏的方法，细心呵护他的自信心，加深师生之间的情感。渐渐地，东变了，他从一个脾气有暴躁、性格有些自负的孩子，成为遇事动脑、冷静思考、与同学和谐相处、受到大家欢迎的人。

一句心里话

那天下午下班后，已是万家灯火。按照事先与学生赐的爸爸的预约，在刺眼的车灯和昏暗的路灯的陪伴下，我骑着自行车，向位于紫荆小区的赐的家赶去。

其实，这之前我与赐的爸爸通过几次电话，也和几乎每天都要接送赐上学的爷爷交谈过好几次。原来，还在赐上幼儿园的时候，他的父母就离婚了。他的爸爸是开出租车的，每天早出晚归，基本没有时间管孩子，赐的学习、生活基本由他那年过七旬的爷爷照料……

当我敲开赐的家门时，只见在暗淡的灯光下，赐的爸爸正在吃饭，而赐已经吃过饭，正在另一边写作业。看得出，他虽然是在写作业，一声不吭，可心里并不平静，一定在倾听着我与家长的谈话。按照我每次家访的习惯，我都先要把孩子和家长叫到一块儿聊聊，免得使学生误以为老师在向家长"告状"。令我不安的是，当我简单说明家访的意图后，赐的爸爸对我说的第一句话竟是："胡老师，这孩子没办法了！"此时，孩子低头沉默不语。家长见我疑惑不解，便解释说："自从那次孩子的妈妈把他接去耍了几天，回来后就像变了个人似的，越来越不听话……"

短短几分钟的交流，我看得出，在父亲眼中，孩子很不争气；在孩子心里，"只有星星知道我的心"。我意识到，眼前的这对父子已经产生了不浅的隔阂，根本无法沟通。当我三次提出让赐叫一声"爸爸"时，他才勉强动了一下嘴唇，声音小得只有他自己才能听见。

我想，我作为一名教师，有责任架起他们父子之间的桥梁。于是，我把赐拉到一边，小声地问："你有什么心里话就说给我听，好吗？"他看了爸爸一眼，轻轻地说："我不想说。"反复问了好几次，他都不肯说。没办法，我只好给家长做了一些工作，希望家长多多关心孩子的成长。临走时，我对赐说："希望你明天到学校了能给老师讲讲自己的心里话。"他点头答应了。

没想到，第二天上午，赐主动找到我说："胡老师，我的心里话只有一句，就是：我想爸爸和妈妈能在一起！"

我惊奇，没想到我等待他说出的心里话只有这么短短的一句话，然而又是那样意味深长的一句话；我欣慰，赐能对老师说出自己的心里话，说明老师在他的心目中还是值得信任的；我感叹，我教的班上，我们学校里，还有多少像赐这样，由于与父母关系对立而造成孩子学业下降且孤独、冷漠的呢？

面对赐的那双期待的眼睛，此时的我，说些什么好呢？平时在学生面前侃侃而谈的我却沉默了，我只是用双手紧紧地捧住赐的双颊，心里只有一个念头：作为一名教师，光传授知识是不够的，还要及时对学生进行心理健康教育；我一定要多多关注像赐这样的孩子，多开导开导他们，经常与他们的家长沟通……

但愿眼前的这个小男孩能正如他的名字一样，是“天赐”的宝贝。

本来单亲家庭的孩子因为父母的原因，心理就蒙上了一层阴影。如果这样的孩子是跟着父亲，而父亲的工作又比较忙的话，那这样的孩子就真的是“像根草”。从父亲的角度看，他工作很累，回到家里哪还有时间过问孩子的事情，有时看到孩子稍微有不对的地方，就会把自己的委屈劈头盖脸地发泄出来。孩子见父亲“气势汹汹”，就会感到不知所措，甚至焦虑、不安。开始的时候，孩子可能还会“顶撞”几句，但他发现这样会使父亲越来越生气，自己会吃更多的亏。于是，孩子慢慢地就会从内心深处产生抵触情绪，在言行上选择沉默。久而久之，形成恶性循环，父子之间就产生了隔阂，从而严重影响了孩子的健康成长。

应该说，赐这个学生的心理问题，虽然与家庭教育有关，但不能不与学业的失败联系起来。由于学习成绩的差距，使他自己看不起自己，认为别人也看不起自己，在同学老师和家长面前总觉得低人一等，处处表现出自卑感。消除自卑感最有效的方式是鼓励，以增强他们的自信心。一次在课上与学生谈到如何提高学习兴趣时，一位女学生不好意思地说：“不知为什么，哪个老师表扬我，我就感觉特别爱上哪个老师的课，不知大家是不是和我一样。”教室里一下子沸腾了，同学们都深有感触地说：“对！就是这个样子，我也是。”看来表扬和鼓励确实能够缩短师生的心理距离，提高学生的学习兴趣。对后进生来说鼓励就显得尤为重要了。在与赐聊天时，当我问到他最近学得怎么样时，他一改以往的沉默不语，自豪地说：“数学老师说我比以前有进步了。”后来经了解因为他在计算方面比以前有一点进步，老师及时鼓励了他。这小小的鼓励，对他来说却是莫大的鼓舞。教师的鼓励之所以对后进生会产生极大的影响，一方面是因为老师在他们心中是神圣的，另一方面是因为后进生很少能得到别人的肯定，更不用说是表扬和鼓励了。因此，对后进生来讲，老师的每一次鼓励，每一个微笑，对他们的心灵都是一种安慰和激励。

无论……都……

一节语文课上，我让学生用“无论……都……”造句，同学们接二连三地举起了手。坐在教室最后一排、平时不爱回答问题的佳豪显得特别积极，手举得高高的。我决定给他一个机会，便示意他来回答。他站起来大声地说：

“我无论坐在教师的前面还是后面，都要好好学习。”

他的话音刚落，我明显地感觉到有几名学生不住地瞅我，似乎在等待我的反应。我心里微微一震，没想到他不仅造句正确，而且还能借回答问题的机会表达自己内心的想法。

佳豪的个子不高，本来是坐在教室第一排的，可他这段时间不仅自己不专心听讲，上课还经常和周围的同学说小话，影响课堂学习氛围。前几天，我一气之下，便把他“发配”到了教室最后的“隔离区”……

“我来！我来！”教室里此起彼伏的小手、争先恐后回答问题的声音打断了我的沉思。我连忙郑重其事地表扬了佳豪，以掩饰我内心的复杂情绪。

下课时，我再次表扬了佳豪，并趁此机会把他的座位调整到了前面。我看到，佳豪的脸上显露出少有的笑容。

钱包事件

本学期的最后一周，大家正忙于期末复习，可就在星期二那天，却发生了一件意想不到的事情——班上一个叫多的学生的钱包丢了。

据他说，做完课间操上来，钱包都还在，他把钱包放在桌面上，离开座位到讲台上大约 3 分钟，第三节课上课铃响了，他回到位置，就发现钱包没有了，里面有 50 元 7 角钱。

“找到了没有？”

“抽屉和书包都找过了，没有。”

“你座位前后左右的同学呢？”

“都问了，他们都说没看见。”

“当时有谁在你座位玩？”

“有同桌瑶和另一个同学箫，他们都说没有拿。”

看着一脸茫然的多，我开始埋怨起他来：你为什么要带钱包到学校？为什么带那么多钱？为什么不把钱包放在书包和随身带着？是啊，你不带来不就没这事了吗？

埋怨归埋怨，毕竟这事已经发生了，而且肯定是班上的同学干的，当然不能就这样算了。午休的时候，我在班上开始“清理”这件事：多的钱包掉了，请大家在自己的抽屉和盒书包找一找，看是不是不小心拿错了。结果当然是没有。

“有可能是瑶拿的。”

“有可能是箫拿的。”

教室里议论纷纷。

瑶是个女孩子，此时不在教室，中午回家午餐了。箫就坐在第一排，只见他拿过书包，若无其事地说：“你们看嘛，我没有拿，我的书包、抽屉里都没有。”我猜测，是瑶的可能性不大，倒是箫有可能，但又没有证据，不敢让学生因此受委屈。

事情无果而终，我只好让全班同学汲取教训：以后别拿那么多的钱到学校，更不需要带钱包，有时必须带的钱一定要放在书包或者随身带着……

第二天，课间操时，添上厕所回来，慌慌张张对我说：“老师，多的钱包在厕所找到了，里面的钱没有了。”奇怪，昨天没有发现钱包，今天怎么发现了？此时，我突然想起，昨天箫说过：“我没有拿钱包，我离开座位就上厕所去了。”于是，找到箫，开始，他仍然说没拿，在我的再三追问下，他终于承认钱包是他昨天拿的。但是他说里面只有 7 毛钱，没有拿 50 元钱。在老师和家长的追问下，他仍然说没有那 50 元钱。

家长知道了此事，当然是非常生气，加之上一周在课堂上推翻桌子的事，我发现这个孩子真的是有些反常。在与家长的交流中，我了解到，家长的教育方法存在一些问题，比如：他的爸爸经常打孩子，周末孩子在家没有玩的时间，妈妈让他做完了这样作业又要做那样，导致他故意慢吞吞写作业到很晚，因为他知道，快点做完了，又会做别的作业，反正玩不成……

为了避免家长因这事把火发到孩子身上，我这样给家长说：

第一，分析孩子拿钱包的原因是觉得钱包好玩，一时糊涂，并不是“钱”的问题。第二，老师承诺不在班上讲这件事，给孩子一次机会，但箫要认识到这样做的后果和影响。第三，家长千万不能为这事打孩子，但要和孩子多沟通，帮助孩子认识错误在什么地方，并以实际行动改正缺点；如果为此事打了孩子，可能会造成以后他在老师和家长面前都不说实话的后果。第四，家长在孩子面前说话算话，只要孩子完成了该做的事，就要给孩子留有自己支配的时间和空间，提高做事效率，同时也玩得高兴。第五，至于那 50 元钱的事情，在没有新的发现之前，经过推理分析，箫应该负责任。

对于以上几点，家长都表示认可。然而，究竟那 50 元钱去了哪里？会是班上别的同学吗？还是就是箫自己？或者，会是那个发现钱包的孩子吗？我不得而知，而随着寒假的到来，我估计这会成为一桩“悬案”。

在整个事情的过程中，我为自己没有急躁而欣慰：冷静对待，没有生气甚至对学生发火，哪怕是对箫的批评也只是轻言细语；当箫拿过书包要我动手“搜”的时候，出于对学生的尊重和想到即使“搜”了也是没有用的判断，没有搜过一个学生的书包；当与家长交流时，我能从孩子的角度分析他这么做的原因是“天真、对钱包好奇，而不是诚心要拿钱”，并劝家长不要再打学生，使家长感受到了老师面对犯错孩子时态度的真诚，以及对孩子的客观评价。这为取得家长和教师一致的认识以妥善解决这一偶发事件奠定了良好的基础。家长最终表示，尽管孩子不承认拿了 50 元钱，但这 50 元钱该赔，并接受了老师的建议，愿意改变教育方法。

我期待着，箫这个“顽童”，在老师和家长的共同教育下，能不断进步。

孩子，你的错也让我反思

趁着周三下午考试的时间，我批改本周的周记本时，意外地发现科的作文有些与众不同：作文是用钉书钉钉上去的，工整的书写也与他平时比较潦草的字迹大不一样；再看前两次经我批改过的作文，也是用胶水粘上去的，只是字迹与他的字迹很相近，以至于我两次都未发现。

糟糕！难道是他撕了同学的作文粘在自己的作文本了？就在本周星期一，我清理周记本，发现翔的作文本没交，可他和组长都说作文本明明是交了的；在前几周，义的周记本也连续两周被人撕掉。第一次发生义的作文本失踪的事情后，我猜想，也许是挨着的同学不注意装错的。然而，我在班上讲了这事后，不但没有找到作文，还连续发生类似的事情。我知道，这两个学生学习态度事很端正的，很少有不写作业的事情发生。

我记得，当我在班上讲这件事情后，科对我说：“有可能是别的班上来得早的同学进我们教室干的。”我当时半信半疑——其他班上的学生怎么敢进我们的教室呢？但我压根儿都没想到，竟是眼前给我提供“线索”的科？太不可思议了！

我抬头看看正在写作业的科，他若无其事。再仔细看看他周记本的三篇作文，我断定，这三篇作文正是义被撕的两篇作文和翔失踪的作文。

这意外的发现，揭开了多日以来老师、学生及家长心中的谜团，但我心里却像灌了铅块一般，十分沉重。科可是班上的生活委员啊，我平时也相信他的，可他为什么做这样的傻事，而且一次又一次？

我琢磨着该怎么办。

下午放学后，我借故让他把一摞作业本抱到办公室的机会，找他谈话。我压抑着心中的火气，让他坐下，翻开他的周记本，平静地说："你最近的作文写得不错，书写也比以前进步多了。"没想到他却郑重其事说："当然，我这段时间注意练字了。"当我提及这三篇作文与翔和义失踪的作文有关时，他沉默了。

在我的一再追问下，他吞吞吐吐地说出了自己没有写作文的原因和撕别人的作文黏在自己作文本上的经过。原来，他借故家里正在装修，就没写作文，星期一他和其他参加体育训练的学生进教室比较早，趁没有人或别人不注意的时候，先拿了别人的作文本，回家后撕下来再粘贴到自己的周记本上。怪不得他的周记本最近都是星期二才交。

当我问他有没有想过这样做的后果是什么，如果你的作文被别人撕掉了会有什么感受时，他再次沉默了。

我翻开他前几次写的作文，说：

"其实你是个能干、聪明的孩子，你那次写的《我的爸爸》的作文不是还获得了二等奖吗？凭你的作文水平，肯定能写出比别人的作文更好的作文来。"

我听到了他的抽泣声，继续说：

"你也是班上的干部，为老师、同学做了很多事情，大家都知道。如果你能深刻地认识到这件事情的严重性，并彻底地改正，我可以不在班上公开这件事情。可怕的不是错误，可怕的是错误地对待错误，只要你知错能改，你仍是老师欣赏的学生。"

"这件事我错了，今后我一定改正。"他终于表示了自己的态度。

科离开办公室。我看着他的这本不伦不类的周记本，陷入了沉思。

其实，这件事我也有疏忽的地方。比如，我批改作文可能有时太粗心了，其实批改科第一次粘上去的作文时，我都有所察觉，但没有引起注意。如果当时多想想，也许就不会有后面几次事情发生了。再如，上次家长会，科的家长也没参加，但会后家长没和我联系，我也因为忙没有主动与家长联系，及时交流、了解孩子的情况，这样也许让他感觉到，家长和老师对他的要求有所放松。于是，他对自己的要求就更加松懈了。

第四篇　疑之源

疑乃思之源，
敢问疑之源在何方？
疑从书中来，
半亩方塘，
心染书香；
书中虽有“颜如玉”，
但尽信书，
不如无书。
疑自恩师起，
授之以鱼，
更授之以渔；
吾爱吾师，
吾更爱真理。

我的教学语丝（四）

◆理想课堂是一个动态生成的过程，课堂的精彩并非“无法预约”，它往往源于教师的教育智慧，而教育智慧则更多来自教师的学养积淀、精心预设与深刻反思。

◆小学语文教学中的创新，必须紧扣“小”和“语”两个字，体现凭借课文、紧扣语言、启迪思维、激发想象的特点。“小”指的是打好基础的前提下的创新，不要拔高要求；“语”指的是在培养学生听、说、读、写能力的训练过程中的创新，不能脱离能力培养。

◆“只有善于分析自己工作的教师，才能成为得力的、有经验的教师。”苏霍姆林斯基的话提醒我反思自己工作中存在的问题，并学习和借鉴他人的经验尝试解决自己的这些问题……渐渐地，我明白了教育科研原来就是自己思考了、学习了、尝试了，也许成功，也可能留下遗憾的成长过程。

◆阅读、实践、反思、写作、研究，应该成为每一个教师专业发展不可或缺的重要途径。在阅读中积淀，在实践中发现，在反思中明辨，在写作中升华，在研究中成长。

◆你站在桥上看风景，看风景的人在楼上看你。课改激发了你的梦想，你点缀了课改的风景。课改路上，只有看过、听过、做过、想过、说过，你才会蓦然发现，风景这边独好，因为，我们都是风景中人。

第一节　半亩方塘

回味那本《随便翻翻》

今年暑假，回了一趟老家，闲着无事，我便去把放在老屋楼上书柜里的书理了一番。书柜不大，里面有我上中学和师范时候读过的一些教科书，也有一些是自己买的课外书。

这其中有一本名叫《随便翻翻》的书，勾起了我对往事的回忆。

我依稀记得，二十多年前我正上初中，那时候父母忙着干农活，常常让我去帮忙做一些力所能及的事。一天，母亲让我把自己家里的十多斤麦子背到离家七八里外的镇上换些面条回来，还给了我几毛钱，要我顺便再买些盐回来。每当这时候，我都会很乐意地答应，因为我知道，母亲给的几毛钱除了够买盐以外，常常还有剩余，而这剩余的钱，便是我可以“自由支配”的钱了。

我早早地来到镇上，很快地兑换好面条，便迫不及待地来到镇上唯一的书店——那个每逢赶集我都要去的地方。店里的书不算多，其中最让我们小孩子痴迷的是《三国演义》连环画，我们都叫这种书是“小人书”，书里图文并茂，一毛钱一本。可惜的是，那时的书店不像现在这样开放，我不能亲自翻阅书中的内容，只能隔着玻璃看看封面，一直从这个柜台浏览到那个柜台，又从那个柜台浏览到这个柜台。也就是在这时候，一本蓝底白字封面的书出现在我的面前。仔细一看，封面上那几个白色的大字“随便翻翻”，斜斜的，如行云流水，下面还印着“上海教育出版社”几个小字。

“随便翻翻”，好有意思的名字！也许就是被这个特别的名字所吸引，我当即决定要买这本书。于是，我大声喊：“我要随便翻翻！”售货员阿姨似乎没明白我的意思，站在那里不动，只是朝我这边看了一眼。

“随便翻翻！”我看了看售货员阿姨，又用手指了指柜台里的书。售货员阿姨赶忙过来拿出了那本书，说：“这本书三毛钱！”我付了钱，接过书，走出了书店。

回到家，母亲问我买盐剩余的钱，我说：“我买了一本书!”母亲说：“买书可以，我晓得你不会拿去买吃的东西。”随着年龄的增长，我才知道，在那个年代的农村，大人们还为吃饭穿衣发愁，哪里还顾得上满足读书这样精神上的需求？我欣慰的是，虽然父母手里的钱并不宽裕，但从来没有反对我买书看。

有了这本《随便翻翻》，我如获至宝。我不知把这本书看了多少遍，但始终都爱不释手。

在这本薄薄的书上，我阅读了何为的散文名篇《第二次考试》。这也许是我记忆中读过的第一篇名著了。我被文中那引人入胜的故事情节所深深吸引，更被文中的两个主要人物的高尚情操所深深感染——一个是二十岁的女生陈伊玲，她不顾自己第二天要参加歌唱复赛，为了安置灾民，忙得整夜没有睡，不幸影响了嗓子，使第二天的复赛和初赛判若两人；一个是著名的声乐专家苏林教授，由于他的慧眼识才，最终使陈伊玲这个德艺双全的音乐后起之秀得以被顺利录取。歌德的那句名言“读一本好书，就是和许多高尚的人谈话”，我是后来才知道的，然而，我早已从《随便翻翻》这本书上，体会到了这句名言的真正内涵。

也就是在这本薄薄的书上，我读到了一篇题为《小灵通漫游知识迷宫》的童话故事。这篇融知识性、趣味性的文章不但开阔了我的视野，更重要的是让我品尝到了读书的甜头，激发了我读书的兴趣。现在回想起来，我感到自己当时是多么幸运，结识了《随便翻翻》这样一位开启我智慧门的好朋友。

还是在这本薄薄的书上，我知道了“人心不足蛇吞象”这个成语。说来好笑，我记得当时虽然读了这个成语故事，可并不知道它的真正含义，脑海中一直有一个疑问在缠绕：蛇那么小，怎么能把大象给吞下去呢？也许就是从那时开始，我逐渐有了思考问题的习惯。这样的好习惯，一直伴我到现在……

“爸爸，把这些破破烂烂的书都扔了吧!”女儿的话打断了我的思绪。

“什么破破烂烂的书？我就要把它们一直放在这里面!”我理解，正要上高一的女儿是不会懂得我对这些书的那种感情的。

记得钱钟书曾说：“不相信命运，却相信时间，时间能克服一切。”然而，我却想说：“我不相信命运，却相信时间，时间能证明一切。”是的，岁月会流逝，我也远在他乡，然而，远在千里之外的老家书柜里的那本《随便翻翻》，始终让我魂牵梦绕。

做真人，教真人

——《陶行知教育文选》的启示

如果不是来到成都，也许我现在也不知李镇西其人；如果不是拜读了李镇西的《爱心与教育》《走进心灵》并有幸聆听他的学术报告，我也许一直不会意识到被毛泽东誉为“伟大的人民教育家”的陶行知在中国教育史上的重要地位。尽管我早已听说过陶行知的名字，尽管我也零零碎碎地接触过他的一些教育思想。

一切皆是缘分。

翻开《陶行知教育文选》一书，一股浓郁的中国气派的生活气息扑面而来，让人如沐春风，感受到朴素亲切而又富有鲜明的时代感。细细品味陶行知先生为我们留下的丰厚的教育遗产，我们会发现并强烈感受到他在教育实践中所体现的鲜明的民主精神。纵观教育史，可以毫不夸张地说，陶行知是第一个明确提出并系统阐述了民主教育的教育家。

今天，我们在谈论民主教育时，往往感叹中国的教育理论缺乏真正意义上的民主思想。其实，民主教育的先驱陶行知先生早就为中国教育点燃了一把精神火炬。这把火炬，从20世纪的那一端，一直燃到21世纪这一头。至今还在熊熊燃烧并照耀我们今天的教育。

——“教育要采用生动的方法，手脑并用的方法，教学做合一的方法，并且使学生注重全面教育以克服片面教育；注重养成终身好学之习惯以克服短命教育。在现状下，必须进行六大解放，把学习的自由还给学生：一、解放他的头，使他能想；二、解放他的双手，使他能干；三、解放他的眼睛，使他能看；四、解放他的嘴，使他能读；五、解放他的空间，使他能到大自然、大社会去取得更丰富的学问；六、解放他的时间，使他学一点他自己渴望学的学问，干一点他自己高兴干的事情。”读到这些话，我真为现在的孩子们心痛！因为他们远远没有享受“六大解放”而是正受着“六大束”！真正的民主教育不是一句空话，它必须落实在学生的“六大解放上”，否则“民主教育”只不过是一句时的空话！

——“养成服从的人民，必须用专制的方法；养成共和的人民，必须有自治的方法。”的确，民主教育提倡学生的自治教育，如果无视学生的义务与权利，只许学生规规矩矩，不许学生乱动，这是典型的专制教育，如此教育只能培养奴才。在21世纪的今天，这种教育应该终结了。新时代的教育，应培养的是具有民主精神与法治意识的公民。

——“你若把你的生命放在学生的生命里，把你和你的学生的生命放在大家的生命里，这才算尽了教师的天职。”其实，教学相长不应仅仅是知识上的互相学习，也应是人格上的互相促进与激励。教师应向学生学习而拥有高尚的人格，教育因为大家服务而获得了永恒的生命力。

在读陶行知先生的书时，我时时被他所追求的真教育而感动。他一生追求真理，为真理而战，热切呼唤教育的真挚、真诚、真实，他那些充满思想锋芒的话，将时刻回响在我耳际，振聋发聩：

“为人须为真人，毋为假人。”

“真教育是心心相印的活动。唯独从心理发出来，才能达到心的深处。”

“千教万教，教人求真；千字万字，学做真人。”

也许，有人会说，陶行知是中国教育的骄傲；20 世纪的中国，也因为有了陶行知而屹立起一座民主教育的思想丰碑，但在具有现代色彩的今天，做真人，教育人是否有必要？

由此，我想到了日本的小泽征尔获音乐指挥家大奖的故事：

在那次比赛中，小泽征尔按评委给他的乐曲演奏时，发现有几处不和谐的地方。开始，他以为乐队演奏错了，便停下来重奏，结果依然如故。这时，在场的作曲家和评委都郑重声明乐曲没问题。面对几百位权威人士，他思考片刻，大吼一声：“不！一定是乐谱错了！”话音刚落，评委席上立刻响起了热烈掌声。原来，这是评委精心设计的一道考验题，故意用错误的乐谱来检验指挥发现错误，并在权威人士否定时能否坚持自己的正确判断。前两名参赛者就因屈从权威而被淘汰了。小泽征尔终于因为坚持真理而获得比赛的桂冠。

每当读完《陶行知教育文选》这本书，掩卷沉思，诸多先哲的话又一次在耳畔回响：

陀思绥耶夫斯基说：发表自己不正确的意见，要比叙述别人的一个真理更有意义。在第一种情况下，你才是一个人；在第二种情况下，你只不过是一只鹦鹉。

列宁说：人们的缺点往往是同人们的优点联系在一起的。

张贷说：人无癖不可与交，以其无真情也；人无疵不可与交，以其无真气也。

……

也许我们都应该记住，你想出类拔萃，必须与众不同！而与众不同的基础与前提则是：做真人，教真人！

《杜甫传》读后感

记得上中学时，学习杜甫的《茅屋为秋风所破歌》，读到“八月秋高风怒号，卷我屋上三重茅……”一句时，心想：杜甫的茅屋究竟是什么样子呢？后来，我不止一次在语文课上教孩子们学习杜甫的《绝句》：“两个黄鹂鸣翠柳，一行白鹭上青天。窗含西岭千秋雪，门泊东吴万里船”，对杜甫草堂这个神秘之地产生了无尽的向往。

去年暑假，我和家人终于走进了杜甫草堂。茂林修竹，一条清碧亮丽的浣花溪环绕着草堂，那潺潺的流水把草堂四周茵润得花草葱郁而林木茂盛，弥散出雅逸的氛围和盎然的生机，让人顿时忘记了盛夏的炎热与烦躁。

就在这里，我看到了由百花文艺出版社出版的冯至先生的《杜甫传》这本书。这本书，使得我在步出草堂的一段时间，能有机会了解这位唐代最伟大诗人的人生际遇，让我对那些耳熟能详的经典诗句产生的背景有了更多的理解。

因安史之乱，时年 48 岁的杜甫几经辗转漂泊到成都，在朋友的帮助下，在城西浣花溪畔，建成了一座草堂，世称“杜甫草堂”，也称“浣花草堂”。

杜甫先后在成都居住近四年，创作诗歌 240 余首。其中有《春夜喜雨》《茅屋为秋风所破歌》《蜀相》《闻官军收河南河北》《登高》《登岳阳楼》等大量名作。其中最为著名的诗句为：“安得广厦千万间，大庇天下寒士俱欢颜。”而《登高》中的：“无边落木萧萧下，不尽长江滚滚来”更是千古绝唱。

杜甫生时，一生清贫，以诗铭志；故时，清贫一生，以表志愿。唐代诗人元稹为他写的墓志铭中，曾这样概括了杜甫的历史地位：“至于子美，盖所谓上簿《风》《骚》，下该沈宋，古傍苏、李，气夺曹、刘。掩颜、谢之孤高，杂徐、庾之流丽、尽得古今之体势，而兼人人之所独专矣。”

有人说，杜甫与李白是唐朝灿烂的诗歌星空的双子星座。是的，以现实主义见长的杜甫与以浪漫主义见长的李白同为唐代诗坛上的两个巨人。安史之乱这一唐代由盛转衰的分界线，把这两个巨人分隔在山顶的两侧：李白站在往上走的一侧，头是仰着的，看到的是无穷尽的蓝天、悠悠的白云和翱翔的雄鹰，因而心胸开阔，歌声豪放；杜甫站在往下走的一侧，头是低着的，看到的是小径的崎岖、深沟的阴暗，因而忧心忡忡，凄苦悲凉。李白是盛唐气象的标志，盛唐过去以后，他就凝固成一座无法攀登的危峰，使后人感到可望而不可即；杜甫是由盛唐转入中唐的代表，他从忠君爱国的立场出发，痛斥祸乱，关心人民，因而随着封建秩序的日益强化，他成了后代诗人学习的楷模，成了我国古代影响最大的诗人之一。

他也曾年少轻狂，豪情天纵，愿登上泰山之顶，俯瞰众生，"会当凌绝顶，一览众山小"。

然而，面对玄宗的重色思倾国，国家动荡不安，作为一个旧时代的知识分子，他又能怎样呢？面对朝廷不断战败，不断征兵，不断向人民收取赋税，人民的日子一天天穷困潦倒，"君不见青海头，古来白骨无人收。新鬼烦冤旧鬼哭，天阴雨湿声啾啾"，他内心的重重矛盾是可想而知的。

我想，后人是不能用"穷则独善其身，达则兼济天下"的标准来评价杜甫的。

他属于那个特定的时代，在那动荡的环境中，他怀着一颗悲悯的心，以现实主义的手法，记录下自己的所见、所闻与所感。其作品具有丰富的社会内容、强烈的时代色彩和鲜明的政治倾向，真实深刻地反映了安史之乱前后一个历史时代的政治时事和广阔的社会生活画面，因而被称为一代"诗史"。这也充分说明了好的作品应该是"文章合为时而著，诗歌合为事而做"。一个作家、一个诗人，如果完全脱离了他所处的时代，"两耳不闻窗外事"，是不可能写出好作品的。

杜甫长期沉沦于下层，有普通人的忠厚善良，也有以天下为己任的远大抱负。他亲身体验了安史之乱时百姓的民不聊生、官吏的凶残，以及亲人的悲欢离合，他把这些都融入自己的诗中，杜甫最为著名的描写民间疾苦的作品，人们耳熟能详的是"三吏""三别"，他把对自己贫困潦倒的哀叹和对国家民族命运的思考结合在一起。正因为如此，他才能发出"安得广厦千万间，大庇天下寒士俱欢颜，风雨不动安如山"的期冀。为了天下人的安定幸福，他甘愿以一己之身担起所有的苦难，这样博大的胸怀以及宁苦己身而利国利民的精神难道不值得我们尊重吗？

《杜甫传》一书的附录中讲到，杜甫在他的有生之年以及他去世后的一些年，没有受到多少嘉奖和重视，这在一定程度上是由他在风格和格律上的创新所导致的，某些评论家认为其中的有些作品仍然很大胆古怪。他在世时关于他的参考资料几乎没有。

然而，就像孔庆翔说的一样，杜甫是"中国唯一影响随着时间不断增长的诗人"。我想这种影响一方面是他的作品内容深远，大多是反映当时的社会面貌，题材广泛，尤其描述民间疾苦，多抒发他悲天悯人的仁民爱物、忧国忧民情怀，始终关注劳动人民的思想情怀；另一方面则是缘于他的作品具有沉郁顿挫、兼容并蓄、善于炼字对仗的风格。

因为读过这本书，我知道了诗人的身世及写作的背景，再读杜甫的那些诗篇，感觉别有一番滋味。

杜甫的一生，是颠沛流离的一生。他在穷困中并未潦倒，反而为中国的文学史抹上了浓墨重彩的一笔，永远镌刻在人们的心中。成都是幸运的，因为有了杜甫的短暂停留，才有了那坐落在闹市中的草堂。

当然，谁都不希望用杜甫的不幸，来成就成都这座城市的幸运。我只是想说，历史本来如此。杜甫属于那个特定的时代。

我们能做的，除了缅怀、感动、瞻仰、学习、继承，还有什么呢？

教师=(教书+育人)×服务

——读《校长向我道歉》有感

《校长向我道歉》讲的是一个发生在学生和老师、校长之间的故事。对于这个故事，你也许并不陌生。

安德烈是个留级生，在老师眼里，他不但很笨，还是个“流氓”。以前别人骂他时问：“你不害臊吗？”他埋下头说：“害臊……”可现在他会嬉皮笑脸地回答：“不！”他也知道为人应该态度友善，但是学校只要求无条件地听话。

一天，班主任安娜走进办公室，满脸不高兴的样子。安德烈和同学们站起来，身体挺得笔直。

“坐下！”安娜命令道，“现在写作文，题目是《如果我是一位教师》。”

“如果我不想当老师呢？”安德烈坐在座位上问，“那怎么办？”

老师生气了：“安德烈，谁也不会请你当老师的！你完全可以不写！”

但安德烈还是随心所欲地写了。他想：可能出了很多错，管他呢！

安德烈在作文中这样写道：学校不应该像现在这个样子，而应该完全相反。比如说，我来到学校，所有的老师看到我都很高兴：“你好，亲爱的安德烈！”他们一副满脸堆笑的样子。我把校长叫到办公室：“你瞧瞧，我为什么叫你来……老师们又不遵守纪律了，在课堂上搞得很不像话。”校长叹了一口气。安德烈继续说：“你想想，昨天地理老师管彼得叫糊涂虫，难道你们的教学法就是这样？”校长难过地把双手一摊，显得无可奈何：“唉，安德烈，我给她说过无数次了，不过，你也要体谅她，她家中出了一件很不愉快的事……”我只好长叹一声：“算了。重要的是要做一个善良的人，要爱学生……”

第二天是星期天。远远地，安德烈看见校长从学校出来……当校长敲了敲他家的门，走进院子时，安德烈吓得急忙躲在桌子下面，暗自庆幸：“一定是来告状的，幸好我家没大人……"

院子里只有校长的声音。

"安德烈，我读了你的作文，我同意你的一些意见……你听见了没有？"安德烈没有回答。

"我自己以前也想过，我的工作应该做得更好一些……孩子们跟我在一起才会觉得有意思，很平常……我做过努力，但不完全成功……"安德烈在窗帘后面叹了一口气。

"你在学校表现不好，这我也有责任，应该向你道歉，我也想过，我们学校应该是全体学生的第二个家……"

安德烈终于打开了门，看见校长坐在门口的台阶上。安德烈走到台阶上，挨着校长坐了下来。

《校长向我道歉》这个故事是令人深思的。

每次读到这个故事，我都会问自己："为什么去向安德烈道歉的是校长而不是那位老师？安德烈为什么终于肯打开家门？你是否也像那位老师那样对待过自己班上的安德烈？"

是的，安德烈是不幸的，因为他在班主任老师的心中是个典型的坏学生；但他又是幸运的，因为他那篇随心所欲地写的作文让校长给读到了，并亲自上门道歉。我想，安德烈在校长的感召下终于打开了家门，这不是一扇普通的门，而是一个老师眼中的差生向学校敞开的"心灵之门""信任之门"。安德烈挨着校长坐了下来，此时，校长已经成为他的心中可信赖的朋友了。

然而，校园中的"安德烈"肯定还不少，他们的心思不一定都能让校长知道，更不可能人人都能有机会挨着校长"坐下来"。但是，作为教育者的我们有可能而且应该了解他们的所思所想，校园中的"安德烈们"可能而且应该有机会挨着我们每个教师"坐下来"。要做到这一点，最重要的是我们每个教师都应该走进每个学生的心灵，正如文章中的安德烈所希望的，"重要的是要做一个善良的人，要爱学生……"而这种服务意识，正是我们还缺乏的。

的确，我们的很多课堂，不是老师在为学生服务，而是学生在为老师服务，是学生在为配合老师的表演服务。特别是一些公开课、示范课更是如此。不错，我们也在声称自己是为了孩子，为了一切孩子，一切为了孩子，为了孩子的一切。实际上，我们没有完全做到。因为我们还没有这样的观念和意识，至少说这样的观念和意识还很不牢固，还没有在教学实践的每一个环节得到体现。

也许，是到了我们应该反思自己的"教育行为"的时候了：当你站在讲台上面对那一双双求知若渴的眼睛时，你想过这是在服务吗？你想过让你教的每一个孩子都满意吗？你想过自己是在立足于让每一个孩子都得到发展吗？

教育需要爱心，需要发自肺腑的爱心，没有爱心就没有教育。同时，教育也需要服务意识，需要有让学生和家长满意的服务意识。但愿我，以及我的同行们，都能在教书育人、服务育人的过程中播撒爱的种子。

今天，做好为明天买单的准备

——读《明天谁来买单》所想到的

詹姆士，美国一家跨国公司的驻华代表，全权负责该公司在中国地区的业务。

一名经常与企业打交道的记者，终于如愿以偿采访了詹姆士。

采访中，这位记者惊奇地发现，詹姆士与其他企业家的不同之处在于，他对未来的规划是那样具体而细致，不但有切实可行的方案和数据分析，而且对公司未来 15 年的发展都进行了规划。

詹姆士见这位记者有些疑惑不解，便解释说："中国内地企业家每考察一个项目，总要问多长时间能收到回报，一般只做 1 年或 3 年，最长也不过 5 年的短期计划。我们也注重回报，但不同的是我们至少要做一个 5 年短期，10～15 年中期，30 年以上的长期计划。"原来，在詹姆士的观念中，企业也像一个人一样，是一个鲜活的生命体，有一个积累发展的过程，一个人要学习 20 多年，到 30 来岁才能比较胜任一项工作，怎么能要求企业一岁就辉煌呢？

在接下来的交谈中，詹姆士十分明确地告诉记者，无论是工作还是生活，不论是群体还是个体，都应把下列观念深入心中：

●成功的速度和灭亡的速度是一样的。

●罗马不是一天建成的。

●人生有很多要做的事，但归纳起来只有两类：一类是紧要的，另一类是要紧的。许多人不成功是因为他们把大部分时间和精力都花在眼前的紧要事情上，而无暇顾及要紧的事。正确的做法是——用 20％的时间去处理眼前的紧要事情，而把 80％的时间留给未来。

初读这篇文章，我一下子就被詹姆士那饱含哲理的观点给吸引住了，那几个关键词不时在脑际中闪现：紧要的、要紧的、20％、80％……渐渐地，我有些迷茫了。想想自己每天在工作中，虽然也忙忙碌碌，却总是碌碌无为，更没有时间去思考哪些是紧要的事情，哪些是要紧的事情。

明天，究竟由谁来买单？难道著名企业家的话有不对的地方？

……

我越想越失落，越想越感到迷惘。

一个偶然的机会，我和一位朋友聊起詹姆士经营企业的观点。那位朋友告诉我，有时真理与谬论往往只有一步之遥，也许他的观点在企业家身上是真理，可是用在教师身上很可能是谬论。

听君一席话，胜读十年书。朋友的话使我茅塞顿开。

的确，教师每天面对的是学生，面对的都是一些琐碎的小事，哪一件不是紧要而且要紧的工作呢？因为，教育本无所谓大事与小事之分。

我想，要是辩证地分析，作为教师，也许应该把詹姆士的话调换一下：

正确的做法是——用80%的时间去处理眼前的紧要事情，把20%的时间留给未来。因为，明天要有人买单，今天更需要有人买单。如果失去了现在，怎么会有将来？

如果你不能把所有的事情都做好，那么，你必须做好一些事情，至少在一件事情上，让别人知道你很棒。比如：你比别人做得好；别人也同样做得好时，你比别人快；别人也同样快时，你比别人成本低；别人也成本一样低时，你比别人的附加值高。

做个会休闲的教师

——读《教师的幸福人生与专业成长》有感

肖川教授《教师的幸福人生与专业成长》一书一共有七个章节，每个章节都有其独特的内涵。其中最后一个章节《采菊东篱下，悠然见南山——享受休闲》，给我留下了深刻的印象。

说到"休闲"，我们会联想到许多与之有关的词语，如空闲、闲适、闲暇、闲散、闲居、闲游、闲谈、闲情逸致等。通过阅读这一章节，我对于"休闲"的真正内涵以及"休闲"的价值有了更深入的理解。如：

"人人都拥有空闲时间，但并非人人都能够拥有休闲。"

"休闲是建立在闲暇时间基础上的行为情趣。"

"人在休闲中的沉思状态是最好的境界，是一种神圣的活动。"

"休闲并不是工作的休止。"

"休闲的本质主要体现人的一种精神生活，它不同于闲暇与空闲。休闲的价值不在于实用，而在于文化。"

“娱乐与休闲不是同一层面的概念，娱乐是一种休闲的方式，但休闲却不能等同于娱乐。”

“提升休闲的文化品位就是幸福，幸福就是充实，就是闲适。”

……

其实，休闲自古有之。古人崇尚闲趣，追求与自然亲近的生活，所谓：“朝吟风雅颂，暮唱赋比兴，秋看鱼虫乐，春观草木情。”这正是我们的祖先受老庄哲学和禅宗思维方式的影响，所推崇的“君子之行，静以养身，俭以养德，非淡泊无以明志，非宁静无以致远”的价值观。于是，才有了中国人“日高窗下枕书眠”的闲居，有“晚山秋树独徘徊”的闲游，有“飞盏遥闻豆蔻香”的闲情逸致。

可是，在实际工作中，我们常常是忙了这头又忙那头，何谈休息，更何谈休闲？鲁迅的话，我们并不陌生：“哪里有天才？我是把别人喝咖啡的时间用在写作上的。”韩愈也曾说：“业精于勤，荒于嬉；行成于思，毁于随。”这些正确的古训都告诉我们，只有吃得苦中苦，方位为人上人。由此，我想起了这样一个故事：一位教授晚上路过实验室，发现里面亮着灯，走进一看，原来是自己的一个学生正在做实验，教授问：“你白天在干什么？”学生回答说白天也在实验。教授意味深长地说：“你白天晚上都在做实验，那你什么时候思考啊？”是的，正如“忙”字的字形所暗示我们的，“忙者，心亡也”。我宁愿把爱因斯坦说过的“ 人的差异在于闲暇”这句话理解为：人的差异在于是否会利用闲暇来休闲，而不是利用闲暇来加班加点。这正印证了列宁曾说的那句话，“不会休息的人，就不会工作。”

我虽然算不上是工作狂，但总感觉每天 24 小时完全不够用，白天在学校上班干活，晚上在家仍然不忘学校的事，总要忙到上床睡觉才能停下手中的事，就是周末也常常到办公室加班。有亲朋好友约我，我的回复总是：“我近来很忙，有空再约你们哦!”“忙——忙——忙”这是我脱口而出最常说的话语。但这些忙碌过后，收获的却是疲惫的身躯、茫然的自己。正如文中所说的：“人一忙就容易乱，头脑不清醒；人一忙也就容易烦，心情不能平和；人一忙就容易肤浅，不能研究问题，不能冷静认真思考；人一忙就容易只顾眼前，不能高瞻远瞩，忙得没有主见，忙得没有远见。”

忙，人自取；闲，天定许。当你把自己需要做的事情有计划地安排，一件一件有计划地完成时，我想，你就能达做到林语堂所说的境界：

“能闲世人之所忙者，方能忙世人之所闲。人莫乐于闲，非无所事事之谓也。闲则能读书，闲则能游名胜，闲则能交益友，闲则能饮酒，闲则能著书。

天下之乐，孰大于是?"

人的生活贵在自己安排，工作与休闲互相影响，互造生机与契机，若能调和得当，多彩多姿的人生将会在我们的面前绵延开展，自信自得，而又充实圆满。"休息是为了要走更远的路"，教师除了必须在教育的专业技能上不断地成长，以满足学生的认知需求外，还要培养休闲技能，以怡然自得、悠游自在的心境，来促进自我的成长、提高生活的品质、享受生命的乐趣，并能自信地迎接未来教师生涯的挑战。

让我们记住肖川教授的这两句话吧，别让忙碌成为一种病毒：

——给自己的心灵一个节日，让身心放松，静静地体会一下生命的纯净。要知道，内心的宁静才是真正的休闲。

——一个懂得休闲的教师大抵是一个很有生活情趣的教师，他做人不会枯燥，讲课也不会干涩。一个懂得休闲的教师大抵是一个懂得装点教育的人，他知道如何让教育芬芳弥漫。

态度决定一切

——读《没有任何借口》有感

说实话，初次听到"没有任何借口"这句话，初次看到《没有任何借口》这本书，我心中是有些抵触情绪的。我总觉得，这句话给人不容解释、不近情理的感觉，特别是当自己做错了事，遭到他人用这句话来责怪时，就更有一种盛气凌人的感觉。

可是，在学校开展的读书活动中，真正接触到这本被誉为最完美的企业员工培训读本后，我才发现，这本书犹如一剂热气腾腾的心灵鸡汤，滋养着我们缺失营养的身心；也如一声震撼人心的霹雳，鞭挞着我们麻木懈怠的神经；更如一缕黑夜中的亮光，指引着我们前行的道路。

从第一页读到最后一页，又从最后一页读到第一页，一遍又一遍，静下心来仔细拜读，我渐渐明白了，原来，这本书强调的是每一个人想办法去完成任务，而不是为没有完成任务去找借口，哪怕是看似合理的借口；原来，"没有任何借口"不是冷漠和缺乏人情，而是体现了一种完美的执行能力、一种服从诚实的态度、一种负责敬业的精神；原来，"没有任何借口"看起来是一句普通的话，但实际上却是美国西点军校 200 年来最主要的行为准则，而今又成为众多著名企业奉为圭臬的理念和价值观。书中那些似曾相识的有趣的故事深深地吸引了我，书中许多观点不时让我醍醐灌顶。

《没有任何借口》一书由“没有任何借口”“服从，行动的第一步”“做最优秀的员工”“超越雇佣关系”四个部分组成，分别对诚实、执行、责任、敬业进行了令人信服的阐述，不仅让我认清了借口的实质与危害，还学到了在实际工作中如何避免总是找借口的许多有效的方法。

细细揣摩《没有任何借口》的字字句句，我从中读懂了服从与执行，读懂了真诚与感恩，读懂了责任与荣誉，读懂了人生与工作的态度……特别是书中对工作、对工作态度的阐述，让我受益匪浅。“工作中无小事”“工作就意味着责任”“工作是我们要用生命去做的事”“记住，这是你的工作”“带着热情去工作”“自动自发地工作”，这些文章从不同的角度告诉了我们应该怎样对待自己的工作。

那个替人割草打工的男孩给我留下了深刻的印象。一天，这个男孩打电话给布朗太太说：“您需不需要割草？”布朗太太回答说：“不需要了，我已有了割草工。”男孩又说“我会帮您拔掉草丛中的杂草。”布朗太太回答：“我的割草工已做了。”男孩又说：“我会帮您把草与走道的四周割齐。”布朗太太说：“我请的那人也已做了，谢谢你，我不需要新的割草工人。”男孩便挂了电话。此时男孩的室友问他说：“你不是就在布朗太太那儿割草打工吗？为什么还要打这个电话？”男孩说：“我只是想知道我究竟做得好不好！”

多么有责任心的男孩！

每当想起这个故事的时候，我就会问自己：我有没有勇气像故事中的那个男孩一样，问一问我身边的同事、朋友，领导，问我们的学生及家长：“我做得如何？”多问自己“我做得如何”，这就是责任。

书中“希尔顿饭店服务员脸上的阳光”“每桶 4 美元”“把胳膊往前甩”“心理学家与三位工人”等一个个生动的小故事时时引起我的深思。这些故事启示我们：对待自己的工作，必须具有锲而不舍的精神、坚持到底的信念、脚踏实地的态度、自动自发的责任心。

不可否认，我们每天所做的工作，都是由一件件小事构成的，但不能因此对工作中的小事敷衍塞责或轻视怠慢。因为，工作中无小事，细节影响成败，态度决定一切。很多时候，面对别人的成功，面对别人赢得的鲜花和掌声，我们都会情不自禁有这样的心态：“这么简单的事，谁做不到？”然而，我们却忘记了，所有的成功者与我们都做着同样简单的小事，唯一的区别是，他们从不认为自己所做的事是简单的小事。同样是小事，由于态度不一样，其结果当然有别。成功者的背后所付出的辛劳往往被我们所忽视。正如冰心那首小诗所说的一样：“成功的花，人们只惊慕她现时的明艳，然而当初她的芽儿，浸透了奋斗的泪泉，洒遍了牺牲的血雨。”

古代罗马斯多葛派哲学家曾说：“没有卑微的工作，只有卑微的工作态度。而工作的态度完全取决于我们自己。”同样的工作，同样的环境，可以有截然不同的工作态度：可以高高兴兴地去做，也可以愁眉苦脸和厌恶地去做。当然，也会有截然不同的结果：以充分的热忱去做最平凡的工作，也能成为有成就感的员工；以冷淡的态度去做最高尚的工作，也只不过是个平庸的员工。

的确，工作不仅仅只是我们为了谋生才要去做的事，而更应该是我们要用生命去做的事。因此，我时时提醒自己，要最大限度地喜欢和热爱自己从事的工作，无论在什么情况下，都不要对自己的工作表示厌恶，而是要尽量设法去挖掘工作中的乐趣，即使所做的工作单调枯燥也应该如此。“记住，这是我的工作！”

将工作看作是自己的一份责任，而不是义务；以最大的热情去对待工作，而不是抱怨和推诿，会使自己觉得更有成就感，就会更努力地工作。以前我会把自己的工作做好，仅仅因为它是我的工作，做好它是我应该的，心里总有一种“压力”的感觉。但是如果从另一种眼光来看的话：我做好它，因为我可以凭努力做好它，而经过了这种努力，我会感觉到我的成功，心里会有一种自豪感，而不仅仅是完成了我应该做的工作，就会有更大的热情去对待以后的工作。

《没有任何借口》真是一本不可多得的好书。每当工作任务繁重想偷懒时，每当厌倦了自己应该做的事情有抱怨情绪时，每当自己的工作没做好想找借口时……书中一个又一个响亮的声音就会回想在耳际：

“执行，不找任何借口！”

“立即行动！”

“多加一盎司，工作就大不一样！”

“努力工作，优劣自有评说！”

“做最优秀的员工！”

徜徉，在美的风景中

——《美的历程》读书心得

虽然之前为了选书，曾在网上浏览过李泽厚先生的《美的历程》，虽然听同事说学校这次买的是精装本，但真正第一眼看到《美的历程》这本书时，还是被它精美、大气的装帧所深深吸引。与一般书籍不同的是，那深蓝色绸布的封面上的凤鸟图案，那写着书名及冯友兰、易中天两位学者高度评价此书的白色腰封，不得不让人一见倾心，并爱不释手。

拿到书的当天晚上，迫不及待地浏览了全书，并阅读了部分章节。接下来的这段时间，或是晚上，或是早晨，或是周末，或是国庆假期，断断续续，细细品读这本书。虽然几年前曾自学过《美学原理》，虽然书中有的文字比较生涩，特别是前几章，往往要查字典才能顺利地阅读，但这种生涩很快被书中那灵动的文字、优美的语言、深邃的思想、精辟的论述所淡化，取而代之的是跟随大师从历史与文学、美术与哲学的角度，在美的历史长河中漫步与遨游的酣畅淋漓与静寂愉悦。

毋庸置疑，这是一本好书，这是一本需要反复品读咀嚼的好书，这是一本需要在安静的氛围中细细品味的好书，这也是一本适合放声朗读的好书。

在本书中，李泽厚先生将“美”分为“龙飞凤舞”“青铜饕餮”“先秦理性精神”“楚汉浪漫主义”“魏晋风度”“佛陀世容”“盛唐之音”“韵外之致”“宋元山水意境”“明清文艺思潮”十个部分，以细密的考察论述了绘画、雕塑、建筑、文学、书法等艺术门类在各个时代的兴起与演变，以及各个时代艺术的特征与精神。

一、别具一格的语言表达

作为一名语文教师，阅读此书更多的是关注其中的别具特色的语言表达，那一句句富有画面感的语言，静静地流淌着优美的诗意。

书中的语言富有哲理，“历史从来不是在温情脉脉的人道牧歌声中进展，相反，它经常要无情地践踏着千万具尸体而前行”；书中的语言富有创意，“它盘缠万里，虽不算高大却连绵于群山峻岭之巅，像一条无尽的龙蛇在做永恒的飞舞，它在空间上的连续本身即展示了时间中的绵延，成了我们民族伟大活力的象征”；书中的语言还富有诗意，评点《桃花扇》全剧结尾的一套哀江南，“这固然是家国大恨，也正是人生悲伤。沧海桑田，如同幻梦；朱楼玉宇，瓦砾颓场。前景何在？人生的意义和目标是什么？一切都是没有答案的渺茫，也不可能找到答案。于是最后归结于隐逸渔樵，寄托于山水花鸟……”

全书用词生动，从每一章节的题目到正文。如用“龙飞凤舞”形容远古人类图腾的历史变迁；用“狞厉的美”概括殷商时代的美学特征——战国青铜巧则巧矣，确乎可以炫人心目，但如果与前述那种狞厉之美的殷商起舞一相比较，则力量之厚薄，气魄之大小，内容之深浅，审美价值质高下，就判然有别。

多种句式的运用，如"如果……那么……""或者……或者……""从……到……"等句式比比皆是。如："如果再作一次比较，战国秦汉的艺术，表现的是人对世界的铺陈和征服；魏晋六朝的艺术突出的是人的风神和思辨；盛唐是人的意气和功业；那么，中、晚唐呈现的则是人的心境和意绪。……盛唐以其对事功的向往而有广阔的眼界和博大的气势；中唐是退缩和萧瑟，晚唐则以其对日常生活的兴致，而向词过渡。这并非神秘的'气运'，而正是社会时代的变异发展所使然。"

多种修辞的运用，如排比、引用、反问、对比等更是比比皆是。如：

——"你看那马王堆帛画：龙蛇九日，鵩鸟飞鸣，巨人托顶，主仆虔诚；你看那卜千秋墓室壁画：女娲蛇身，面容姣好，猪头赶鬼，怪人怪兽，充满壁廊；你看那弯弓射马的画像砖，你看那长袖善舞的陶俑，你看那奔驰的马，你看那说书的人，你看那刺秦王的图，你看那车马战斗的情节……"

——"陶潜和阮籍在魏晋时代分别创造了两种迥然不同的艺术境界，一超然事外，平淡冲和；一种忧愤无端，慷慨任气……他们是魏晋风度的最高优秀代表。"

——在"盛唐之音"一章，讲到其音乐性的美："那么轻盈华美，婀娜多姿，或婵娟春眉、云雾清笼，或高谢风尘、精神洒落……这不正是《春江花月夜》那种'当时年少春衫薄'式的风流、潇洒和亭亭玉立吗?"

——"在宗教雕塑里，随着时代和社会的变异，有各种不同的审美标准和美的理想。概括说来，大体（也只是大体）可划为三种：即魏、唐、宋。一以理想胜（魏），一以现实胜（宋），一以二者结合胜（唐）。在这三种类型中，都各有其成功与失败、优秀与拙劣的作品（而且三种有时也不能截然划分）。随着今天人们爱好的不同，也可以各有选择和偏好。"

——"诗境深厚宽大，词境精工细巧，但二者仍均重含而不露，神余言外，使人一唱三叹，玩味无穷。曲境则不然，它以酣畅明达，直率痛快为能事，诗多'无我之境'，词多'有我之境'，曲则大都是非常突出的'有我之境'。"

从中，我清晰地认识到，诗境厚重，词境尖新，曲境畅达，各有其美，不可替代。

二、辩证凝练的理性概括

富于感性的语言表达，也不失理性的沉思。作者在充足的个例分析之下，以高度凝练的语言指出了各个重要时代的艺术精神，让人耳目一新。如：

——“辽阔的现实图景，悠久的历史传统，邈远的神话幻想的结合，在一个琳琅满目的五色斑斓的形象体系中，强有力地表现了人对物质世界和自然对象的征服主题，这就是楚汉浪漫主义艺术的特征本色。”

——“药、酒、姿容、神韵、还必须加上华丽好看的文采辞章，才构成魏晋风度。”

——特别是关于李白和杜甫的比较给人印象深刻：李白是“放浪纵子，罢去拘束”，他“不只是一般的青春、边塞、江山、美景，而是笑傲王后，蔑视世俗，不满现实，指斥人生，饮酒赋诗，纵情欢乐”，其艺术特征是溢出形式，不受形式的拘束，是一种还没有确定的形式，无可仿效的天才发挥；而杜甫则是“铺陈始终，排比声韵”，是对新的艺术规范、美学标准的确定和建立，其特征是讲求形式，要求形式和内容的严格结合与统一，以树立为后世人们提供了长久学习模仿的美的范本，正所谓“学诗当以子美为师，有规矩，故可学”。

——汉代文艺反映了事功、行动，魏晋风度、北朝雕塑表现了精神、思辨，唐诗宋词、宋元山水展示了襟怀、意绪，以小说戏曲为代表的明清文艺所描绘的则是世俗人情。

记得有人曾说：“没有油画、雕塑、音乐、诗歌以及各种自然美所引起的情感，人生乐趣会失掉一半。所以我们绝不认为这些美好的训练和满足无关紧要。”作为教师的我们，不论教什么学科，都需要接受美的熏陶，接受美的洗礼。

当你反复阅读李泽厚的这本《美的历程》后，你再看那鱼纹陶盆，你再看那雕塑、壁画，你再看那书法、山水画，你再看那清代瓷器明清家具，你再读那一首首诗、词、曲、文……已然和以前完全不一样，不再是无动于衷、浅尝辄止，而是心有所动、神有所通。于是，渐渐地，你会拥有一双学会欣赏中国古典艺术的慧眼，你的审美情趣会更高雅，你读诗词的境界会更上一层楼。

敢于“改”，才会“变”

——读《旁门正道》的体会

暑假期间，我反复咀嚼了成都师范学院杨东老师的专著《旁门正道》。

这是一本可读性特别强的书。其可读性主要表现在：一是大胆暴露了当前教育教学中诸如“教案、减负、培训”等方方面面的弊端，表达了自己关于教育教学诸多方面的新颖观点，并提出了建设性的改进意见，彰显了作者“教育变革的智慧”；二是在表达自己的教育教学观点时穿插了许多有趣、生动的故事，并从教育的角度赋予这些故事以独特的意义和价值，让人在笑谈中受益匪浅；三是列举了大量的教学案例，中国的、外国的，正面的、反面的，让读者开阔视野，兼收并蓄；四是每一章节的标题均以提问的方式出现，在读者浏览目录的瞬间便会引起思考；五是作者谦和的态度，把把自己的书定位为一本给你"改"的书，而非传统的给你"读"的书。

书中的诸多观点和做法我都很赞同，如教师只有简单才会快乐、有效，目前教学的症结在于总是讲授，如何尊重、激励、发现学生，为什么教师培训总是办班，等等。作为一名小学语文教师，我对其中"第四章关键：学生能否自主学习?""第五章教案：为何总是抄?""第八章语文：可否积沙成塔?"三个部分感触颇深。在这三个章节中，作者主要呈现了三个观点：

观点一：课堂教变革学的根本在于从重"教"转变为重"学"，从"以教师活动为主"转变为"以学生活动为主"。

观点二：教师的专业发展，应该重点着眼于发展教师的核心能力——设计与组织学生自主性学习活动的能力。

观点三：语文学科的核心价值在于学生思想与情感的发展，语文教学的关键点在于海量阅读、自主理解、真实表达。

观点很重要，正确的观点才能指导正确的行动。但是，作为一线教师，仅仅是认同、接受他人的观点远远是不够的，关键在于在这些观点的指导下，针对目前存在的普遍问题和自身的困惑，进行大胆的实践，在实践中或验证这些观点的真伪，或创新自己的教育教学思想。

就拿备课、写教案这事来说吧。

毫无疑问，无论是老教师还是新教师，都应该认真备课，深入钻研教材、精心设计教案。但关于写教案的问题，有的学校要求教龄在五年以下的教师必须手写教案，其余教师可以打印教案；有的学校要求教师在打印的教案中进行二次备课，要留有修改的痕迹；有的学校甚至只要求在教材上进行批注，不需要教案等。应该说，这些做法都有他的道理，但其不足也是显而易见的——由于每一名教师的课时较多，有时一天有 3～4 节课，有多少教师是基本按照教案来组织教学活动的?

为此，杨东老师提出：

(1) 要确立"简单有用的教学设计"理念；

(2) 多想少写；

(3) 按课题形成设计，而不是按课时备课；

(4) 以学生学习活动为基本线索；

（5）采用框图式教学设计模板，包括教学目标、教学重难点、教学准备、教学过程等。其中，教学过程正是要能体现学生的课堂学习活动。

下学期，我准备在一些课文的教学中，尝试按照杨东老师的建议来改革教学设计。这一做法与传统写教案的不同之处在于，节省了写教案的时间，让教师把更多的时间用来读书、备课、收集资料、思考、设计课堂活动、评改作业等，同时还可以避免下载教案应付了事等现象。

我相信，每个人读了这本书都会进一步发现自己或他人的一些做法的弊端，并从书中汲取一些改革的智慧和营养。但我想说的是，更重要的是实践、行动，因为，只有敢于“改”，我们的教育教学才会“变”得简单、高效，我们的教育人生才有可能变得更美好。

重视学习策略的教学

——读《中小学学科学习策略的理论与实践》一得

这段时间，主要的时间和精力用在修改我校将要申报的“疑思导学教学模式的实践研究”的课题研究方案。这一课题的教学主张是“让学生学会学习”。

书到用时方恨少。于是，借此机会忙着充电，广开学习渠道，网络查找收集资料，相关报刊书籍，甚至微信中的一些很有价值的文章。修改的过程，是一个不断学习借鉴、回顾反思、自我提升的过程。这其中有专家的指导，有课题组的交流碰撞，也有自己的读书学习。

其中，刘电芝博士主编的《中小学学科学习策略的理论与实践》一书，让我收获颇多。

一、对学习策略的重要性有了更多的认识

学习策略是基于学习心理学研究的成果而逐渐发展和完善起来的。随着对学习心理学的研究愈加深入，人们认识到学习策略是通向“学会学习”的重要之路，学习策略研究由此成为学习心理学领域的一朵奇葩。在当今信息爆炸时代，终身学习观成为现代社会人们的共识，创建学习型社会成了社会发展的趋势，掌握学习策略成为一个人可持续发展的不竭动力，学习策略的研究更加成为当今的研究热点和前沿课题。随着研究的进一步发展和社会的需求，学习策略的掌握已经成为提高学生学习质量和效率的有效途径和方法，并日益成为教师关注的目标。

重视学习策略的研究对解决当前教学改革中存在的问题有重要意义：一是

可以改进学生的学习，提高教学质量；二是能有效促进教师的教学；三是新课改的需要——“掌握学习的过程与方法”，这就要求教师从传统意义上的知识传播者、教学秩序的管理者与控制者转变为学习策略的培训者、学习困难的诊断者和学习问题的咨询者；四是新知识观的要求，新知识观认为知识由陈述性知识、程序性知识和策略性知识三大块组成，这表明教师良好的教学、完整的教学应包含着三个方面的内容，否则就是有缺陷的教学。

总之，掌握获取知识的策略比掌握知识更重要，揭示知识背后的知识，提炼出知识本身内含的策略思想，更有利于培养学生的创新意识。

二、对学习策略内涵的理解

通过阅读本书，我认识到，学习策略是指学习者在学习活动中有效学习的程序、规则、方法、技巧及调控方式，它可以是内隐的规则系统、思维过程，也可以是外显的操作程序与步骤。

尽管对学习策略的分类标准不完全一致，但一般认为学习策略包括认知策略、元认知、资源管理策略等。其中，认知策略和元认知起着核心作用。

认知策略是学习者用以支配自己的心智加工过程的内部组织起来的技能。元认知是对认知的认知，即个体对自己的认知过程和结果的意识与调控，包括元认知知识、元认知体验、元认知监控和调节。

三、对在教学中如何让学生掌握学习策略有了更加清晰的认识

书中除关于学习策略的理论探索外，更多的是关于学习策略的实践的介绍，具有很强的操作性，涉及小学语文、数学、英语及中学的多门课程。

其中，书中关于“概括短文的段落大意策略”“作文修改策略”“低年级学生识字策略”“小学生听说读写策略”等给人似曾相识的感觉。

本学期，三年级教材开始训练学生概括课文的主要内容，这些策略虽然并不新鲜，但对照学习，受益匪浅。

特别是“作文修改策略”更是让我有感触。因为几年前曾做过一个关于学生作文双向互动评改的课题研究，当时觉得还不错，但对照书中的一些修改策略，发现有许多需要完善的地方。

事实上，现在使用的北师大教材是比较重视学习策略的，每册教材中都安排了相应的“金钥匙”，而且这些策略基本形成了序列。以前，总觉得这些“金钥匙”只是一些枯燥的条文，对语文学习作用不大，但现在看来，这些“金钥匙”是很有价值的。教学中，我们要科学用好“金钥匙”：一是让学生识

记“金钥匙”的内容，这是最基本的前提；二是指导学生在听、说、读、写中运用，反复运用，形成良好的学习习惯。

我觉得，只要运用得好，用得实在，只要坚持让学生在学习活动中牢记这些学习策略并反复运用这些策略，学生就能成为会学习的学习者。

教师的教育智慧从哪里来？

——读《今天，可以这样做教师》所想到的

每一位老师都希望自己成为有教育智慧的老师。教师的教育智慧从哪里来，就成为许多教师孜孜以求的问题。于是，马克斯·范梅南的《教学机智——教育智慧的意蕴》、王晓春的《教育的智慧从哪里来》、苏霍姆林斯基的《给教师的建议》等著作成了许多老师的必读书籍。

不错，教师是需要一种专业智慧的，没有这种专业智慧，教育必然是肤浅的。教师的专业智慧体现在智慧的教育教学实践与教师对教育教学的智慧理解。托尔斯泰说：“书是智慧的钥匙。”教师专业智慧的生成，依然需要教师手捧一卷，沉浸其中，与各种思想进行智慧的对话。

今年教师节，学校送给老师们的两本书中，有一本正是可以提升教师教育智慧的一本好书，它就是江苏省教育科学研究院教师书院赵国忠院长主编的《今天，可以这样做教师》。这是一本荟萃了中外优秀教师的真情和智慧，可以让渴望成长的老师们汲取力量和智慧的好书。

每次翻开这本书，细细品味书中那一个个用热血和智慧书写的近乎传奇的教育故事，无不令我欣喜与感动；用心触摸那一个个或闻名全国乃至全球的教育名家，或普普通通的基层教师的高尚灵魂，又令我产生由衷的敬意。

时而细嚼慢咽，时而掩卷沉思，这本书中的故事与人物，在我脑海中挥之不去。于是，萦绕在我心中“怎样做一名有教育智慧的教师”的问题，便渐渐地清晰起来。

一、教师的教育智慧从仁爱中来

仁者爱人，有礼者敬人。爱人者，人恒爱之；敬人者，人恒敬之。

——《孟子·离娄下》

没有爱就没有教育。

纵观古今中外的教育名家，无一不是对教育事业充满热爱，对学生满怀爱心，时时处处关爱学生的。然而，仅有热爱、爱心、关爱是不够的，要想成为一名具有教育智慧的教师，还必须具有仁爱之心。

书中讲到被称为"小学里的大师"的桂贤娣老师的教育智慧十分耐人寻味。从教多年，她经常会反复问自己三个问题，这也就是被诸多教师津津乐道的"打动教育部长的三问"——"你爱你的学生吗？你会爱你的学生吗？你的学生感受到你的爱了吗？"桂贤娣认为，光有爱是不够的，还要懂爱、会爱，最重要的是让学生感受到你的爱。如此，教师的爱才有教育价值和教育意义。经过长期的思考和实践，她将学生按照不同的特征分为十类，提出了极具个人特色的"因生给爱十法"——病残生爱在得体、体弱生爱在关心、过失生爱在信任、屡错生爱在耐心、向师生爱在珍惜、背师生爱在主动、个性生爱在尊重、普通生爱在鼓励、学困生爱在赏识、后进生爱在鞭策。这是桂贤娣用自己的实践让所有教育工作者走出了对"爱"的笼统和模糊的认识，从而走向科学的、理性的、有艺术的爱。这种爱，就是大爱，就是仁爱。

有著名学者指出，这是第一次有人系统地总结出教师爱学生的具体方法。在此之前，爱更多地被看作是一种态度，一种要求而不是一种方法。难怪桂贤娣被《中国教育报》称为"爱的教科书"。

仁爱，乃是教师教育智慧的第一源泉。

二、教师的智慧从赏识中来

不是锤的敲打，而是水的载歌载舞，使鹅卵石臻于完美。——［印度］泰戈尔

尺有所短，寸有所长。在一个有智慧的教师眼里，学校里没有差生，只有有差异的学生。

世界上没有两片完全相同的叶子。事实上，孩子之间的差异是客观存在的，因为他们是一个个鲜活的生命体。作为老师，就应该调整好心态，从平等、全新、发展的角度，看待班上的每一个孩子，关注、欣赏每一个孩子，发现他们身上的优点，用心地琢磨，让每一个学生都能有不同的发展。

赏识学生，是对学生人性的尊重。任何一个学生，哪怕他是被认为最顽劣的学生，都有其闪光点，只是人们没有发现罢了，如果每位教师都能用，而且都善于用"放大镜"去寻找学生身上的每一处哪怕十分微不足道的闪光点，当他们身上有点滴进步时，他们听到的是表扬、鼓励的赞扬声，而不是满耳充斥的抱怨、责骂声，那么就会发自内心地感到"我能行"，他们的学习潜能就会如火山一样爆发出来。

正如本书中讲到的王金战老师，他曾经让一个被众多教师拒绝、家长放

弃、自己堕落沉沦、成绩全班倒数第一的学生考上北京大学。“我的眼里没有差生。”这是王金战常说的一句话。如果说他真能“化腐朽为神奇”，真有什么“点金术”，其答案正在于他对学生的赏识。再如，书中还讲到教出美国第一位黑人州长的小学校长皮儿·保罗，他用一句话改变了一个穷小子的人生轨迹，这无疑是一个有关赏识的教育奇迹。

一个人的成长，离不开赏识，赏识是人走向成功的最根本的途径，赏识教育是培养、诱导一个学生走向理想之路的金钥匙。赏识教育，能使学生插上想象的翅膀。每一位教师都应该赏识他的学生。一个孩子能不能成为天才，关键是看老师能不能像对待天才一样地爱他、期望他、教育他、赏识他。

三、教师的智慧从细节中来

一沙一世界，一花一天堂，一树一菩提，一叶一如来。

——［英国］布莱克

细节影响成败，细节也折射出教师的教育智慧。

优秀教师和普通教师的差别，并无想象中的那么神秘和复杂，却往往表现在教育教学中一些不易为人觉察的细节之中。

开学第一天，每一位教师都会用自己独特的方式度过。对于大多数普通的教师而言，一般的做法不外乎点名、打扫卫生、发新书、强调班级纪律等。这些做法没有任何不妥之处，但也没有任何创新之处，无法给学生留下一生值得回味的印象，更无法走进学生生命的深处。同样是在开学第一天，江苏海门的俞玉萍老师将女性特有的细心在班主任工作中表现得淋漓尽致。她抓住学生的名字，用心地根据每一位学生的名字内涵写寄语，在学生的心田上植一粒百合的种子。俞老师抓住了学生的名字，就抓住了学生的内心，将学生长期在家庭中濡染成的、对自己的美好愿望激发出来，让学生相信自己，相信班级，相信老师，相信在这个班级里，在这个老师的引导下，自己可以实现名字里包含的那个真实美好的自己。这是俞玉萍老师开学第一天一个不起眼的细节所达到的教育效果，这看似不起眼里的细节里有她十五年如一日的坚守。

书中讲到一位可以在开学第一天就能正确叫出每一位学生名字的老师，他叫阿莫纳什维利。他说：“如果我力图显示出自己对儿童真正的爱，我就必须以最完美的形式去显示它。”而开学第一天就一个不落地叫出每一个学生的名字，无疑是最完美的形式之一。

记住名字，看似一件小事，但要知道，一个老师不用看花名册，开学第一天就能把学生的名字脱口而出，对学生的心灵是很震撼的。它可以瞬间拉近和学生的距离，第一时间走进学生的心灵，得到学生的信任。

真正的教育，真正的教育智慧，藏在每一个不起眼的细节中。

四、教师的智慧从坚持中来

锲而舍之，朽木不折；锲而不舍，金石可镂。——《荀子·劝学》

一个教师，在自己的工作岗位上到底能取得多大的成就，这当然取决于运气、才气、时间等因素，但最不可缺的是教师个人的努力与坚持。这努力与坚持，蕴含着一位教师的教育智慧甚至人生智慧。

“成功无捷径!”这是第56号教室的座右铭，也是雷夫自己行事的座右铭。在他看来，没有人能够随随便便成功，一个人只有坚守自己的职业，投入和专注于自己的工作，才能创造出意想不到的奇迹。和我们大多数老师一样，雷夫老师的坚持和投入，也表现在时间上。在过去二十多年里，他坚持每天在一片漆黑之中，比正式上课的时间整整早一个小时到校，他坚持在第56号教室每天早上六点半便敞开大门；他用大量的时间和学生相处，就连寒暑假也几乎天天陪着学生学习……多年来，雷夫就这样沉浸在疯狂坚持与坚持之后的快乐之中，这其中，有他对教育如对宗教般的虔诚。

魏书生，为了实现自己的教师梦，坚持写了一百五十多次申请；做了教师、校长和局长后，坚守理想，坚守信念，坚守宁静，坚守常识，创造了“中国教育永远的神话”。

薛瑞萍，在“经历了一大圈后，发现自己最喜欢的地方，还是学校的办公室”。重返教师岗位的她，坚持积累自己的底气，坚守自己的梦想，今天已成为中国真正的草根名师。

有人说，成功路上并不拥挤，因为坚持的人并不多。任何一件小事，都会因为时间而增加自身的分量，就好像毛主席说的那句话：“一个人做点好事并不难，难的事一辈子都做好事，不做坏事。”时间在这里增加了事情本身的厚重感，这就是历史的魅力所在，也是坚守的难能可贵之处。

五、教师的智慧从改变中来

山不过来，我就过去。——《古兰经》

古今中外，任何时候，教师对学生的影响力都是巨大的。这种影响有积极的，也有消极的。一句鼓励的话，一个由衷的微笑，一个善意的眼神……都可能造就一个学生成功的人生。反之，老师的一句讥讽，一个冷漠的表情……则可能扼杀一个天才。

在实施新课改的今天，应该说教师的教育观念都得到了不断的更新。问题的关键是，我们教师能否发现自身存在的问题，并改变自身的教育行为。教师只有敢于正视问题，敢于“蹲下身子，放下身段”，不被“司空见惯、习以为常”的云雾所蒙蔽，并积极改变解决问题的思路，改变看学生的眼光，改变自己的教育教学行为，才能走进学生的心灵深处，为学生留下灿烂的阳光记忆。

书中讲到的汤普逊老师的故事耐人寻味。

许多年前，汤普逊老师对着她五年级的学生撒了一个谎，说她平等地爱每一个孩子！但这是不可能的，因为前排坐着泰迪——一个邋遢、上课不专心的小男孩，事实上，汤普逊老师很喜欢用红笔在泰迪的考卷上画大大的叉，然后在最上排写个“不及格”！

一天，汤普逊老师翻看每一个学生以前的学习记录表，她意外地发现泰迪之前的老师给的评语十分惊人。一年级的老师写道：“泰迪是个聪明的孩子，永远面带笑容，他的作业很整洁、很有礼貌，他让周围的人很快乐！”二年级的老师说：“泰迪很优秀，很受同学们的欢迎，但他的母亲罹患绝症，他很担心，家里的生活一定不好过！”三年级的老师：“母亲去世泰迪一定不好过，他很努力地表现，但父亲总不在意。若再没有改善，他的家庭生活将严重打击泰迪！”四年级老师：“泰迪开始退缩，对课业没有兴趣。没有什么朋友，有时在课堂上睡觉。”

此时，汤普逊老师才了解到泰迪的困难，且深感羞愧。汤普逊老师开始特别关注泰迪，而泰迪的心似乎重新活了过来。十多年后，在泰迪的婚礼上，汤普逊老师热泪满盈地告诉泰迪：“泰迪，是你教导我，让我相信我有能力去改变。一直到遇见你，我才知道该怎样教书！”

有人说，老师要做学生生命中的贵人。而这个故事中的学生泰迪，却成了汤姆逊老师人生的转折点，成为老师教育生涯中的贵人。教师，不一定是在最好的时光遇见学生，但一定是遇见了学生，才有了最好的时光。

一个教师走上三尺讲台，开始和学生打交道，开始自己的教育人生，无论是喜欢还是厌烦这个职业，都应该从汤姆逊老师和泰迪的故事中得到启示：作为一名教师，改变自己对待学生的言行，需要勇气，更需要智慧。

六、教师的智慧从期待中来

人类的一切智慧都包含在这四个字里面的：“等待”和“希望”。

——［法国］大仲马

魏书生有一个著名的 8 分的故事。一个学生考了 8 分，心里正打鼓，老师准会指着试卷劈头盖脸："怎么考的？就是瞎蒙也不止8分啊？"没想到新班主任魏书生真诚与惊喜地说："你一不听讲，二不写作业，三不看书，还能得8分，这是天赋啊！"谁听了这话不高兴，不愿意验证一下"天赋"呢？学生来了劲，成绩一步步提高了。

遇到学生交不出作业，很多老师首先是怀疑他是不是没有完成作业而故意在找借口，对他恶语相加，冷嘲热讽，于是这个学生渐渐地对这门学科、对这个老师心生恐惧。雷夫老师是怎么做的呢？当那个未交作业的学生急得像热锅上的蚂蚁翻看桌上的资料夹时，雷夫站在她身后，轻声地叫了这个学生的名字三遍，才说："我相信你呀！"并主动提出找三个同学帮她整理资料夹……在接下来的一整年里，那个学生再也不曾忘记带作业了。

魏书生和雷夫之所以能创造出一个又一个教育的奇迹，一个重要的原因就是他们用对学生的信任取代了学生对教师的恐惧。信任的力量远远大于恐惧的力量。学生恐惧老师，他是不得不去做；学生信任老师，他就会跟着老师心悦诚服地去做。这其间的教育差距，不言而喻。

教师对学生的信任中，有教师的耐心等待，更有对学生未来的期望，其结果是学生真的就成为教师所期望的那种人。这就是著名的"罗森塔尔效应"。它表明：教师对学生的智慧成就的预言，将会决定学生的智慧成就。

老师们，请对学生多一份期待。事实上，每个老师都可以用自己的关心和言行改变一个独特孩子的命运。而你，也会在学生的成长道路上惊喜地发现，你当初对学生的不经意的期待中包含着多么崇高的教育智慧。

七、教师的智慧从反思中来

一个教师写一辈子教案，不一定会成为名师；如果一个教师能写三年反思，就有可能成为名师。——叶澜

有人说，阅读、实践、反思、研究、写作，应该成为每一个教师专业发展不可或缺的重要因素。在阅读中积淀，在实践中发现，在反思中进步，在研究中成长，在写作中升华。假使一个教师不喜欢阅读、不勇于实践、不乐于反思、不善于研究、不勤于写作，那么，他的教学生涯肯定是难以获得进步的。

我是很赞成这种说法的。其中，反思作为连接阅读、实践与研究、写作的纽带，显得尤为重要。一位善于反思的教师，一定是一位极具教育智慧的教师；一位善于反思的教师，才有可能将自己的教育智慧进行总结、梳理，与他人分享。

这本书中讲到的一位从农村民办教师成长为山东省特级教师的朱良才老

师，就是一位具有反思智慧的教师。

朱良才有一个“野心”，就是要把自己的书放到别人的书架上，让所有的人共享。为此，他除了参加函授学习，还想方设法尽可能多地阅读教育杂志、教育名著，读书、记笔记、进行反思时刻陪伴着他。就这样，在学习中反思，在反思中学习，他的处女作《小学数学板书设计及其应用》一书正式出版了。随后，他的《让爱创造教育的神话》《理想课堂》等多部专著相继出版。

余映潮，一位从田垄上走出来的闻名全国的教学大师，也是一位善于反思、总结的老师。他把自己处理教材的艺术和对课堂教学中“简与丰”的把握，归纳为六种方式，即一课多篇、长文短教、难文浅教、短文细教、浅文趣教和美文美教。与其说这是他的教学艺术，不如说这是他在无数次实践之中经过反思而提炼出来的教育智慧。

一本好书，能启迪人的智慧，涤荡人的灵魂；一本好书，犹如一泓清泉，清爽甘甜；一本好书，仿佛一面镜子，时刻映照着自己，并给智慧以指引。《今天，可以这样做教师》就是这样一本好事，一本“活”的教育学著作，值得每位教师细细品味。

第二节　吾爱吾师

五年全科一先生

几年前就想写一点儿有关启蒙老师余老师的文字，但岁月无情，儿时的记忆模糊零散，抑或是表达水平捉襟见肘，一直搁浅。这次，随意而真实地记下那段无邪的学习生活的点滴，以此献给教我了整个小学五年的余老师。——题记

七岁那年，我走进了我们村所在的高尚塆村小，开始了五年的小学生活。

这是由旧式的农家四合院改建而成的学校。学校三面环山，前面是一片水汪汪的农田。进入一道大门，一块长方形的石头铺成的地坝，算是我们课间活动的地方，上体育课的操场要走出大门向左走大约300米。四合院四面是教室，有六七间吧，往右前方上两级台阶，就是我们的教室。教室左边是另一间教室，室内前后门相通，右边一墙之隔则是有农家居住的屋子。记忆中，课堂上，不时清晰地传来隔壁教室老师讲课的声音，或是农户人家做家务、大声拉家常的声音，更常有农户家的小猪钻进教室，在课桌下跑来蹿去，惹得大家哄笑一片。

就是在这里，我度过了五年小学时光，教了我们五年语、数、音、体、美、劳兼班主任的就是余老师——我的启蒙老师。

那时余老师四十来岁，精神焕发，经常穿一身中山装，秋冬时节喜欢戴一顶帽子，时常戴一副近视眼镜，爱抽烟，走到跟前，会闻到一股淡淡的烟草味。他常年咳半声嗽，不见其人，先闻其咳嗽声。

余老师是村小少有的公办教师之一，当时人们都羡慕地说他是"吃公家饭的"，但他一点不摆架子，待人温和，与人交谈时常发出爽朗的笑声，表扬学生时总带着微笑。记得有一次，懵懂、幼稚、难得受表扬的我，终于被余老师当着全班同学表扬：你们回家向家长要学费钱就要学习胡文东这样，爸妈不给就哭着要……原来，每学期开学我们都是先上学读书，大约2.8元的学费开学后慢慢交，有的同学要拖到期末才交。听余老师说，他是用自己的工资先垫支

学费交到上面，我们陆陆续续交给他的学费相当于他微薄的工资，于是隔三岔五催交学费就成了他常常提及的事。原来在这次表扬之前，余老师在路上碰到我母亲，母亲肯定是想了解我学习表现如何，余老师说我交学费比其他同学交得早一些，母亲便把我要钱的诀窍——在家里哭着要钱、不给钱就不去上学的“家丑”说给了余老师，于是就有了课堂上余老师的那一翻表扬。其实，当时我并没有感受到表扬的满足与自豪，反而有些难为情——哭闹着要钱说不上光彩。尽管如此，这次少有的表扬仍令我至今难忘。

一天下午，大约是因作业错误多，放学后我和其他一些同学被留了下来。趁那些同学围着余老师，我竟偷偷逃出了教室。第二天上课，我提心吊胆地走进教室，在琅琅的读书声中，余老师似乎并没注意我。噫，余老师并没发现我昨天逃学了！正当我暗自庆幸时，只听余老师大声叫道：“胡文东，站起来，你昨天……”余老师批评的话，我早已忘了，但从那次我悟出个道理：做了错事暂时未被发现，沾沾自喜，早晚也会东窗事发。

有一次，全乡要组织作文比赛，班上要选两名学生到乡中心校参加现场作文比赛。出乎意料的是，余老师竟然宣布我和另一名姓代的同学代表班上参赛。记得作文比赛的题目是《一件有意义的事》，我不知写什么，更不知如何写起，紧张忙乱之际，我胡乱编写了一件事，大约是上山割草，摔了一跤，鼻子流血的事。因为并非真实经历，写了几行就写不下去了，鼻子的“鼻”字也不会写。结果可想而知，我没有获奖，而另一位姓代的同学获得全乡一等奖，为班上争得了荣誉。余老师很高兴地在班上大张旗鼓地表扬了他，并当众读了那篇获奖作文的内容，大概是这位同学写了自己帮助一位老人的故事。同学们都知道，事情是虚构的，余老师也应该知道。“……不像有的人，写了豆腐干那么大一块，还有错别字……”余老师未指名道姓，但我知道，自己该受批评，谁叫我那么差劲儿呢？现在回想起来，还得感谢余老师给我机会，更感谢他，没有点名批评我，保护了我的自尊心，尽管大家都心知肚明“有的人”是谁。

中师毕业后，我分配到本乡中心校当老师，余老师也早就离开了高尚塆村小来到中心校任教。不到十年光景，感觉余老师老了许多，身体尚好，还是抽烟，仍然轻微咳嗽，但他自己及家人和同事都没太在意。一次，我试着问他的生日，他顿时明白了我的意思，微笑说：“我们都是‘解放牌’，不讲究这个！”令人永远遗憾的是，我没再追问，直到他在临近退休的前一年因肺癌去世，我也不知他的生日。如果当时我下决心一定要知道他的生日，即使他不说，也应该有别的办法。

如今四十多年过去，余老师的音容笑貌、举手投足，永远定格在记忆深处。那次表扬，那些批评，那次对话……都成为美好的回忆，潜移默化地影响着当教师的我。

岁月悠悠，余老师的启蒙之恩难以忘怀。

那一杯滋润心田的水

光阴如漏沙，一点一滴从谈笑风生间、俯首低眉处悄然流逝。有些人有些事，如沙滩上的名字，被生命的浪潮卷走，不留痕迹；而有些，却永远留在我心灵的深处，历久弥新。——题记

这是一件发生在二十多年前的事了，可现在还记忆犹新。

那时，十多岁的我在我们村的高尚湾小学毕业后继续读初中。虽然那是一所简陋的乡村学校，只有两幢用石头砌成的房子——一幢是教学楼，另一幢是老师的办公室兼教师厨房，周围是树林和种满庄稼的田地。但是，这里留给我的记忆绝不仅仅是石头砌的房子、石头做的课桌椅、坑坑洼洼的泥土操场。那时，教我们语文兼班主任的张锡联老师留给了我一段美好的回忆。

张老师，二十来岁，据说是刚从县城高中毕业回来当民办教师的，不但语文教得好，而且吹、拉、弹、唱样样都能露一手。在他的影响下，我们班的很多学生都对音乐产生了浓厚的兴趣，在放学回家的小路上，常常能听到我和小伙伴学吹笛子此起彼伏的声音。

记得那是快放暑假前的一天，张老师对我说："你那么爱看书，我的兄弟那里有许多对学习有帮助的书，赶集的那天你到社坛场来拿吧。"我很高兴地答应了。

到了和张老师约定的那天早晨，我起得早早的，妈妈特意让我穿上了那件新买的格子衬衫。七月的天气，太阳火辣辣的，我走了一个多小时的路，终于来到了场上。按照张老师说的地方，在马路边，远远地，我就望见了那个熟悉的身影——头戴一顶草帽，身穿一件灰白色的短袖，背上还背了一个背篼。我快步来到张老师跟前，才发现，原来那个背篼里装的全是书，沉甸甸的。

张老师见了我，非常高兴，急忙放下背篼，擦了擦额头上的汗珠，笑着对我说："这是我那个在城里读初中的兄弟读过的书，他现在已经考上师范了，你随便挑几本吧。"说实话，除了在乡场上的那个小书店里隔着玻璃看到过较多的书，我还是第一次"零距离"接触这么多的书，真让我有点眼花缭乱了。在张老师的帮助下，我从背篼里那些虽旧却一点儿也没有破损的书中挑选了两

本。书名我已记不清了，只记得一本是语文方面的书，另一本是几何方面的书。

临走时，张老师走到旁边卖凉水的小摊前，喊道："来，喝杯凉水，天太热了!"我清楚地记得，当时我是犹豫了一下的，心想：怎能让老师请我喝凉水呢？直到现在，我都觉，当时就应该让我来请张老师喝凉水的。我摸了摸兜里的几毛零花钱，但终究没能拿出来。张老师付了凉水钱，见我站着不动，催促我："快喝啊，解解渴!"于是，我端起水杯，一饮而尽。顿时，那凉凉的、甜甜的水滋润了我干渴的喉咙，流遍了我的全身，刚才的紧张感一下子没有了。

应该说，那杯普普通通的凉水，在那炎炎夏日给我带来的只是一时的惬意，然而，张老师送给我的那两本书，在那个缺少精神食粮的农村，绝不逊于雪中送炭，让我受益终生。

我是幸运的，在那所简陋、偏僻的乡村学校，我遇到了这样一位属于我的世界里最好的老师。也就是从那时开始，我就喜欢买书，更喜欢读书；后来当了老师，也不时把书借给学生，或者送书给学生，这些恐怕都与张老师对我的影响是分不开的。

二十多年来，那个炎热的夏天，那杯甜甜的凉水，那两本厚厚的书，那个背着一背篼书的身影，一直萦绕在我的脑海。

后记：遗憾的是，听说因为一些原因，张老师终究没能像其他有的民办教师那样，转为公办老师，当然也早就不当老师了，当然也不可能读到这篇小文。

关于烟盒纸与荷花的故事

十五岁那年，我在我们村的学校读完小学和初中，参加中考。当时的初中毕业生，只有极少数能考入高中或中师、中专继续读书，绝大多数人都只有回家务农一条路。我毫无悬念地属于大众系列。

与同村同年的小伙伴相比，我是幸运的，我并没有就此务农，这都源于我父母的远见，抑或是他们担心我干不下来农活的缘故。要知道，那时读书的学费完全得一分一分挣。即便如此，他们找到在邻近的仁沙乡中心校教书的四伯父帮忙，于是我才又开始了两年复读的学习生活。

四伯父是一名美术老师，据说原来在外地教书，在那个特殊的年代被当作"右派"打倒，回乡劳动改造，受批斗，被抄家，后来平反恢复名誉和公职，又继续当老师，是当时远近有名的文化人，书法、素描、国画都很厉害。那时，美术是副科，学校和学生是不重视的，他的书法才华主要用于为学校和乡政府义务写大字标语，或是逢年过节、红白喜事，为邻近的乡亲写对联之类的。

学校离家比到之前上学的村小远多了，大部分都是沿着公路走，步行要一小时左右，每天早出晚归，下午三四点钟才回家吃午饭。这样艰苦的学习生活于我而言，却是很快乐的一段时光，我如饥似渴地学习，充实而专注，心无旁骛，各学科成绩"突飞猛进"，每次考试几乎都是第一。这都是因为我在这里遇到了我生命中的贵人——教语文兼班主任的熊老师。

初见熊老师，他年轻，英俊，儒雅，亲切，不时微笑。后来听同学说他是师专中文系毕业，分配到这里来教书的。后来考上师范和参加工作后，我和熊老师有一些来往，然而，回想在两年的学习生活中，给我留下深刻印象的却是几件小事。

记得初次上课，熊老师这样做自我介绍："我的名字经常出自国家领导人的讲话和文件中……"他卖关子，我们吃惊，国家领导人都喊他的名字？还没待我们反应过来，他笑着说："你们看，那些大人物开会讲话中是不是经常讲关于什么之类的话？这其中就有我的名字。"我们恍然，我们哄笑。原来他名字的后两个字与"关于"同音。第一次，我领悟到语言的魅力，话还可以说得这么有趣。

一次上课，熊老师踩着铃声进教室，奇怪的是，他并未像平时那样拿语文书或讲义，而是拿着一张展开抹平的烟盒纸，隐约可见白色纸面写了一些字。这节课好像讲的是现代汉语语法——词组的构成，他就凭着这张烟盒纸，给我们上了一堂生动的语文课。第一次，我领悟到，教师上课，只有教案在心中，学生才会在眼中。

两年中，我的作文是否被熊老师当作范文在班上朗读过，表扬过，我不敢肯定。但至今我清楚地记得，那篇我"写"的作文《荷花赞》，被熊老师用毛笔抄在一大张白纸上，题目下面写着我的名字，张贴在校门外墙的宣传栏上。这个宣传栏，是学校唯一且街上过往行人"点击率"很高的宣传窗口。一想到我的名字要被那么多人看到，那篇文章要被别人读到，兴奋且不安，因为这篇文章至少90%的文字是我从一本作文书上"参考"来的。那年月，书少得可怜，同学们"不识庐山真面目"，熊老师应该知道并非我原创。他不但没批评我"抄袭"，反而以这种方式肯定我、鼓励我。事实上，从此后，本来爱读书的我，读书兴趣更浓，那朵"采摘"来贴在墙上的"荷花"，渐渐在我心中绽放，越开越艳。第一次，我领悟道，在学生面前，老师有时要看破而不说破，要顾及学生的自尊心。正如泰戈尔所说：“不是锤的敲打，而是水的载歌载舞，使鹅卵石臻于完美。”

当了几十年教师，我现在回想起来，熊老师的幽默风趣、渊博学识，对学生平和亲切，赏识激励，是为师之道，也是为人之道。

感恩我生命中的贵人——熊官于老师。

三问一数一启蒙

有些节日，是用来放假的；有些节日，是用来庆祝的；有些节日，是用来回忆的。今年的教师节，不放假，可庆祝，于个人而言，更多的则是回忆。

如今的孩子，刚上幼儿园，刚上小一，上初一，上高一，甚至上大一，学校似乎都煞费苦心举行“迎新”仪式。在初中、高中、大学校园，学校除了会在显目位置挂一幅简朴的欢迎新生的标语外，一般还要组织一次时间大约一周、令学生刻骨铭心的校内或校外军训。幼儿园和小学的校园，迎新氛围则显得隆重而热烈：滚动的欢迎字幕、鲜红的地毯、供孩子和父母拍入学纪念照的留影墙……令小孩子和家长倍感亲切和温馨。

我上初中时，有欢迎标语和军训吗？当然没有。上中师时，校园是否有欢迎标语，我已经不记得，但可以肯定的是，军训是没有的。在那还没有听说过幼儿园、新生和军训的时代，有一位老师，为快要上一年级的我留下了一段温暖而美好的记忆。这位老师就是当时在我们高尚湾村任教的代朝廷老师。

印象中，代老师似乎并未教我们什么课，抑或是教过什么课但记不得了。但那个上午的情景至今历历在目……

那年六月的一天，正是我们村当年九月将要上小学一年级的孩子报名的日子。按照父亲的计划，这天一大早，他要趁天气凉快的时候，先到地里干一些农活后才带我去学校报名。我当然是早就盼望着这一天，一大早就起了床等待着。可是，当我看到院子里、生产队里的哥哥姐姐们背着书包欢天喜地地去上学时，心里就有些痒痒，感觉时间过得太慢了。特别是从屋后大路上传来的集结号——“走，去读书了！”“快点，去报名了！”更令我急不可待，便自作主张跟着他们朝学校跑去。

来到学校，经大伙伴的指点，我来到了一间正在报名的教室。教室不大，里面的桌椅破旧而且歪歪斜斜，一缕缕阳光从两扇窗户照进教室，教室真明亮。黑板前、讲桌后，坐的便是代老师，有几个报名的学生围着他。我和另外几个同来报名的小伙伴站在稍远处等待着。

轮到我了，我走到代老师跟前，只见他慈眉善目，满面笑容地先后问了我三个问题：你是哪个生产队的？爸爸妈妈叫什么名字？你今年几岁？这三个问题相当于查户口，我都一一回答正确。其实，代老师这几个问题，除了第三个问题，其他两个都是明知故问，因为代老师家和我家隔得不远，我父亲和他也是知根知底的乡里乡亲。三个问题之后，才是正式的“考验”——数数。代老师面前的桌子上摆着一小堆用高粱秆做成的小棒。据说，如果是不会数数的孩子，老师可以不给报名。于我而言，当然不会有问题，我的父亲和母亲早就反复教我数数，我大概可以从 1 数到 20。或许是我回答问题答得好，或许是代老师不好为难我，或许看我在报名的孩子中年龄偏小，总之，代老师竟从那堆高粱秆中取走了几根，让我数剩下的秆子。这明明是降低了数数的难度，我当然是一口气数得又对又快。我猜想，当时代老师脸上一定是又一次绽开了笑脸的。就这样，我人生中的一件重大事件——小学入学面试大功告成。

那个上午，有阳光照耀，有一路欢笑，也有自作主张后的得意。

回到家，记得父亲并没有责怪我没等他带我去报名，只是问了我报名的情况。

现在想起来，代老师给我量身定做的“三问一数”，特别是针对不同孩子数不同的数，这看似不经意的小小举动，是因材施教，还是为了给年幼的我们以自信心？

那一个上午，那一间教室，那一缕阳光，那一抹笑容，特别是那几根高粱秆，将永远定格在我记忆最深处……

不带头劳动的数学教师不是好校长

中师三年，我有幸得到很多位恩师的指点，他们为人师表，兢兢业业，或幽默风趣，或学识渊博，或治学严谨，或平易近人，给如饥似渴的我们以雨露甘霖，至今都铭记于心。这里，我单说冉广柏老师。

冉老师，个子不算高，身材偏瘦，衣着很朴素，几乎都是着中山装，微笑常挂在脸上。他是师范学校的一把手校长，同时任教我们一个班数学。就这一点，就让人肃然起敬。我们一般都不叫冉老师，而是叫冉校长。

记得进入师范的第一节数学课，大概学的是微积分。冉校长讲课思路清晰，语言干净利落，教态亲切，讲到关键处常常眯着不大的眼睛直视着你，弄得我不时紧张起来。虽然我中考数学成绩只差 1 分就是满分，可不知怎么了，这节课我却听得似懂非懂。做课堂练习时，他当然是不停地巡视，并时不时个别点拨一下，以便从我们的练习中反馈他的教学效果。当他来到我座位旁时，有些胆怯的我只顾埋头写算，心里怦怦直跳。“你怎么这样做？刚才我怎么讲的？”冉校长指着作业本，几乎是质问我，声音不大，但却严厉。我还没来得及说什么，他接着说道：“像你这样乱做，我开除你哈！”什么？一道题不会做就要被开除？好不容易考上的中师就这样没了？顿时，本来就胆小的我脑子一片空白……接下来，他还说了啥，这道题是怎么会做的，已经忘得一干二净。值得一提的是，后来直到中师毕业，我的数学是班上学得最好的。

从此，冉校长在我心中成了“严校长”。后来，从同学口中得知，而且我也慢慢发现，他其实是一位刀子嘴、豆腐心的人。

那时，关于冉校长，有许多故事。其中流传甚广的是关于他的“老子北大儿清华”的典故。原来他的儿子在高考恢复不久，从一个小县城考上清华大学，当然很轰动，他这个父亲肯定是而且也应该是可以扬眉吐气的。后来他本人又被学校派到北师大脱产学习过两年，于是就有了“老子北大儿清华”的说法。有人挑刺说，儿子上清华不假，老子上的不是北大而是北师大。但无论如何，他无疑是可以为此引以为自豪的。

不过，真正改变他给我的印象的，却是在学校新校区的劳动。那时，我们这届中师第一学期在位于丰都啤酒厂的老师范只读了半学期，半期考试后就整体搬到离县城近很多的新城。老师范离县城太远，我们只有周末才可以进城逛一逛，但那里树木成荫，环境幽雅，是学习的好地方。我们刚搬到新校区时，记得只修好了教学楼、宿舍楼和食堂，校园中间一大片土坡，说是运动场。从到新校区后大约一年的时间，好像每周两节体育课，几乎就成了劳动课，平整、修建运动场的重任就成为我们参加劳动教育的重要实践。挖土、挑土、平地，双手磨起水疱，肩膀压得红红的，从家里带的一把铁锄也在劳动中被折断……不过，每次体育劳动课，冉校长几乎都参与其中，带头劳动，和我们有说有笑，似乎劳动也并不那么累。终于，学校宽阔平坦的运动场呈现在我们面前。

现在每想起当时劳动的情景，他矮小的身材在我心中就越发显得高大。原来，他不只有在数学课上的严厉，也有在劳动课上的谈笑风生。我没有目睹过他如何备课、如何处理行政工作，但他与我们一起劳动的场景在脑海中挥之不去。

这，就是我的中师数学老师，师范学校的校长。你们见过这样的老师或校长吗？

一本影集

绿叶，不忘根的深情；小草，不忘大地的挚爱；花儿，不忘阳光和雨露。我，一名小语教师，又怎能忘却小语会的培育？——题记

在我的抽屉里，放着好几本影集，其中有一本普通得不能再普通的影集让我觉得最为珍贵。这是我第一次参加县级教研活动——丰都县小语教师"我的课堂教学"活动的纪念。

每次翻开这本影集，那次上课的点点滴滴就会浮现在我眼前……

那年秋，我代表我所在的红星乡参加社坛区小学语文优质课比赛。说实话，我虽教了三年多的小学语文，在乡里上过几次公开课，但参加全区组织的竞赛活动，还是第一次，当时心里真好比十五个吊桶打水——七上八下。

本来，我已选定了参赛课题是叶圣陶的诗歌《瀑布》，并认真备好了课，在学校也试讲了几次。可到了区上，抽签确定上课顺序后，一位我认识的有教学经验的同行提醒我说，诗歌的教学重在引导学生入情入境的朗读和体会，上公开课不容易成功。他说得那么认真，那么在理，我感觉得到他的真诚，同时觉得时间还来得及，因为我抽签是最后一个上课，离上课还有两天时间，我一时兴起，竟"临阵换枪"，决定改上《我爱故乡的杨梅》一课。我把自己关在小旅馆里，认真钻研课文，精心设计教学环节。

也许是"初生牛犊不怕虎"吧，记得正式上课时，我似乎一点也不紧张。课堂上的具体情景我记不太清楚了，只记得我临上讲台时，有一位素不相识、年过半百的老师对我说："你来收头结个大瓜!"当时，他也许是无心说这句话，但是，这句话永远留在了我的记忆深处，至今仍然温暖着我。

我后来才知道，这次比赛是全县开展的"我的课堂教学"活动的片区竞赛，将选拔一名教师参加全县的比赛。我还知道，那位善意提醒我的同行是县小语会会员，那位给我鼓励的老者是县教研室的一位老师。比赛结果，我虽然只获得第二名，但我已很满足，并从内心感激那些给予我指点和鼓励的人。

时隔不久，我荣幸地以会员的身份加入了丰都县小语会第四届学术年会。也许就是从那时开始，我便与小语会结下了不解之缘。后来，在丰都县小语会成立二十周年之际，我更有幸被推选为第九届小语会理事长。

如果说，小语会是一棵树，我，就是树上的一片绿叶……

夜空中最亮的星

一个孩子每天往前走，他当初看见的是什么，那么它就会成为他的一部分。一个即将走上讲台的师范生，他实习时经历了什么，那么它也许会成为他职业生涯的一部分。——题记

读中师的最后一学期开学不久，我们班的同学都到我们县城最好的小学——城二校（后改名为丰都县实验小学）实习。我和另三名同学有幸被安排到陈天艳老师教的四（1）班实习。

陈老师人如其名，有一种自然、朴素的美。大约30岁的她，着一身得体的职业装，头发自然地束在脑后，一口标准、有磁性的普通话，一双淡定而灵动、坚定而亲切的大眼睛，显露出作为人民教师才特有的那种端庄、优雅与落落大方的气质。

陈老师给我们上的第一节示范课是一堂阅读课——《穆老师的眼睛》。这篇课文曾是人教版的经典课文之一，讲的是穆老师的眼睛会说话，或赞许，或鼓励，或严厉。记得上课前，陈老师站在小板凳上，尽量把课题板书在黑板最上面的中间位置，以便留出更多的板书空间。她握粉笔的姿势优美，书写时一丝不苟，几个漂亮、清秀的粉笔字一气呵成，出现在黑板上。我们静静地看着陈老师是如何做课前准备的，都惊叹于她写的一手漂亮的板书字，以及课前准备的认真劲。从那时起，直到现在，这节课上陈老师的板书设计及粉笔字，如黑夜中闪耀的星星，指引我作为一名教师，该如何练好教师基本功。

陈老师的这节课怎么引入、提了什么问题、学生发言的情况，说实话，是早已记不得了，但陈老师上课时的那双眼睛，正如课文中那位老师的眼睛一样会说话。她时而向学生投以赞许的目光，时而是鼓励的眼神，有时也有严厉的目光。

实习期间，我们听学校的校长讲，学校原本没有安排陈老师当班主任，是陈老师主动要求当班主任的。这对于当时初出茅庐的我们而言，有些不可思议，但更多的是佩服，因为我们早就听说，要当好班主任是很有挑战性的。后来听陈老师说，她之所以要这样做，是因为她觉得当老师就要担任班主任，才能真正体验到当老师的乐趣。这样类似的话是参加工作多年后，才从魏书生老师的书中读到。

实习结束前，班上的学生也许是受到陈老师的暗示，给我们准备了一件件

小礼物，陈老师也给我们每人送了一本硬面抄笔记本，扉页上留下了她如同粉笔字一样隽永、如行云流水般的钢笔字。陈老师利用课间或中午休息时间，组织一组又一组学生在校园，或在学校旁边的公园与我们四名实习生合影，还特地把全班学生带到灯光球场，请专业摄影师拍了全班大合影。照片上"师生情谊，永存常在"八个字表达了我们和陈老师及全班学生的心声。这些珍贵的黑白照片，有的已发黄，但我至今仍珍藏着，珍藏着这段美好的人生经历。

陈老师也许知道，我们这几个从农村出来的、即将成为教师的师范生，面对讲坛，面对课堂，面对几十个学生，缺乏自信，缺少方法，是多么的胆怯与茫然，是多么需要鼓励、指导，所以她从没有高高在上，从没有流露出对我们的嫌弃或不耐烦，而是时时、处处给予我们关心和指导。我记得，陈老师从如何备课写教案，如何上课，如何做好课堂组织教学，如何布置作业，如何评改作业，如何与学生相处，如何处理学生间的纠纷，如何与家长打交道，等等，她都一一悉心指导、善意提醒、耐心解惑，并时时以身作则，给我们做出良好的示范。当然，在短短两个月的实习经历中，我们收获的不仅仅是找到了如何当一名好老师的努力方向，而且还从陈老师对我们的包容、尊重和理解中，懂得了许多为人处世的道理。

参加工作后，我也曾多次带师范实习生。我时时记住陈老师带我的那段温暖、美好、影响了我一生的实习时光，并把她给我们的示范、引领和许多无声的影响，传递给我的实习生们。

迷茫的黑夜中，感恩有您这颗最亮的星——我的实习指导老师陈天艳老师！

附录　主要教学业绩

【论文发表】

1.《阅读课结尾八法》发表于《教改探索》，1991

2.《农村小学少先队活动的三步曲》发表于《教改探索》，1992

3.《巧解“负荆请罪”》发表于《小学语文教学》，1997

4.《优化教学结构，展现训练过程》发表于《教改探索》，1997

5.《会学·学问·乐学》发表于《青年教师》，1999

6.《语言文字训练渗透思想教育方式种种》发表于《重庆教育》，1999

7.《小学语文“导学四段式”教学方法简介》发表于《青年教师》，1999

8.《读写教学中的思维策略训练》发表于《青年教师导报》，2000

9.《教学生会学·学问·乐学》发表于《重庆教育》，2000

10.《祖国妈妈我爱您》发表于《小学教学设计》，2000

11.《语文教学中创新能力的培养》发表于《交流与协作》，2000

12.《“我能行”少先队主题活动方案》（合著）发表于《小学教学设计》，2001

13.《在语文教学中落实学生的主体地位》发表于《创新学习》，2002

14.《把学生的主体地位落到实处》发表于《青年教师》，2003

15.《聆听花开的声音》发表于《小学青年教师》，2004

16.《两份特殊的用稿通知》发表于《小学作文创新教学》，2005

17.《那一杯滋润心田的水》发表于《中国教育报》，2005

18.《老师，您给妈妈洗过脚吗?》发表于《教学随笔》，2006

19.《惩罚的艺术》发表于《教学随笔》，2006

20.《作文教学呼唤童真与童趣》发表于《教育随笔》，2006

21.《多一些宽容，少一些误解》发表于《教育随笔》，2006

22.《用爱心育人》《做真人，教真人》《人生三境界》等4篇发表于《师路心语》，2006

23. 《落实"双基"训练，达成"双性"统一》发表于《时代教育文萃》，2007

24.《教师微型课题研究管理方案》发表于《校本教研》，2007

25.《难忘的三句话》发表于《教学随笔》，2007

26.《两份特殊的用稿通知》发表于《小学教学（语文版）》，2007

27.《让情商故事伴随学生成长》发表于《教学随笔》，2009

28. 《小学中高段学生习作双向互动评改成果报告》发表于《校本教研》，2009

29.《自主阅读，有一个"疑"字了得》发表于《为生命而教育——名优教师教学风格录》，2010

30.《变通，凸显教学建模生机》发表于《四川教育》，2010

31.《先玩后写，水到渠成——三年下册单元作文指导》发表于《作文精选》，2010

32.《如此创设情境，不要为好》发表于《小学语文教学》，2010

33.《如此创设情境，还是不要为好》发表于《小学语文教师》，2010

34.《无论……都……》发表于《德育报》，2010

35.《"问题—研读"阅读教学模式》发表于《构建生命课堂——小学语文阅读教学模式范例》，2012

36.《体验角色，享受教育》发表于《生命的觉醒——教育叙事与行为智慧》，2013

37.《教师的教育智慧从哪里来》（合著）发表于《中国教师报》，2013

38.《愿景追寻：团队行走不可或缺的牵引力》发表于《教育科学论坛》，2015

39.《在对比中读悟，让言与意兼得》发表于《教育科学论坛》，2015

40.《构建小学"大科创"教育的实践研究》（合著）发表于《教育科学论坛》，2016

41.《一双毡靴，左右课堂》发表于《疑思导学：课堂变革的思与行》，2017

42.《教师发展：基于视角转变的教师发展》（合著）发表于《走向高品质学校理论探索篇》（小学卷），2019

44.《求解生命"自由生长"的密码》（合著）发表于《走向高品质学校实践范例篇》（小学卷），2019

45.《抗疫保学，机制先行》（合著）发表于《教育科学论坛》，2020

46.《构建 STEAM 课程体系，促进生命自由生长》（合著）发表于《四川教育》，2020

【课题研究】

1. 主持研究国家自然科学基金科研项目、国家“九五”课题《儿童解决问题思维策略的发展》子课题《语文教学中培养学生创新思维能力的实践研究》获 2001 年总课题组优秀科研成果评选一等奖

2. 主持研究自选课题《小学中高段学生习作双向互动评改初探》获成都高新区第三届普教科研成果评选一等奖、中国教育学会 2006 年优秀成果评选一等奖

3. 主研市级规划课题《运用网络平台促进教师进行反思性教学的实践研究》获 2011 年成都市科研成果二等奖

4. 主研市级规划课题《构建小学“大科创”教育的实践研究》获 2015 年度成都高新区优秀教学成果一等奖、成都市优秀教学成果二等奖

5. 主研中国教育学会专项课题《儿童“虹”课程的体系建构》获 2017 年度成都高新区优秀教学成果一等奖、成都市优秀教学成果三等奖

6. 主研教育部重点课题《疑思导学教学模式的实践研究》获 2017 年四川省教育科研课题研究阶段成果评选一等奖

7. 主研区级立项课题《基于新教师的导师跟踪培养的实践研究》获成都高新区 2017 年优秀教学成果二等奖

8. 主研区级课题《新时代背景下小学劳动教育的实践研究》于 2018 年 9 月立项

9. 主研市级课题《“生长型”教师文化的建构与实践研究》于 2019 年 9 月立项

10. 主持研究区级课题《基于文体意识的小学语文阶梯阅读的实践研究》于 2019 年 9 月立项

11. 主研区级立项课题《基于“一带一路”背景下的小学国际理解教育实践研究》获成都高新区 2020 年小专题研究成果评选一等奖

【出版书籍】

1.《小学语文助读》，编委，贵州人民出版社，1994

2.《小学作文教案》，编委，西南师范大学出版社，1995

3.《小学活动课设计》，编委，西南师范大学出版社，1999

4.《小学语文导与练》，编委，新疆柯文出版社，2001

5.《暑假大课堂——小升初过渡衔接教程》，编委，西南师范大学出版

社，2001

6.《学生安全常识》，编委，西南师范大学出版社，2002

7.《创新同步习作》（北师大版四年级语文上册），编委，延边人民出版社，2005

8.《特高级教师教案 1+1》（北师大版三年级语文下册），编委，北京工业大学出版社，2005

9.《创新同步习作》（北师大版四年级语文下册），编委，延边人民出版社，2006

10.《师路心语》，编委，四川出版集团，2006

11.《时代少年文萃》，编委，时代影视杂志出版社，2007

12.《小天鹅杯青少年获奖作品集》，副主编，中国广播电视出版社，2007

13.《构建生命课堂——小学语文阅读教学模式范例》，编委，四川大学出版社，2012

14.《轻松学习丛书——轻松 15 分达标作业名师精编》（北师大版小学语文五年级上册），主编，四川师范大学电子出版社，2012

15.《轻松学习丛书——轻松 15 分达标作业名师精编》（北师大版小学语文五年级下册），主编，四川师范大学电子出版社，2012

16.《轻松学习丛书——轻松 15 分达标作业名师精编》（北师大版小学语文六年级上册），主编，四川师范大学电子出版社，2012

17.《轻松学习丛书——轻松 15 分达标作业名师精编》（北师大版小学语文六年级下册），主编，四川师范大学电子出版社，2012

18. 《生命的觉醒——教育叙事与行为智慧》，副主编，四川大学出版社，2013

19.《探究在体验中漫溯——小学生小课题研究成果汇编》，副主编，四川大学出版社，2014

20.《疑思导学：课堂变革的思与行》，主编，四川大学出版社，2017

21.《魔方作文》（小学五年级），主编，四川人民出版社，2019

22.《让每一个生命自由生长》，编委，西南交通大学出版社，2020

后记 “疑”路有您

1986 年中师毕业参加工作后，在同事的影响下，我参加了四川省高等教育自学考试，先后取得了汉语言文学专业专科和本科毕业证书。1991 年，我的第一篇文稿《阅读课结尾八法》在省级刊物《教改探索》（后更名为《四川教育学院学报》）上发表。从那时起，阅读与写作的习惯伴随至今，虽然并未因此给自己的人生带来多大改变，但是，静静地读读，随性地写写，对身为教师的我，无疑是有益的。

但我从未想到自己要编写一本书。

一个暑假，整理家中电脑时，发现里面的“东西”还不少：有之前发表或获奖的教育教学论文，也有未曾发表的教学反思、教学随笔或教学设计……同时，我想起还有一些文章是来成都时带的纸稿。翻箱倒柜，找出那些发黄的打印文稿，输入电脑。遗憾的是，那篇《阅读课结尾八法》没有找到。只记得当时读教学杂志时，发现很多文章都在讲阅读课如何开课的问题，强调“好的开头是成功的一半”，我便萌生了写一篇阅读课如何结课的文章，提醒大家阅读课要避免“虎头蛇尾，不了了之”。八种结课法，每一种方法都是采取“观点＋举例”的结构进行论述。“观点”即是给每一种方法下个定义，做个解释，大都是“借鉴”他人的说法；“举例”则是自己在语文教学中的一些真实案例。

数了数这些或长或短，或新或旧，或学校“逼”着写，或自己随性落笔的文章，竟有上百篇。于是，自己编写一本书的念头在心中渐渐萌生。

其实，在这之前，我作为编委，或副主编或分册主编，参与过好几部教育成果专著的编写。我也曾把自己的文章汇编成册：2015 年，汇编了《七色花开》系列丛书之一《绿肥红瘦——小学生优秀习作集》，其中主要收集了近十年所教班级学生的优秀习作六十余篇及教师点评；2016 年，汇编了《七色花开》系列丛书之二《橙黄橘绿——小学作文教学活动设计》，收集了自己曾经撰写的 8 个主题式活动作文的教学设计。这两本成果集虽然都不是正式出版物，但于我而言，无疑有一种成就感，也进一步激发了我把自己其余的文章汇编成册的念头。

反反复复地犹豫与耽搁，断断续续地收集与整理，我把这本书定位为集中体现自己语文教学实践经验的成果。

事非经过不知难，给书取个名字更是难上加难。

古人云："名不正则言不顺。"从系列上看，这本书应该是《七色花开》系列丛书之三，继续以带有"颜色"的四字词为主标题，如我曾想以"枫韵紫秋"为题，寓意为"像枫叶一样，到了秋天，颜色紫红，别有一番成熟的韵味"。但考虑到这个书名比较小众化，加上丛书前两册并未正式出版，只能忍痛割爱。

从内容上看，部分文章是在我校曾经开展的教育部重点课题"疑思导学教学模式的实践研究"中自己的一些思考与实践，围绕"疑思导学"起书名似乎更为合适。然而，我只是此课题的众多主研之一，虽然从课题的申报立项到开题及实践研究，自己付出了许多心血，并取得了丰富的阶段研究成果，在区域内外都产生了广泛影响，但若以此为书名，甚为不妥。

寻寻觅觅，思量再三，终有了《"疑"本正经　一名小学语文教师的守望与行走》这个书名。

趁这本拙书出版之际，感谢成都高新区领导为高新教育提供的肥沃土壤；感谢我曾经工作的丰都县红星乡中心校和丰都县实验小学领导和同事的关心和帮助，感谢丰都县教研室秦嘉德老师在我初出茅庐时的肯定与引导；感谢至今已工作了近二十年的成都高新实小历任领导和诸多同事，特别感谢现任校长朱祥烈对我的莫大鼓励、鞭策与支持；感谢四川师范大学教育科学学院李松林院长在百忙之中为这本小书作序并给予我提点，感谢教育科学论坛杂志社副主编张泽科的点拨与指导，感谢《四川教育》副主编王建强的深度指导与提炼。同时，我更要感谢我的家人长期以来的默默支持，使我在工作之余有时间对书稿进行整理。

在编写这本书的过程中，汪国真的《往事如昨》时时浮现在脑海：

往事如昨。昨夜的星辰已坠落，不坠的是挂在岁月脖子上那串闪闪烁烁的记忆。仔细品味，那最亮的一颗竟是由痛苦磨砺而成，那最润泽的一颗则是因了爱情春风化雨般的浸润。如果说那串闪烁的记忆是一笔财富，那么，那难以忘怀的经历则是这笔财富闪着不同光泽的内容。

在如昨的往事中，重要的并不在于得到过或失去过，重要的在于经历过……过去的岁月总也不能忘怀，不能忘怀是因为我们自己走过来。纵使那脚步稚嫩，回首也感到亲切，因为那是真实；纵使走过的路上并没有鲜花开放，回想也感到留恋，因为那上面覆盖着自己生命的步履。

回首往事又不觉沉湎往事，使我不仅有所感而且有所悟。既美“青山遮不住，毕竟东流去”，又何必总感伤“泪眼问花花不语，乱红飞过秋千去”。

……

当已有三十多年教龄的我，怀着一种感恩的心情拾起那一串串“麦穗”时，发现自己真的是一直在生长，却始终未长大。是的，“疑”路走来，若少走了弯路，也就错过了风景，无论如何，感谢经历。

敲下最后几行字，抬头看窗外，车辆不时驶过的呼啸声和行人匆匆的脚步声，清晰可辨；街对面窗户里透出温暖的光，不经意洒落在寒风中静立的未曾落叶的树上……我蓦然感到，一切都刚刚好！

胡文东

2020 年 2 月